公关理论与实务文库

大型活动公关

陈一收　主编

陈菊香　苏素琼　副主编

图书在版编目(CIP)数据

大型活动公关/陈一收主编. —北京：北京大学出版社,2010.5
（公关理论与实务文库）
ISBN 978-7-301-17074-8

Ⅰ.大… Ⅱ.陈… Ⅲ.活动－组织管理－公共关系学－技术培训－教材 Ⅳ.C936

中国版本图书馆 CIP 数据核字（2010）第 052466 号

书　　　　名：	大型活动公关
著作责任者：	陈一收　主编
策 划 编 辑：	黄庆生
丛 书 主 持：	栾　鸥
责 任 编 辑：	卢英华
标 准 书 号：	ISBN 978-7-301-17074-8/F・2497
出 版 发 行：	北京大学出版社
地　　　　址：	北京市海淀区成府路 205 号　100871
网　　　　址：	http://www.pup.cn
电 子 信 箱：	xxjs@pup.pku.edu.cn
电　　　　话：	邮购部 62752015　发行部 62750672　编辑部 62756923
	出版部 62754962
印 　刷 　者：	三河市北燕印装有限公司
经 　销 　者：	新华书店
	720 毫米×1020 毫米　16 开本　18.5 印张　393 千字
	2010 年 5 月第 1 版　2011 年 1 月第 2 次印刷
定　　　　价：	42.00 元

未经许可，不得以任何方式复制或抄袭本书之部分或全部内容。
版权所有，侵权必究
举报电话：(010)62752024　电子信箱：fd@pup.pku.edu.cn

公关理论与实务文库
编委会名单

顾　　　问	方忠炳

主任委员　赵麟斌
副主任委员　黄诗筠　魏章官　陈　健　洪建设　吴贤军
委　　　员（按姓氏笔画排序）

　　　　　　　王少萍　王昌逢　王英灵　刘　云　陈一收
　　　　　　　陈　健　陈菊香　陈燕青　李　冬　李恭园
　　　　　　　苏素琼　吴贤军　周俊森　洪建设　赵　娴
　　　　　　　赵麟斌　桑付鱼　龚　娴　黄诗筠　黄洪旺
　　　　　　　康红蕾　曾　锋　魏章官

总　主　编　赵麟斌

序

——中国公共关系协会会长 苏秋成

中国公共关系事业,顺应改革开放潮流而生,随着中国经济与社会的发展而日益展现其作为无形战略资源的独特魅力。经过二十多年的发展和积淀,在中华五千年文明和中国特色社会主义的土壤里,公共关系这一崭新事业的发展已经初具规模,公共关系理论在实践中已得到越来越多、越来越有效的应用。虽然现代公共关系作为一项事业、一种职业,在中国发展的时间只有短短的二十多年,但公共关系的思想和实践一直融合在中华民族几千年的优秀文化之中。也正因为如此,有如久旱逢甘霖一般,公共关系的幼苗迅速地在改革开放的百花园中茁壮成长起来,并绽放出亮丽的色彩。

如今,公共关系已经融入各行各业的诸多领域,在品牌推广、企业传播、危机管理、政府形象、城市建设等诸多方面都发挥着日新月异的积极作用。在中国入世、文化申遗、北京申奥、上海申博、抗击非典、汶川抗震救灾等一次次重大事件中,愈发彰显了公共关系独特的功能。

当前,中国的公关事业在科学发展观的引领下,融入了党中央提出的构建和谐社会的整体战略部署,进一步明确了自身的价值追求、政治方向和最终目标,正意气风发地迈向新的更高的起点。中国举办的一系列国际性活动更是为公共关系服务提供了极好的舞台和巨大的商机。可以这样认为,中国公共关系业迎来了最佳的战略发展机遇期,必将大展宏图。

行业的可持续发展,必须建立在专业化、规范化的基础上。唯有不断进行理论研究和学术探讨,总结经验,开拓领域,才能保持蓬勃生机。一直以来,公共关系事业得到一大批有识之士的大力支持,许多教育工作者和公共关系的爱好者为普及公关知识,开展公关教育,传播公关理论,培养公关人才付出了辛勤的劳动,用知识和智慧哺育公关事业的健康发展。本套丛书的编委会成员及其著作者都是公关事业的热心支持者和有志者,他们具有敏锐的意识和超前的思想,致力于传播公共关系理念,探讨公关理论和实务的前沿。经过两年多的研究,形成了这套别开生面的丛书。

丛书根据公关的功能分类方式,共分为《政府公关》、《企业公关》、《大型活动公关》、《危机公关》(上、下册)等。写作体例新颖,作者根据开篇导例—史镜今鉴—三刻拍案—回味隽永的写作体例,以简短而精致的案例在文章开头提纲挈领,融会古今中外的经典案例,以史为鉴,对时效性的经典案例进行评析,最后总结经验教训,取精华,弃糟粕,耐人寻味。本书内容翔实,信息量大,手法新颖独特,理论联系实际,可读性强,能够很好的指导人们进行公关活动,同时也为公关爱好者提供了精神食粮。

写出以上文字,是为序,同时衷心祝贺丛书出版。

2010年3月26日

前　言

赵麟斌

当本书终于付梓、墨香扑鼻之时，虎年新春的气息仍在星空中弥漫着。作为对牛年丰收自然回应的鞭炮声、喜悦声仍不绝于耳，依旧在耳畔回旋激荡，唤起了我感慨的涟漪……

记得 2006 年我在加拿大布鲁克大学做国际高级访问学者时，有一位留学生凯丝蒂小姐曾向我了解中国的发展变革，尤其是企业成功案例，言及上网寻遍却收获无几。她给我这教授上了一堂公关课，也使我下决心要去做这件事：编一本乃至一套中国人自己写的、具有中国特色的公关案例专用书。毕竟祖国强大了，要更好地走向世界，与世界接轨，作为学者，应贡献自己的学识和才华于社会，报效人民。于是有了尝试初期的萌动——跃跃欲试。

起源于西方国家的公关之学，迄今已有一百多年的历史了，但对我国来说，仍是一门非常年轻的学科，至今不过二十多年的时间。它虽年轻却以后发之势迅猛发展着，并日益在国家社会生活的各个层面发挥着越来越重要的作用，成为改革开放的一种新推力。实际上，一部分人对公关之学仍存在着误解，认为这无非是类似"厚黑学"的旁门左道，甚至有人将它比为低俗流变的下作之功。故此，公关之学正面形象的树立首先必须致力于为公关正名，欲行有效传播，必先正本清源，实则才有宣传的底气，使之朝着健康轨道且能发挥更大作用力的方向发展，达到为学习者开阔视野、扩充新知、加深了解、释疑解惑之目的。正是这一学术诉求孕育了我们思想的冲动，冲动之行便始于尝试……

这是一种尝试，从团队、研究领域到体系范式的构建都是一种全新的尝试。

我们的团队，是由非公关的研究人员组成的，学科背景几乎涵盖了人文社科的所有方面，是一支大而全的"杂牌军"，但它又与公关案例写作所需的学科背景紧密相连，诚然也有来自公关专家对写作的具体观照。试图通过不同的学科，全方位、新视角、多维度地审视公关，使之脱离窠臼，不仅仅局限于公关人的孤芳自赏中,而力求成为公关利益相关者们共同关注的焦点,这是我们的初衷,也是我们的尝试。

本丛书根据公关功能分类方式,采用分期完善的形式,奉献给读者的是第一期成果:主要包括《政府公关》、《企业公关》、《大型活动公关》和《危机公关》(上、下册)。这些公关类型是当前公关活动中最为常见和常用的,故先期出版。倘有能力,在以后第二、第三期将进一步陆续撰写其他类型公关理论与实务案例集。由于我们的研究团队大多首次接触公关,欲窥公关之实质,把握公关之精髓,展现公关之魅力,无疑是一次重大的挑战,同时由于对该领域陌生,为开发处女地,遂决计开始以"白板"方式探骊公关的"破冰之旅"。如此,较易生成自身的判断,也力图以全新的面目呈现给读者,因而也算是一种尝试。

我们的写作体例,近乎是一种首创。本书沿着开篇导例—史镜今鉴—三刻拍案—回味隽永的逻辑指向,以主案例为核心,激扬文字,直抒胸臆。开篇导例重点在于以开门见山的方式阐扬文章的旨归,并将主案例切入,统摄全文。史镜今鉴则是采撷了古今中外的经典案例,托衬公关,摒弃了当今案例"单打独斗"的写作范式,力争达到材料历久弥新,内容精益求精,思想蕴含深远之效。亦如古训所言:"夫,以铜为镜,可以正衣冠;以史为镜,可以知兴替;以人为镜,可以知得失。"三刻拍案是以正反比较的方式编撰,篇幅各异,配以错落有致的例子,具有较强的针对性和现实感,意在激起共鸣。拍案之时正是公关所应吸收经验教训之际,而三刻之后则是公关意识入脑之用。回味隽永是一种反思式的阅读,使读者能够从中获取对自身有益之物,这是我们的理想奢望。立此体例,是一种尝试,是再现层次清、意识明、脉络通思维方式的一种大胆的尝试。

在某种程度上,公关能力的强弱决定着事业的成败得失。遵循这一逻辑理路,我们精选了成功与失败交织、经验与教训共生、理论与实践并行的公关案例。坚持古今中外、兼收并蓄的原则,以梳理、反思、前瞻为导向,使读者能够从案例中获取对新的公关实践有所裨益的"活性因子"。

一年多来,本套丛书从构思到动笔再到开印,此间,得到了中国公共关系协会、福建省国际国内公共关系协会、福建师范大学、福州大学、闽江学院等单位的大力支持,特别感谢福建省国际国内公共关系协会会长、原福建省高级人民法院院长、福建省人大常委会副主任、中国大法官方忠炳同志,他始终支持我们的写作并欣然出任丛书顾问;还要感谢福建省国际国内公共关系学会副会长黄诗筠、魏章官,副秘书长陈健、刘云等同志的关心帮助。同时感谢中国公共关系协会会长苏秋成先生、北京大学出版社党委书记金娟萍女士,策划编辑黄庆生先生慧眼识珠,丛书主持栾鸥女士热忱帮助,为本丛书所付出的辛勤努力,让本丛书得以顺利出版。

这是一种尝试,是挂一漏万的尝试,然而探颐索隐,怀揣慎思勤学的治学之心,秉承"书山有路勤为径,学海无涯苦作舟"的理念,祈盼着能不辜负读者的殷殷期望。

既是一种尝试,不足之处在所难免,恳请方家不吝赐教。

庚寅年孟春于己得斋

目 录

第一篇　精心策划，不忘细节
　　——"感动中国"颁奖典礼大型活动案例 ………………………（1）

第二篇　以人为本　共创和谐
　　——北京2008年"人文奥运" ………………………………（15）

第三篇　舞动风情展美姿
　　——"浦东开发开放10年回顾与展望"活动公关 ……………（27）

第四篇　文化软实力的公关"硬功夫"
　　——《妈祖信俗》申报中国首个信俗类"世遗"活动 …………（43）

第五篇　创新亮点，演绎完美公关
　　——大连"我筷"环保推广活动 ………………………………（59）

第六篇　为了美丽的纪念
　　——瑞典"哥德堡号"复航中国大型活动案例 ………………（73）

第七篇　亮出精彩　展现实力
　　——上海申办2010年世界博览会公关案例 …………………（87）

第八篇　造声势　得民心
　　——广州市科技进步基金会公关传播案例 …………………（101）

第九篇　公益公关，善举赢尊重
　　——TCL东南亚海啸国际救援公益公关活动 ………………（115）

第十篇　情感激励　凝聚人心
　　——福州市"十大名片"评选活动案例 ………………………（129）

第十一篇　沟通无极限　公益易实现
　　——WWF"城市熄灯一小时"活动上海站公关案例 …………（141）

第十二篇　和谐公关　理顺关系
　　——上海黄浦区动迁工程案例 ………………………………（153）

第十三篇　大型活动塑城市品牌
　　——南通市城市旅游名片打造案例 …………………………（167）

第十四篇　搭台唱戏　主动公关
　　——Swatch表2003新品华南媒体发表会案例 ……………………(179)

第十五篇　大胆创意　小心实施
　　——IBM公司的Think战略 ………………………………………(195)

第十六篇　天时　地利　人和
　　——"伊利"奥运健康中国行大型推广活动案例 …………………(209)

第十七篇　好风凭借力　送我上青天
　　——可口可乐北京2008奥运营销公关之旅 ……………………(221)

第十八篇　于细微处见卓越
　　——TCL高尔夫精英赛大型活动的启示 ………………………(237)

第十九篇　情感公关助推事业发展
　　——阿拉善SEE生态协会社会影响力传播项目 …………………(251)

第二十篇　文化营销国家
　　——全球开花的孔子学院 …………………………………………(263)

后记 ………………………………………………………………………(275)

参考文献 …………………………………………………………………(276)

第一篇

精心策划，不忘细节

——"感动中国"颁奖典礼大型活动案例

事业单位经常为履行组织使命，实现特定目标，而开展一些公益性的大型活动。公益性的大型活动要举办成功，首先要明确主题，使之深入人心，才能获得必要的支持力量和活动声势。也就是说，主题越符合民意，参与面才能越广，收效才可能越大，活动也就才可能越成功。

开篇导例

开篇之述:"感动中国"颁奖典礼大型活动案例

中央电视台所举办的"感动中国年度人物"评选活动就是社会型公关的经典成功案例之一。这一品牌活动主要是为中国人民树立榜样,让中华民族的传统美德得以继承和实现,同时也激励中国人民去实现自己的价值,为社会做出自己的贡献。

中央电视台每年都会在二月份举办"感动中国——××年年度人物"颁奖典礼,选出过去一年中为中国做出杰出贡献、体现中华民族传统美德、感动中国人民的人物。一般而言,每次颁奖典礼都会评出十大人物和一个特别奖,这些人物是组委会推选候选人,再经过公众的投票最终评定。在颁奖典礼上,有颁奖词和颁奖奖杯,没有邀请任何颁奖嘉宾,只有白岩松和敬一丹主持,而且主持人还会与"年度人物"进行简短的对话。2002年伊始至今,"感动中国年度人物评选活动"已经经历了七个春秋。每次的评选活动都能吸引无数人的眼球,感动无数人的心。随着"年龄的增加","感动中国"这一节目日渐成熟,影响力也日益扩大,已成为中央电视台的品牌节目之一。每年评选出的年度人物都为中国人民树立了榜样,都激励了中国人民继续前进。为此,这一节目得到了中宣部的高度赞扬,媒体也把"感动中国"誉为"中国人的年度精神史诗"。

开篇之论:年度人物,感动你我

总体而言,"感动中国年度人物"评选活动在宣传民族精神上收效较大。基本上达到了大型活动参与性广、影响力大的效果。如今各种各样的颁奖典礼层出不穷,造成观众心理上的审美疲劳。而"感动中国"的人物评选活动的影响力却超过其他各种颁奖典礼,吸引了许多社会公众的注意力。其成功之处主要体现在以下五点。

第一,主题生动。主题是大型活动的灵魂,生动的主题才能引起广泛的关注。本次大型活动主要是为了弘扬民族精神,激励人们奋斗。"感动中国"这一主题名称简洁、鲜活、气势磅礴。这一主题只有四个字,非常简明,与中国人爱用四字成语的心理相符。"感动"二字所带的情感本身就可以打动人们的心,吸引人们的目光,贴近人们的心理,有很强的人情味。这个词平淡不造作,很有亲切感。"中国"二字一出现就会激发人们的民族自豪感、自信心。

第二,参与广泛。这主要体现在两个方面:一方面是参与投票者的广泛性,而且参与渠道多样,参与投票者可以通过各种方式、各种渠道为候选人投票;另一方面是候选人的广泛性。在选出的年度人物中有像阿西木、牛玉儒这样的基层干部,也有像季羡林、巴金这样的学者;有像黄昆、叶笃正这样的科技工作者,也有像成龙、刘翔这样的明星;有像张瑞敏这样的企业家,还有像孔祥瑞、张钱东这样的普通劳动人民。无论他们从事什么的工作,无论他们的年龄性别,只要他们的实际行动体现出中华民族的传统美德,只要他们的人格魅力能感动中国人民,就可能被选为"年度人物"。

第三,程序公正,评选权威。在评选过程中,组委会根据推委会的推选情况,选定候选人,最后由公众投票来最终确定人选,坚持公平、公正、公开的原则、权威性强。

第四,颁奖时间的选定。颁奖时间的选择安排也是很重要的。每次颁奖典礼一般都在岁末年初,辞旧迎新之际举行,既是对过去一年的总结也是对新一年的展望,在这样的一个时间,人们除了总结自己的一年,也想了解国家一年来发生了哪些感动人的事迹。

第五,细节的斟酌。如奖杯的设计、颁奖词的撰写,颁奖嘉宾的邀请。奖杯是用透明水晶制成,人工雕琢成心形。透明的水晶代表纯洁和神圣性,心形是感动自己和中国人的心。颁奖词简短有力,概括性强,语言优美,容易引起观众心灵上的震撼。不管从材料还是形状上奖杯都紧扣主题,并由几个天真无邪、纯洁可爱的小朋友送出的,烘托出活动的"真、善、美",更凸显出获奖感动人物是崇高性与平凡性的有机融合。

史镜今鉴

史海钩沉,翻开历史书籍,也不乏这样精彩的例子。我国历史上也有不少大型的公关策划活动,从对它们的回顾和总结中,可以更明晰地看到大型公关活动的精要所在。

先看一则关于秦朝为了防御北方匈奴的侵略修筑了长城的案例。"始皇巡视北部边地,从上郡回到都城。燕人卢生到海中出使回来,将鬼神之事上报,并向始皇呈奏谶纬图书,书上说:'灭亡秦朝的是胡。'始皇于是派将军蒙恬出动三十万大军,北上攻击胡人,夺取了黄河以南地区。三十三年,征发各种逃亡的犯人、卖身的奴隶和商贩去夺取陆梁地区,设置桂林、象郡、南海三郡,把受贬谪的人派去防守。在西北地区驱逐匈奴。从榆中沿黄河向东一直到阴山,设置了三十四个县,沿黄河边修筑城墙作为关塞。又派蒙恬渡过黄河以取高阙、陶山、北假一带,修筑亭台屏障以驱赶戎族。迁徙受贬谪的人,安排到新设置的县。下达禁令不得祭祀。彗星出现在西方。三十四年,贬谪办理狱讼不当的官吏,让他们去修筑长城以及戍守南越地区。"

对于秦始皇修筑长城这一大型活动历史上有褒也有贬,赞成的人认为长城有效的抵制了北方匈奴的侵略,为秦国的发展提供了和平的环境。比如孙中山先生在《建国方略》中这样说:秦始皇修筑长城,"古无其匹,为世界独一之奇观","始皇虽无道,而长城有功于后世,实与大禹治水等"。"由今观之,倘无长城之捍卫,则中国之亡于北狄,不待宋明而在楚汉时代矣。如是则中国民族必无汉唐之发展昌大而同化南北之种族也。及我民族同化力强固之后,虽一亡于蒙古,而蒙古为我所同化;再亡于满洲,而满洲亦为我所同化。其初能保存犷大此同化之力,不为北狄之侵凌夭折者,长城之功为不少也。"反对者则认为,秦始皇修筑长城,虽然在一定程度上抵制了北方匈奴的侵略,但是在强迫百姓服徭役的情况下完成的,还花费了大量的金钱,是人民的一场灾难。

这样的大型活动,有褒有贬,那么从中可以总结出怎样的经验呢?

首先,之所以会得到肯定的评价,是因为筑长城的目的是为了抵御外敌的侵略,稳固边疆,使人民可以安居乐业,从而保护人民的利益不受侵害,也就是说其主题能符合民意。深入人心是一个大型活动举办成功的关键所在。历史记载,在秦朝后,各个朝代仍然仿效秦始皇,不断修筑长城来防御外敌,说明修筑长城对维护国家安全、社会稳定和民族统一发挥过积极的作用。

其次,会有人持反对意见,怨声载道主要是因为在实施此次大型活动的过程中所花费的人力物力过大,也没有征得人民广泛的同意,当时虽然在封建强权的推动下勉强完成,但暴政也使得民众负担着沉重的赋税和徭役,导致建立不久的秦朝失去人心,迫使民众中酝酿着"革命"的火种。修筑长城所需的大量经费迫使统治者压榨人民,苛捐杂税如此繁重,民不聊生,这不但是反对者持否定态度的原因之一,也是秦朝走向"失道"的开端和覆灭的导火索。

再看另一则中国历史上的公益性大型活动的例子。鸦片战争后,中国的志士们就一直在寻找救亡图存的道路,康有为、梁启超等人就想通过戊戌变法来拯救处于水生火热之中的中国民众。当时的光绪帝也感觉到深重的民族危机,同时也想借此摆脱自己的傀儡地位,于是在维新派的推动下,1898年6月11日,光绪下《明定国是》诏书,戊戌变法开始。从这一天起,光绪帝就不断颁布了各种变法诏书,让中央各部大臣及地方督抚大员着实变法。变法的内容包括经济、政治、文教、军事等方面,比如在经济上制定了一些有利于民族资本主义发展的政策。在政治上为开明绅士和资产阶级参与政治提供了便利,在文教方面主张废除八股,提倡新学等。但是变法只坚持了103天,便被封建保守势力镇压下去,所以被称为"百日维新",纸上的理想最终还是没有成为社会现实,以失败告终。

那么为什么这样的变法会夭折了呢?除了封建社会的束缚外,以下几点是此次大型活动失败的重要原因。

第一,变法就是改革,而改革又是一项巨大的社会系统工程。它需要社会各方面条件的有机配合。但维新派在变法过程中并没有采取正确的措施,改革上则严重剥夺西太后、军机大臣、各部堂及地方督抚的大权,下则广泛触及八股士子、无业旗民的利益,这使得变法缺乏一个拥有实权的强有力的领导核心,更缺乏一群能有效地将变法法令推行到全国的地方实力派的默许和支持,变法因此不可避免的走向了失败。

第二,变法思想不切合实际,内容缺乏操作性。这次大型活动的主题是救亡图存,从主题而言应当是深得民心的。但是维新派以日本为师,想通过君主立宪的方式来实现变法的想法过于幼稚。变法人士没有考虑到中国人在观念上与其他国家民众的不同,也没有考虑中国人民的接受能力,其所倡导的君主立宪体制缺乏一个能普遍认同的社会心理环境。虽然变法决心很大,涉及面较广,包括了经济、政治、文教、军事等方方面面,但没有考虑中国的实际情况和民众的社会心理,也缺乏具体可行的实际方案,使变法的各项措施难以落实。

第三,依靠力量不够强大。当时变法的一个目的是恢复光绪帝的权利,剥夺西太后、军机大臣、各部堂及地方督抚的大权,但维新派没有充分发动人民群众的力量来推动改革,没有制定正确的政策和策略,以最大限度地孤立敌人,争取更多人的同情和支持,最终在中央和地方两股强大顽固势力的镇压下失败了。维新派对民众的不信任、不理解甚至鄙视群众在改革中的作用,认为中国数千年的陋习未改,民智未开,骤然给予权力,难以行通。从中可以看到维新派对民众力量的忽视和认识不清,不敢大胆发动民众,也使变法运动失去了强大的后盾。

第四,参与面过于狭窄。维新派把自己的活动范围局限于帝党官僚和士大夫阶层的少数人的小圈里面,没有去触及或者说不愿触及占人数大多数的劳动人民(主要是农民)的问题即土地问题和与之相关的温饱问题,这使得农民对变法的漠视甚至抵触。在中国,占人口大多数的是农民阶级,因此任何改革者想跳过农民问题而直接去解决经济、政治领域的其他问题都是不可能成功的。而且,当时的清朝中央政府出现了不同的声音,意见纷呈,没有对戊戌变法形成统一的看法,因此在实行的过程中没有得到"基层"干部真心的拥护和人民的支持,变法也就成了一纸空文了。

与此相反,大洋东岸日本的"明治维新"却轰轰烈烈的进行着,最终取得了巨大的成功,使日本摆脱了沦为半殖民地半封建社会的危机。日本的明治维新主要是从政治、经济、军事、教育四个方面入手。与中国相比,他们的变法运动获得了卓有成效的成绩。在政治方面,他们消除了封建割据,加强了中央集权。在经济方面,允许土地的买卖,承认土地的私有,鼓励人们进行生产;跟中国相似,他们创造了近代企业,引进西方的技术,推动企业的发展。在军事方面,他们建立现代化的军队,提高防御和进攻能力。最后是教育方面,他们大力发展现代教育。从变法的领域上看,与中国的差别并不大,可是为什么戊戌变法没有使中国走上富强的道路呢？从公关的角度来比较分析,可以得出有益的启示。

首先,从参与性上而言,由于明治维新是自上而下推行的活动,步伐比较稳健,参与性相对较广,如土地的买卖等,允许小地主和小资产阶级之间协商。试图走君主立宪资本主义政体的维新派其根本目标就是开议会、推行宪法,但变法的主要领导人不但没有到群众中去宣传自己的变法思想和救亡图存的抱负,从群众中获得更多的同情和支持,反而自以为是地认为"民智未开",刻意拉大和民众运动之间的距离,失去变法的民间根基。维新派在处理与社会各阶层关系上的这着败棋,丧失了来自民间那股巨大的力量源泉,后来的历史表明,决定中国改革或革命最终成败与否的决定性力量在于人民,这不能不说是对维新派忽视群众力量在变法过程中的作用的一个巨大的讽刺。

其次,从变革的内容上看,明治维新主要是小地主阶级推动下进行的,他们在嫁接西方技术时会较多考虑自己的情况,从而借鉴有利于本国发展的各项内容。而当时的维新派则害怕改革会动摇封建的统治,因此在改革的实践中存在着侥幸心理,显得畏首畏尾,甚至是无所适从。维新派领导者从理想出发,看重目标而不太重视具体可行的过程和手段,缺乏强硬力量的支持,却又把难度最大的官制改革和人事变革当做变法中首先的突破口,客观上刺激了顽固势力的反抗,增添了变法的阻力。

可见,社会的大型活动要取得预期的目的和效益,就必须充分地做好主题和人心的公关活动。主题是大型活动举办成功的灵魂,主题深入人心,才能使得活动的声势强大,才能形成摧枯拉朽的力量。任何形式的创新都必须考虑民众的接受能力和社会心理环境,否则,一切的创新都成为无源之水、无本之木。

三刻拍案

拍案一 音乐盛宴,雅俗共赏——2009CCTV民族器乐电视大赛

改革开放创造了经济发展的许多机会,同时也引进许多的文化产品,比如钢琴、小提琴、电子琴等"西洋乐器"已进入了普通百姓的生活。相反,国人对本民族的乐器,如唢呐、扬琴、板胡等的关注却越来越少,使得我国的非物质文化遗产处于一个倍受外来文化冲击的尴尬境地,如何能让公众关注民族乐器,促进民族乐器的繁荣发展成为提升我国文化软实力的一项重要内容。本着"弘扬民族文化、普及民族器乐知识、推出民族器乐新人新作、促进民族音乐的繁荣和发展"的宗旨,2009年的8月,央视举行了"2009CCTV民族器乐电视大赛"的大型活动。本次活动从5月25日正式启动到9月2日的颁奖晚会共历时三个多月。组织机构由组委会、评委会和监审组三个部分组成。参赛选手分为独奏类、组合类和其他类,独奏类又可分为少年组和中青组,共设72个奖项,既精心为广大参赛者提供展示才能的机会,又为广大民族乐器爱好者提供了一场音乐盛宴。

第一,从组织形式上看,用比赛的形式来宣传民族乐器比用记录片等方式更能引起人们的注意。纪录片虽然也有宣传的效果,但是显得比较单调,对专业人士和感兴趣的人士有一定作用,但是不利于吸引普通民众的眼球。而电视比赛的互动形式给听众以视觉和听觉上的直接冲击,营造出扣人心弦的场面氛围,更能吸引观众的眼球,强化欣赏者的感受。比赛中的音配画的环节、声音与画面的结合达到了雅俗共赏的效果,大大增加了比赛的观赏性。此外,比赛必然带动一系列的联动效应,将参赛者的亲朋好友都吸引到对民族乐曲的观赏和关注中来,形成了宣传造势和公关活动开展的必要人脉。

第二,从活动过程上看,本次大赛的主题很明确。本次活动的主题是"弘扬民族文化、普及民族器乐知识、推出民族器乐新人新作、促进民族音乐的繁荣和发展",其中"民族"二字本身就特别能调动中华民族的情感。

从 5 月 25 日中央电视台进行启动仪式开始,就一直贯穿深入这个主题,在制作宣传片时,也一直都渲染"民族乐器"这几个字。宣传片中出现的周杰伦、宋祖英、徐沛东、郎朗等文艺界的知名人士都是不同方面民族音乐的代表人物,覆盖了不同的民族音乐爱好者群体,具有很大的感召力,此外,比赛中除了常见的竹笛、琵琶外,还将比较少见的民族乐器如阮、柳琴、三弦等归入其他类的比赛,在评分时对新曲的创作还要加 0.3 分,鼓励人们创作民族音乐。这些做法都提升公众对民族器乐的认识和对原创乐曲兴趣,同时,也激发了人们保护中国所有的传统乐器的热情。

第三,从评分的方式上看,此次比赛的亮点之一就是"拉帘比赛",即评委只在帘幕后听参赛者的演奏,进行评分。这种看不到演奏者的评比方法,保证比赛结果的公正公平,新的比赛方式吊足观众的胃口,也给他们以更多的期待,更加关注比赛的进展状况。虽然因为音乐艺术有专业性,不适合让大众来评分,但组委会为对参赛者做出相对公正的评价,使评奖结果更具有权威性,以特有的新颖方式别出心裁地吸引住观众,"拉帘比赛"既有效提升了比赛的公正性,又使得比赛更具"悬念",更具吸引力;既解除了参赛者及其亲友团对于公正的后顾之忧,又使得比赛过程更具竞争色彩,提升关注度。

第四,从参赛人员上看,组委会并不硬性地要求专业人员才能参加,允许对民族器乐感兴趣的人员报名参加,大大拓展了活动影响范围。比赛还根据年龄划分为少年组和中青年组,使比赛组织的更具科学性和合理性,这就进一步分层次地明确了公关对象,提升了公关的针对性和说服力,唤起了广大民族乐器爱好者参与的信心和积极性。

点评

此次大赛是一次非常成功的大型活动。节目播出后,一定程度上唤醒了人们对民族乐器的记忆,引起社会公众对我国非物质文化遗产前途和命运的关注。那么为什么会取得如此大的成功呢?除了有深入的主题、多样的形式吸引观众的眼球和中央电视台强大的实力外,还有公共关系上营销策略的成功推行。

拍案二　秋季到桐乡看菊海

浙江桐乡市位于浙北杭嘉湖平原腹地，古往今来，美丽富饶的桐乡一直传颂着菊花仙子的动人故事，勤劳朴实的桐乡人民有着 300 多年的栽桑种菊传统，丰厚的历史文化底蕴丰富了菊文化史料和传唱诗文，构成菊乡特有的种菊、赏菊、品菊的菊文化。在这个季节值得推荐的就是田野菊海。

农书古籍记载，至少在三百多年前，桐乡农家已大面积、商品化栽种杭白菊，收摘加工后销往各地，成为名扬海内外的桐乡特产。近年来，更以近五万亩的年种植面积，六千多吨的年产量，独占全国白菊生产鳌头。桐乡市因此而获"中国杭白菊之乡"称号，并受到国家"原产地域产品保护"。一到菊花盛开时，浙江的桐乡就可以看到一大片的白菊如皑皑白雪，非常美丽，极具有观赏性。

花开桐乡，白菊飘香。桐乡人民种菊，爱菊，以菊励志，以菊为媒。为了宣传杭白菊，让大家更能了解桐乡的菊花文化，1999 年以来，桐乡围绕"以菊办节，以节扬文，以文兴旅，以旅活市"的理念，在每年杭白菊盛开之季举办"中国·桐乡菊花节"，赶市场经济之"海"，弄改革开放之"潮"。身处菊海，放眼菊乡，您可以真切地体会到桐乡人禀承的菊花精神和那种勇于"赶海"的气势。在文化节开办期间，以观菊、采菊、品菊、问菊（探询杭白菊的渊源）相串联的一系列具有浓郁菊韵的活动，使游客兴意盎然之际，获得精神层面的启迪和激励，回味无穷。而且还配合以形式多样的活动，有篮球赛、文艺汇演、文物藏品展和博物馆馆藏书画精品展、摄影展、家庭才艺大赛助兴。每年菊花节期间，桐乡都邀请中央、省级、市级等众多媒体和众多四海宾朋，并向他们展示优美的市容市貌和良好的整体环境，推出具有江南水乡特色的精品旅游线，吸引国内外旅游者来到桐乡。

点 评

　　科学挖掘资源优势,确立活动主题,借助杭白菊这一独具文化内涵的特产而举办菊花节,以特具菊韵的活动形式来吸引旅游者和投资者关注,不仅使桐乡的杭白菊身价倍增,打响了杭白菊品牌,推动了桐乡杭白菊种植业发展壮大,还在菊文化得以广泛弘扬与传播的同时提高了城市知名度。

拍案三　情系3·15大型公益性系列活动

　　为促进大庆市专修行业的和谐发展,保障装修市民和装饰企业的合法权益,大庆市建设局、质检所、消协、装协、新闻媒体五大部门联手携2008年度优秀装饰企业及优秀材料经销企业,于3月14日发出"和谐装修、环保装修"倡议活动。倡议正规的装饰企业和优秀材料经销企业要做到五个带头:一是带头进行和谐装修、环保装修,杜绝装修陷阱;二是带头推行"三统一",即统一合同文本、统一质量验收标准、统一公开投诉电话;三是带头执行建设部的饰后保修规定;四是带头经销符合国家十项强制性环保标准的装饰材料;五是带头实行强强联合的营销方式,共同让利于消费者。倡议装修市民做好三个选择:一是选择有从业资质的装饰企业进行装修;二是选择使用由市建设局、工商局和市装协共同制定、省工商局监制的统一合同文本;三是选择使用符合国家十项强制性标准的装饰材料。在装修过程中企业能做到"五个带头"、市民能做好"三个选择",就一定能达到"三个确保":一是确保装饰工程施工质量;二是确保自身合法权益不受侵害;三是确保室内空气质量达标。同时推出"三免费":一是提供免费家装知识咨询,由市室内装饰协会专家委员会推选十名业内资深专家为装修市民现场解答。欢迎装修市民带着问题来,带着建议来;二是免费参观优秀设计作品展示,由室内装饰协会评出80套近一、两年交付的楼盘户型的优秀家装设计作品现场展示;三是由有检测资质的单位免费为参与活动的客户进行一次室内空气质量检测。"两优惠":一是3·15活动现场有数百种符合国家十项强制性环保标准的优质装饰材料现场展示,凡参与现场活动的装修市民,均可享受到全市最低价的基础上再打折的优惠;二是凡参与现场活动的均可享受室内空气质量治理的五折优惠。"一监督"是:为保护消费者的合法权益,请市质监所和3·15协会现场监督、现场维权。

点 评

第一,主题明确。本次活动的主题非常明确,即"和谐专修,环保专修",从这个主题中我们便能知道活动的主体是要专修的市民和专修公司,关注的内容是环保,也就是提倡用环保的材料专修。虽然环保材料既对环境有好处,而且对人体也有益,但是价格偏高却是市民不用环保材料的症结所在。为了能搞好宣传,增加参与度和吸引力,大庆市推出了"两优惠"活动,以吸引欲专修的市民,为完成主题提供了较大的便利。

第二,内容简明。本次活动的活动内容和提倡的内容都有很简明的表述。比如,企业要做好"五个带头",市民要做好"三个选择",从而才能保证"三个确保";活动的内容是:"三免费"、"两优惠"、"一监督"。把活动内容简明的表述出来,不论是举办活动的单位,还是参与的单位和个人都可以很清晰的知道整个活动的内容。简洁明快的语言总是容易被记住,特别是在当今生活节奏很快,这样的言语就更受人们的青睐了,所以举办单位要尽量用简明的语言描述活动内容。

第三,相得益彰。作为专修的企业可以通过本次活动扩大自己的知名度和增加自己在本行业影响力。作为市民,可以获得很多的专修知识,还可以买到很优惠的专修材料。作为举办方,为专修的双方提供了交流的平台,很好地把本次要提倡的内容灌输给双方。各方的利益都能兼顾到,自然参与本次活动的积极性也就比较高了。

第四,多方协调。本次活动的举办方有5大部门:市建设局、质检所、消协、装协、新闻媒体,这些部门都与专修有着较为密切的关系,可以说是一个综合性较强的举办队伍,这样举办出来的活动容易兼顾到各方的细节问题。与此同时还与企业联办,这就可以为本次活动提供优惠的专修材料以吸引专修市民。

上述四点都是公益性大型活动可以借鉴的方面,但也要注意实际操作中的问题,不能空余场面,忽略实际效果。本次活动吸收了联合企业,企业可以为活动提供经费和材料,为举办活动提供了诸多好处,但在操作中不能只顾企业的利益而忽略了消费者的利益。因此举办大型的公益活动要注重实效,兼顾各方。

回味隽永

事业单位所举办的公益性大型活动从策划、准备、举行、管理一直到结束都要注重实效,而不能只关注"撩眼"的形式,否则即使注入了大量的人力物力资源,也只能收效甚微,甚至适得其反。只有注重实效,大型活动的开展才能顺利进行,参与的人数最大化,公益的主题才能深入到每个参与者当中,活动的收益与成本之间的比例才能达到最优化,从而较好地达到预期的目的。事业单位开展大型活动,要提高事业单位社会型的大型活动的社会效益,就要精心策划活动,充分考虑活动的各项细节,具体说来包括以下几点。

第一,明确主题,凸出公益。主题是大型活动的灵魂,有了鲜活的主题,大型活动的策划、宣传、实施才有了指引方向的灯塔。开展大型活动如同写文章,在选择主题时,切忌贪多求全,要明确一个主题,紧扣主题来设计活动。事业单位开展的社会型大型活动主要是追求公益性,而不是经济性,这是主办单位不能忽视的问题。

第二,破旧立新,形式多样。不仅是形式上的创新,内容上也要有创新。首先是形式的创新,现在的大型活动的开展主要是依托展览会、颁奖典礼、晚会等形式,大多数活动都是鹦鹉学舌,没有什么很大的创新,容易使参与者产生审美疲劳,活动收效不大,这一方面大可向企业"取经",不要闭门造车。其次是内容上要有创新,比如"感动中国"也是以颁奖典礼的形式举行的,但其评选的人物是体现中国精神的人们,而且不仅仅局限于明星学者,还有很大一部分是我们身边普通的劳动者,这就是创新。

第三,公众参与,专家指导。大型活动的特征之一就是参与性广泛、关注度高,因此大型活动的开展需要广泛调研,提供各种方式,让尽量多的公众可以参与到此次活动中。另外,一个大型活动要开展成功也需要专家的指导,这样可以提高活动的权威性。

第四,科学组织,多方协调。大型活动的开展一般历时较长,涉及的人较多,一旦确定下来,日程安排好后,就很难改变。要使活动能顺利的进行,就必须要科学管理,对活动进行精心的策划,做好充分的准备。协调好决策层和管理层的关系,各就其位、各负其责。除了协调好内部的关系外,还要处理好与其他相关部门的关系,比如宣传时要发挥电视、网络、报纸等媒体的作用;拉赞助时要协调好与赞助商的关系,商量好合作的项目等。

第五,注重细节,精心安排。不管多大型的活动都是由一个个小小的细节组成的,对细节的充分考虑才可以使一个活动顺利进行,相反,如果疏忽了某个细节问题,则可能影响到全局,比如安全问题,如果安全措施没有布置好,一旦紧急情况发生,没有相应的措施处理,就会造成不堪设想的后果。

第二篇

以人为本　共创和谐

——北京2008年"人文奥运"

　　现代国家就社会上存在的重大问题与公众进行广泛的沟通与良好的交流，形成政府与公众之间的融洽关系，为维护社会的安定团结和经济的发展提供稳定的群众基础，为政府的各项活动开展凝聚人心和智慧。通过积极主动的形象公关，体现以人为本的理念，政府能有效提升社会共识，赢得心理认同。近年来，中国政府在这方面做得比较好，尤其是在申办北京奥运会之后，中国政府更是向世人展示了一个负责任的大国形象，展示了其构建和谐社会的执政能力。

开篇导例

开篇之述：北京奥运会的核心理念——人文奥运

2001年7月13日，奥林匹克运动再一次做出公平、公正和历史性的抉择。莫斯科当地时间18时15分（北京时间22时15分），时任国际奥委会主席萨马兰奇在世界贸易中心会场庄重宣布：2008年奥运会主办城市——北京。这是一个令中国人兴奋、激动和扬眉吐气的时刻，中国人一个世纪的奥运梦想终于实现了。面对强大对手的挑战，第二次申办奥运会的北京，在高水平的申办工作中展示了泱泱大国丰富的人文理念和独特的文化蕴涵，并最终赢得了2008年奥运会主办权。

百年奥运，风云变幻，唯一不变的是始终如一的人文精神。2008年奥运会本着以歌颂人、尊重人的理念，一切以人为中心，塑造和谐发展的人文舞台。更难能可贵的是，这一思想不但体现在北京申办2008年奥运会的理念和实际运作中，而且在奥运会举办过程中也至始至终地得到体现。

开篇之论：多维度多层次的创新理念

作为一个特殊的主体，政府与企业的盈利性目的不同，政府的公关宣传是为了向外界宣传施政理念、展示良好形象。在北京申办2008年奥运会的过程中，政府倾尽全力。一方面，中国政府希望在蓬勃发展的新北京为世人奉献一届与众不同的新奥运，为新世纪的奥林匹克运动增添新活力，促使奥林匹克运动真正成为跨文化、跨民族、跨国度的世界性体育盛典。另一方面，中国政府希望通过举办2008年的奥运会，使东西方文化在中华大地上交融，向全球展示东方文化魅力和中国改革开放以来取得的伟大成就。

2008年北京奥运会从筹备、申办到成功的举办都体现了奥林匹克精神,而在这光彩照人的奥林匹克精神中,人文内涵是不朽的底蕴,它作为一种特殊的精神动力,凝聚着人们向往进步的共同心声,是人类挑战困难的强大动力。北京代表有着五千年文明史的中国申办2008年奥运会,一直致力于将我国独特的人文精神提升到一个新的高度。北京在选择新建场馆、奥运村、新闻中心和交通、通讯、住宿等基础设施及竞赛日程安排、体育场馆的赛后使用等方面,首先考虑的是如何更便捷地为运动员、裁判员、官员、新闻记者、赞助商、游客和当地人民群众服务。此外,奥林匹克公园的规划就是在最具文化特色的北京中轴线的北端,这本身就是对人文奥运理念的遵循。

人文奥运是北京向世界提出的具有独特价值的创新理念,是绿色奥运、科技奥运和人文奥运三大口号的核心。作为一个开放的有着巨大生成力的创新理念,其内涵非常丰富,寓意深远。人文奥运的宣传与公关具有着十分深刻的现实意义。借助奥运这个绝佳平台和极好机缘,人文精神彪炳文化的伟力,展示中华民族的时代风貌,推动中国文化走出去,为中国在21世纪的发展提供一个和谐、持久的国际文化环境。

人文奥运提倡以人为本,在国际大交流和文化互动中展示了中国政府致力于推动中国民主化进程,实现人的全面发展的执政理念和坚强决心,为提升世界对中国和平崛起和科学发展战略的政治认同,加深文化共识提供了体验渠道和实践平台。由此,不难看出通过北京奥运会中国政府将不仅向国人展示自己始终坚持"以人为本"的理念,也向全世界展示了自己独特的魅力,从某种意义上说,北京奥运会将是中国政府成功塑造自身形象的一个公关策略。

借北京奥运会的契机,中国政府进行以和谐为灵魂的人文精神的宣传,一方面是就当前的国际形势而言,在当代世界,人类共同面临着人与自然的严峻冲突,环境污染、生态危机、自然灾害等时刻威胁着我们,如何在人与自然之间寻找冲突中的平衡,达到天人合一的和谐状态就成为全世界共同关注的问题,奥运中人文理念与和谐的价值追求体现了一个负责任的大国形象;另一方面就国内形势,也体现了中国致力于建设责任型、服务型政府的理性追求,始终奉行以民为本原则的执政理念。

史镜今鉴

对于中国来说,"以人为本"并不是当代才被提上日程的,而是从古至今一直绵延不绝的一种文化精华。"以人为本"源自中国古籍《管子》。《管子·霸言》篇中论道:"夫霸王之所始也,以人为本。本理则国固,本乱则国危。"这是最早使用"以人为本"的记载。

故事是这样的,公元前674年,齐僖公驾崩后齐国出现了内乱,内乱过后,齐桓公即位,急于扩大齐国集团的实力,因此准备请鲍叔牙出任齐相。鲍叔牙却向他推荐管仲,说:"管仲有五点比我强。宽以从政,惠以爱民;治理江山,权术安稳;取信于民,深得民心;制订礼仪,风化天下;整治军队,勇敢善战。"齐桓公听从了鲍叔牙的建议。齐桓公问管仲,"我想使国家富强、社稷安定,要从什么地方做起呢?"管仲回答说:"必须先得民心。""怎样才能得民心呢?"齐桓公接着问。管仲回答说:"要得民心,应当先从爱惜百姓做起;国君能够爱惜百姓,百姓就自然愿意为国家出力。而爱惜百姓就得先使百姓富足,百姓富足而后国家得到治理,那是不言而喻的道理。通常讲安定的国家常富,混乱的国家常贫,就是这个道理。"这时齐桓公又问:"百姓已经富足安乐,兵甲不足又该怎么办呢?"管仲说:"兵在精不在多,兵的战斗力要强,士气必须旺盛。士气旺盛,这样的军队还怕训练不好吗?"齐桓公又问:"士兵训练好了,如果财力不足,又怎么办呢?"管仲回答说:"要开发山林、开发盐业、铁业、发展渔业,以此增加财源。发展商业,取天下物产,互相交易,从中收税。这样财力自然就增多了。军队的开支难道不就可以解决了吗?"经过这番讨论,齐桓公心情兴奋,就问管仲:"兵强、民足、国富,就可以争霸天下了吧?"但管仲严肃地回答说:"不要急,还不可以。争霸天下是件大事,切不可轻举妄动。当前迫切的任务是百姓休养生息,让国家富强,社会安定,不然很难实现称霸目的。"

因此,就有了《管仲霸言》里的记载。后来,齐国桓公接受了管仲"以人为本"的治国理念,实行一系列利民政策,国家很快强盛起来,争得了春秋时代第一个霸权。"以人为本"的观点是齐国民本思想的精华。齐国民本思想源远流长,蔚为传统,一直为齐国优秀的政治家所继承、弘扬,是先秦时期各诸侯国民本思想中延续时间最长,最具人民性、务实性和智慧性的一支。

对于"以人为本",《贞观政要·务农》篇中也有记载。"太宗谓侍臣曰:凡事皆须务本。国以人为本,人以衣食为本,凡营衣食,以不失时为本。""务本",即办事要抓根本。它所反映的历史是,唐朝皇帝李世民将"以人为本"作为执政治国的重要理念,取得了"贞观之治"的伟大成就。

唐太宗李世民在位 23 年,使唐朝经济发展,社会安定,政治清明,人民富裕安康,出现了空前的繁荣。由于他在位时年号为贞观,所以人们把他统治的这一段时期称为"贞观之治"。

唐太宗从波澜壮阔的农民战争中认识到人民群众力量的伟大,吸取隋朝灭亡的原因,非常重视老百姓的生活。他强调以民为本,经常引用孟子的"民,水也;君,舟也。水能载舟,亦能覆舟"。太宗即位之初,下令轻徭薄赋,让老百姓休养生息。唐太宗爱惜民力,从不轻易征发徭役。他患有气疾,不适合居住在潮湿的旧宫殿,但他一直在隋朝的旧宫殿里住了很久。他还下令合并州县,革除"民少吏多"的弊利,有利于减轻人民负担。

贞观之初,在唐太宗的带领下,全国上下一心,经济很快得到了好转。到了贞观八九年,牛马遍野,百姓丰衣足食,夜不闭户,道不拾遗,出现了一片欣欣向荣的升平景象。而唐代进入"贞观之治"这一璀璨夺目的时期,与唐太宗将"以人为本"作为执政之国的重要理念密不可分。

三刻拍案

把眼光转回到现代,可以发现,经过多年来的改革和发展,中国政府日益坚定地奉行以人为本的原则,时时刻刻为民众着想,全心全意为人民服务,一个负责任的、全心服务人民的现代政府形象日益清晰地呈现在广大民众的面前。

拍案一　不抛弃，不放弃

2008年5月12日，四川汶川发生8.0级特大地震后，以胡锦涛为总书记的党中央立即率领全党全国人民投入抗震救灾活动。在这一场气壮山河的生命大营救中，每一个细节、每一个场景，都震撼人心，感人肺腑。"哪怕只有百分之一的希望，也要尽百分之百的努力，绝不轻言放弃"，是对以人为本治国理念的最好诠释，而伟大的中国人民在党中央的坚强领导下表现出来的勇敢与团结，自强不息与艰苦奋斗的精神。

正如恩格斯所说："没有哪一次巨大的历史灾难不是以历史的进步作为补偿。"汶川震舫的意义，或说补偿的代价，也恰在于灾难之后，给国家与民族赋予前行的新精神与新力量。这一场灾难，使人文精神与人本理念在我们的心中持久激荡。自汶川震灾始，公民获得"降旗志哀"的权利，灾难中普通人的名字进入公共视野。对逝者的尊重，对生命的敬畏，不仅是一个国家给予遇难者的最高礼遇，更见证了中华民族向现代文明的转身。灾难唤醒了文明古国对个体生命的尊重，激活了所有国人的民族情怀和博爱胸襟，更使得以人为本的价值理念在公民之间的情感交汇与价值融合中凸显力量，绽放异彩！事实证明，以人为本的这一科学理念，一旦为广大干部和群众所认同，就能在实践中迸发出力量，就能激发起人们热爱、珍惜和抢救生命的神圣使命感，激起人们心中无私无畏、奋不顾身、勇敢拼搏的浩然正气，并转化为克服各种艰难险阻、战胜严重自然灾害的伟大力量。

也正是有了这样的信念，抢救奇迹在神州大地出现。经过日日夜夜的奋战，截至22日中国抢险救灾人员累计解救、转移被困人员达数8万余人。这只有强大的中国才能做到，是足以和世界上任何国家的救灾成绩相媲美的。在这次可歌可泣的抗震救灾中，中国政府所表现出来的高效率、强大组织力和敬业奉献精神不仅得到了全国人民的一致拥戴，也令大多数西方媒体和评论者感佩不已。

在这次救灾过程中，媒体报道的一系列活生生的真实的故事催人泪下，震人灵魂，令人感动。面对大自然造成的无情灾难，以人为本的党和政府就是人民的天。从许多抗震救灾的报道可以看到，党和政府不但在在救灾全过程中率先模范实践"以人为本"的理念，而且在报道中宣传人道主义的志愿者精神和感人肺腑的真爱实情，通过灾难把平常的、普通的爱升华为博爱、大爱。

灾难之中流露的人间真情是世间最真挚和最高贵的情感。国际媒体一次次将目光投向平凡人的感人事迹,普通中国人的故事就这样不断传播到世界各地,刻画出一个充满人间温情的中国社会。"顽强、热情、友善"成为世界人民赞誉中国人民时用得最多的词汇。人性的中国如今更加自信,真实的中国从来都是经得起检验的责任大国。

面对如此大的灾难,本着"生命高于一切"的价值,国务院决定从5月19日至21日的三天为"全国哀悼日"。国旗低垂,举国同哀,以这种庄严的方式对不幸的遇难者表达国家级的最高尊重,以这种方式集中表达了全国人民的哀伤和痛楚,倾注了全国人民的怀念和追思之情,使遇难者得到最崇高的祭奠,使生者得到最深切的慰藉。而此举受到了国际上舆论的一致肯定和赞扬。境外传媒的评论是:60年来,尚属首次,意义非凡。虽然西方发达国家早就有此种针对伤亡惨重的重大事故,政府设立全国哀悼日的国际惯例,但这决非仅仅是一种制度上的与国际"接轨"。必须看到,在这一新制度背后有一种崭新观念——尊重生命。

点 评

"以人为本"作为党和政府的执政理念,在这次抗震救灾中,不仅得到全党全军全国人民的广泛认同和坚决拥护,并在救灾行动中得到有效贯彻落实,而且得到国际社会和世界舆论的广泛认同和热烈赞誉,正如《欧洲时报》在《地震废墟中站起大写的"中国人"》一文所说:"中国政府、中国人民、海外华侨华人团结救灾的前前后后,没有任何刻意经营形象的痕迹。而'以人为本'这一近年来在举国上下达成的全民共识,才是此次抗震救灾精神遗产之核心所在。""可以说,在惨烈的地震废墟中站起的是一个大写的'中国人'。大写的'中国人',就是拥有了普世价值观的中国人;这使我们在悼念死者的悲痛之中,燃起中华民族伟大复兴的希望之光。"美国《洛杉矶时报》5月17日发表文章也说:"中国领导人关心民众疾苦,重视民情,身体力行以贯彻以人为本精神。中国各地群众为了帮助灾区人民,捐钱捐物献血,要求到灾区救援的人排起了长队。这一切表明中国是一个充满生命力的国家。"

> 在抗震救灾过程中,党和政府并没有刻意去塑造自己的角色,而是通过行动来践履以人为本的理念,这是对自身形象的最好宣传和公关,因而,也得到国内国际的一致认可和普遍赞扬,为此,我们也有理由相信党和政府在落实以人为本、协调可持续的科学发展观的道路上会走得更远、更扎实。

拍案二 平等、参与、共享

2009年6月30日,第五届全国特奥会筹委会在福建省人民政府新闻发布中心举行第一次新闻发布会。发布会上,相关负责人介绍了国际特奥会及第五届全国特奥会的概况,通报了第五届全国特奥会筹委会前一阶段筹备工作情况,以及下一阶段筹备工作的主要计划,并回答了新闻记者提出的第五届全国特奥会筹备工作的相关问题。

举办特奥运动会,旨在推动全社会理解、尊重、关心、支持残疾人和残疾人事业,实现社会"平等、参与、共享"的目标。第五届全国特奥会第一次新闻发布会,标志着本届特奥会宣传工作的正式启动。这届全国特奥运动会的举办进一步弘扬人道主义精神,对构建和谐社会,促进社会文明进步,体现社会主义制度优越性以及对福建省经济社会发展和海峡西岸经济区建设起到积极的促进作用。同时,也是宣传福建经济发展、树立福建社会文明形象、展示福建残疾人事业发展成就的良好契机。福建省将中华民族优良传统文化和福建的海西建设精神结合起来,把筹办第五届全国特奥会成为广泛传播特奥运动知识与运动理念的过程,成为一项全社会弘扬文明、奉献爱心的实践活动。为了办好这届全国特奥会,福建省全力以赴抓好各项筹备工作,把它办成一届充分体现科学发展观、体现以人为本、体现人文关怀,具有海西特色、海西风格、海西气派的体育盛会,充分展示对智障人士的尊重、理解和关怀,展示中华民族的文明素质和精神风貌。

点评

福建省举办的第五届全国特奥会秉承了北京奥运会中所贯策的"以人为本"这一理念。从组织上看,政府在借鉴北京奥运会的经验后,仍注重以人为本,在组织工作中想残疾人之所想,做残疾人需要做,为残疾人提供一个实现他们心中梦想、体现他们价值的平台,让他们在人们的关爱声中,让他们在人们的掌声中绽放幸福灿烂的笑容。从媒体报道看,将"以人为本"的理念贯彻到关注特奥会、欣赏特奥会的实际行动中,组委会要求媒体记者报道特奥会,必须以人为本,也就是说本着残疾人运动员的快乐,本着让人们欣赏残疾人运动员表演的快乐来报道奥运,而不是去挖掘他们身后沉重的不幸话题。

拍案三 集思广益、群策群力

2009年6月12日天津全市人民瞩目的《天津市空间发展战略规划》、《天津市文化中心规划设计方案》公示活动落下了帷幕。此次公示活动是由天津市委、市政府举办的。天津市委、市政府决定面向全市征求对《天津市空间发展战略规划》和《天津市文化中心规划设计方案》的意见和建议后,6月3日,天津日报、今晚报、天津人民广播电台、天津电视台、北方网等全市各主要媒体开设专题、专版、专栏,天津市规划展览馆同时开辟专门展厅,详细介绍两个规划,得到广大市民的积极响应。连日来,广大市民热议两个规划,建言献策,特别是市委、市政府面向全市广泛征求意见的重大举措和以人为本、科学决策的执政理念给予充分肯定。

许多天津市民说,如此详细地向全社会介绍规划,向天津全市人民征求城市规划设计方案的意见,是天津市委、市政府坚持以人为本、以民为先执政理念,充分尊重和保障群众知情权、建议权和参与权的具体体现,是发扬民主、集中民智、凝聚民心的具体举措。这大大激发了天津全市人民积极参与规划公示建言献策的积极性。据介绍,规划公示期间,规划展览馆一楼公示区,每天都是人潮涌动。前来参观的天津市民或驻足在展牌前仔细观看,或围在规划模型前品评交流,电话热线此起彼伏,接连不断。咨询台前,不少天津市民与工作人员咨询交流,认真填写意见建议表。据统计,参观规划的人流平均每天都在两三千人。许多天津市民在留言中说,天津市委、市政府这么信任咱老百姓,咱一定把心里话都说出来。

《天津市空间发展战略规划》和《天津市文化中心规划设计方案》公布后,一幅幅美好的宏伟蓝图立刻吸引了全社会的眼球。广大天津市民群众先是通过报纸、电视、广播等媒体了解天津未来发展的宏伟蓝图,进而通过规划展馆,立体而全方位地展示《天津市空间发展战略规划》和《天津市文化中心规划设计方案》。为了让普通市民群众都能看得懂、听得明白,天津市规划局在规划展馆专门配备了讲解员,为参观群众讲解规划,并回答群众提出的问题,遇到深层问题,专家亲自上阵深入浅出解答群众提问,增强了规划公示活动的影响力、感染力。天津本市一些大学、各区、街以及居委会、企事业单位等纷纷自发组织座谈会,热议两规划,提出了许多好的意见和建议。

据统计,这些天来自各方面的建议和意见有上千条。天津市规划局有关领导说,许多建议非常有价值,对下一步修改两规划必将起到积极作用。

面向全社会征求对城市规划设计方案的意见和建议之举,引起了海内外媒体的广泛关注。据不完全统计,近十天以来,德国《法兰克福日报》、法国《加莱大区报》、新加坡《联合早报》、日本《千叶日报》、荷兰《恩舍德每日电讯》、《香港经济日报》、台湾《中时电子报》和新华网、人民网、新浪、网易、搜狐、凤凰网等数十家国内外媒体,以及城市规划网、景观网、中国风景园林网等规划行业网站都从不同的角度报道了此事,或发布了相关信息,普遍对天津这一举动给予肯定。天津本市主要新闻媒体连续十天利用重要版面、黄金时段进行了全方位的宣传报道。如此声势的宣传在海内外产生了巨大的影响力。

在为期十天的规划公示活动中,广大市民群众表现出了极大的热情和高度的责任感,通过各种方式积极参与征求意见建议活动。据统计,十天的时间,规划展览馆共接待市民群众三万余人,现场留言1836条,接听电话2306个,接收电子邮件、信件2521封。此次规划公示活动受到社会各界广泛赞扬,公示效果良好。

点　评

　　天津市规划局这次面向天津全市人民征求对两个重大规划的意见建议,坚持以人为本的执政理念,集思广益、群策群力,为城市发展和建设提供科学依据和有力保障起到了重要作用。加大人民群众参与规划的力度,通过各种形式向社会各界公开征求意见。对于人民群众提出的每一条意见和建议都认真梳理,逐条研究,充分吸纳,进一步修改完善规划设计方案,以高水平的规划成果推动天津经济社会又好又快发展,向天津全市人民交出一份满意的答卷。

回味隽永

　　以上这些案例都是政府用自己的实际行动来向外界塑造良好的社会公众形象,而没有让政府的政策、观念流于形式化、口号化和广告化,体现了公关的最高境界,产生了良好的效果。反观这些案例,其中的一些精彩手笔值得细细品味。

　　首先,注重形象和信誉。形象和信誉是紧密联系在一起的,形象好必然信誉高。信誉是组织的信用和名誉,是其在社会上追求自我价值的外部表现。组织形象是指一个社会组织在社会生活中的实际表现在公众舆论中的投影,即社会公众和社会舆论对一个组织机构总的印象、看法和评价。中国政府在整个北京奥运会过程中给世人塑造了一个全新的形象,并且实现了它对世人所做出的承诺。在抗震救灾的过程中,中国政府高度负责任的形象让全世界震撼。政府注重形象,关键要做到言必行、行必果,负责人的行动是最好的言语,是公关的最高境界,行动中的形象才是最真实的写照,才有利于提高政府的公信力和凝聚力。

其次,为公众办实事。政府应全心全意为人民服务,尽量避免以下几种现象:第一,做表面文章、应付式的办实事。不从群众普遍关心的热点问题入手,而是避大就小,避重就轻,结果是捡了芝麻,丢了西瓜,任何作秀的行为都不可能真正征服人心。第二,不顾实际,超越能力的办实事。为了炫耀政绩,不顾自身承受能力,故意小事大做,廉事专做,拆了东墙补西墙,这种事办了也会适得其反。第三,抽象空洞,好说难做。办事无衡量标准,无具体措施,内容空泛,纸上谈兵,只能引起群众的反感。无论是北京奥运会、抗震救灾、福建特奥会还是天津的城市规划都因为立足于把事情做实做细,真正体现出以人为本,才获得一致的认可。

最后,政务公开加强舆论监督作用。"公众必须被告知",这是公共关系中的一句至理名言。对于政府,从公共关系角度来说,要求实行"公开化",增强"透明度"这就是所谓的政务公开。与此同时还要加强舆论监督。大众媒介是政府公关的中介,但它又担负着监督公关主体的作用。北京奥运会、抗震救灾、福建特奥会还是天津的城市规划都是完全公开的,充分发挥媒体来报道政府的一切行为,也正是因为这样才能取信于民,取得公关的良好效益,获得民众的支持和推动。

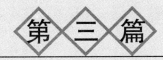

舞动风情展美姿

——"浦东开发开放10年回顾与展望"活动公关

说到桂林,你自然脱口而出:桂林山水。

谈及上海,你自然脑海涌现:繁荣发达。

提起巴黎,你自然不假思索:艺术时尚。

……

这就是城市区域的品牌形象的作用,它们把城市深深的印在我们的脑海中。

在当今世界经济、政治、文化全球化一体化的今天,一个国家、一个城市等区域形象品牌的好坏会产生一种辐射力,影响到该区域的发展。因此,一方区域的决策者、管理者——政府,作为国际公共关系的主体,需要通过公关活动来传播自己的品牌形象。在2001年12月,"浦东开发开放10周年回顾与展望"系列活动获得了上海市优秀公关关系金奖。这在全国也是头一回,其意义远远超过了获奖本身,它表明了政府越来越注重对自身形象以及品牌的塑造和建设,标志了政府公共关系走向前台。

开篇导例

开篇之述:"浦东开发开放 10 年回顾与展望"活动

上海浦东开发开放十年以来,浦东新区用改革和创新的精神大胆探索新路,使浦东新区向城市化、工业化、国际化和市场化迈进,浦东新区的综合经济实力有了显著提高,已成为上海地区经济发展的重要增长区域,成为了中国改革开放的象征。

鉴于信息交流沟通的渠道相对单一,交流的内容相对单调,人们对上海浦东新区的认识还是缺乏一定的深度、广度以及准确度。浦东区委、区政府决定借助浦东开发开放十周年这个契机,确立了"让世界了解浦东,把浦东推向世界"的主题思想,展开了一系列的公关宣传活动,向世人展示了上海这颗明珠的绰约风姿。这一系列公关活动的主要目标是针对不同公众对上海浦东开发开放成果了解、认识的深度、广度以及准确度上的不足,对公众作定向的宣传,向广大公众宣传展示浦东开发开放的巨大成就以及良好的城市投资环境,展示浦东的美好将来,为浦东新一轮开发开放创造更好的舆论氛围。整个公关活动分为两个阶段进行。

第一阶段:启动阶段(2000 年 3 月 10 日—2000 年 4 月 10 日)。

这一阶段的活动主要是借助媒体的传播交流,全方位、深层次的展示十年来上海浦东开发开放建设的瞩目成就,吸引公众对上海浦东的注意力,加深公众对上海浦东的认识,增强公众对上海浦东的信心。并以此为基础,为第二阶段的系列活动做舆论宣传预热准备,为第二阶段一系列精彩、高潮的活动的到来做好迎接和准备工作。

第二阶段:高潮阶段(2000 年 4 月 11 日—2000 年 5 月 10 日)。

这一阶段,一系列的活动浪潮层层叠叠次第涌现,精彩纷呈,高潮迭起。

(1)为浦东开发开放建设十周年纪念举行上海市级的庆祝大会以及高规格的酒会。上海市委市政府主要领导和众多来宾欢聚一堂,畅言上海浦东的过去、现在、未来,在较高层面上展示了浦东城市风采形象,提高了"回顾与展望"庆祝活动的影响力。

(2) 举办一系列权威的、有影响的研讨会,实现了信息的双向交流沟通,促使公众能够直接参与浦东的发展规划。2000年4月18日,世界企业孵化与技术创新大会在上海国际会议中心开幕,大会通过了《上海宣言》,整个活动富有创意,达到了预期的效果。4月20日,"浦东开发开放战略研讨会"在金茂大厦举行,这次大会是由国家对外贸易经济合作部、国家发展计划委员会、国家经济贸易委员会和上海市政府共同主办,级别层次高,权威性强,影响力巨大。4月21日,中国科学院院士报告会暨"浦东科技创新研讨会"在上海国际会议中心隆重开幕。上海市长、中科院院长、来自全国各地的35名中科院院士、20多名专家学者以及嘉宾共800人出席了会议。5月16日,上海市政府主办的"建设三港服务全国"的研讨会,来自全国各地的270名专家学者以及相关的政府部门人士出席研讨会。

(3) 举办"感受浦东"大型活动,通过最直接的形式,让广大的公众直接感受、接触到浦东的新气息、新形象。活动形式主要是组织众多的境外媒体记者以及各国驻沪领事参加活动,有效地扩大了活动的影响广度。此外,还延期在当年10月份举行"百名画家看浦东"、"百万市民看浦东"等大型活动。

(4) 在各类媒体以及信息流通介质上广泛、深入的传播"浦东开放开发10周年回顾与展望"的一系列活动的信息,形成了有深度、有力度、多视角、全景式的报道,全方位、深层次地向全世界展示了浦东——上海这颗璀璨的明珠。新华社、《人民日报》、《瞭望》周刊、香港《大公报》、美国《先驱论坛导报》、中央电视台《焦点访谈》栏目、上海东方电视台等国内外主流权威媒体分别从各个层面、各个角度切入,宣传上海浦东新区的城市规划、建设、政策以及发展前景。同时,这些活动通过网络技术和广大的公众进行互动。这些公关宣传传播活动取得了巨大的成效,有效的促进了公众准确全面深入的认识上海浦东发展以及前景,营造树立了上海浦东良好的城市形象和城市品牌,提高了上海浦东的知名度和美誉度。

开篇之论:展示你的魅力

"浦东开发开放10周年回顾与展望"系列活动是浦东新区政府在上海市市委市政府领导下直接策划和组织的,针对浦东新区整体形象和发展方向的一次系统的城市品牌公关活动。这一系列的公关活动旨在树立上海浦东新区良好的城市品牌,最终获得了巨大的社会反响,取得了很好的效果。不言而喻,这次公关活动本身值得庖解缕析。

首先,这次活动目标明确、策划周密、组织周全、安排周到,一系列活动次第展开,层层叠叠,促使活动环环相扣,精彩叠现,高潮纷呈,保证了活动效果的实效性、活动影响的持续性。系列活动的展开是以"浦东开发开放10周年回顾与展望"为契机,直接面向国内外各级政府部门的政策制定者和决策者、国际投资机构、中介机构的代表。著名的跨国公司外商代表、各级各类研究机构的专家学者、浦东开发开放的决策者和参与者及建设者、众多的普通受众,都受邀参与系列的活动,进行了全方位多层次深入地交流沟通,积极有效地向国内外各界团体、组织、公众传播了上海浦东新区开发开放的各种信息,营造、展示、巩固了"浦东是上海现代化建设的缩影,是中国改革开放的形象和标志"这一良好的国际形象品牌。

其次,在信息传播的渠道、途径、方式上,这次活动采取了多种形式向公众传播了上海浦东新区开发开放的成果,探讨、制定浦东未来的战略发展。媒体舆论宣传报道,一系列政府高层、专家学者、商界精英、社会名流的研讨会,"上海市庆祝浦东开发开放10周年"庆祝会,"各界人士看浦东"等多种多样的活动次第涌现,多姿多彩,好戏连连,形成了一波又一波、一波连一波的舆论宣传、互动交流、沟通反馈高潮,制造了强大的冲击力,对公众形成了巨大的震撼力。多姿多彩的活动持续了两个月时间,公众的被动接受和主动参与得到了有机地结合,保证了活动影响的持久性、深入性和有效性。高质量、高密度的新闻报道,主题突出,内容丰富,营造了浩大的声势氛围环境,避免了信息传播造成公众的审美疲劳,提升活动的实际效果。广播、电视、报纸、杂志和网络等各种媒体全面的强势介入,积极协调配合,纪念画册以及文集的出版发行,都进一步扩大了信息传播的渠道,丰富了信息传播的方式和手段,促使信息在公众终端得到良好的吸收,扩大了活动的影响,保证了活动的效果。

再次,此次公关活动不断地发掘、拓宽信息传播的广度和深度。在这次活动中,活动的主办方组织新闻媒体对活动进行了全方位、多角度、立体式的综合性深入报道,使浦东开发开放的活动信息从原来比较狭窄的层面上向深度性和广度性拓展。同时,积极调动媒体的积极性,正确合理的组织引导它们选择报道的角度和切入点,使得报道题材丰富,独具特色,报道的内容点面结合、上下结合、内外结合。许多有深度、有力度、具有独特视角的新闻作品全面反应了浦东开发开放的瞩目成就,宣传了浦东良好的投资环境,展示了浦东全新的精神面貌,树立了浦东知名美誉的品牌。

"浦东开发开放 10 周年回顾与展望"系列活动成功的向世界传递了浦东的内涵以及品牌,被形象地称为"以落地大鸟引来观望群鸟",我们不妨也可以说是:"凤舞九天,百鸟来朝"。浦东这颗明珠金光璀璨,熠熠生辉;浦东这只金凤凰舞动风情,多姿多彩。它必将飞跃于天,呈祥于地。

史镜今鉴

上海浦东,作为中华民族文明之河的入海处,纳百川之流,载文明之淀,自然风情多姿多彩。但中华民族的文明之河源远流长,浩浩汤汤,我们溯源而上,亦是浪花似锦,粒粒珍珠,随手拾来。

湖南岳阳楼作为驰名海内外的名楼,有"洞庭天下水,岳阳天下楼"之誉。其始建于公元 220 年前后,前身相传为三国时期东吴大将鲁肃的"阅军楼",西晋南北朝时称"巴陵城楼",中唐李白赋诗之后,始称"岳阳楼"。此时的巴陵城已改为岳阳城,巴陵城楼也随之称为岳阳楼了。但岳阳楼闻名天下,还是在滕子京重修之、范仲淹为之作记之后。

宋庆历四年(公元 1044 年),滕子京被贬至岳州做太守,当时的岳阳楼已坍塌,滕子京于庆历五年在广大民众的支持下重建了岳阳楼。楼台落成之后,又"刻唐贤今人诗赋于其上",虽然规模宏大,壮丽辉煌,但滕子京还是认为"楼观非有文字称记者不为旧,文字非雄才巨卿者不成著"。他认为,岳阳楼即使再壮观,如果没有文字记载,岳阳楼也只是虚有其表,缺乏精神文化内涵,其必定不能保全流传长久,而且,文字记载者非"雄才巨卿"者也不足为取。于是滕子京写了一封书信,又委人画了一幅《洞庭晚秋图》,一并寄给当时的大文学家、政治家、军事家范仲淹,请他为楼作记。当时范仲淹正被贬到河南邓州戍边,见书信后,欣然奋笔疾书,写下了名传千古的《岳阳楼记》。《岳阳楼记》全文 368 个字,字字珠玑,文章情景交融,内容博大,气势磅礴,语气铿锵,文中"先天下之忧而忧,后天下之乐而乐"等句,哲理精深,体现了中华民族的伟大精神,为人们广为传诵。从此《岳阳楼记》流传千古,岳阳楼也名满四方,绝冠天下。这实乃高招绝妙的品牌形象公关活动也。

作为一个重要的城市和港口,泉州在中国历史上发挥了重要的作用,占据了非常重要的地位,其取得的辉煌成就和发展的灿烂文明,我们细细考究之,用现代公关的眼光审视之,竟然也是一个非常典型的城市品牌形象公关案例。

在元代,泉州曾以"东方第一大港"称著于世。

元大德六年(公元1302年)泉州人庄弥邵在《罗城外壕记》一文中记云:"泉本海隅偏藩,世祖皇帝混一区宇,梯航万国,此其都会。……四海舶商,诸番深贡,皆于是乎集。"这种梯航万国的空前发达的海上交通,在当时的官方文献和私家著作中也有不少记载。从这些记载可以知道,与泉州发生海上贸易关系的有阿拉伯半岛、波斯湾沿岸和非洲东北部,以及印度次大陆和东南亚一带的国家和地区。汪大渊所撰《岛夷志略》对此更作了详细的记载。

据《岛夷志略》所载,元代与泉州通贸往来的国家和地区,除澎湖外,达98个。这些通商口岸遍及东南亚及印度、马来群岛。泉州这个"梯航万国"的都会成了元帝国最大的商品集散港口。在元朝,泉州以空前繁荣的都市风貌为世人所注。这得益于几个方面。

政治政策方面,元政府在泉州设置市舶司,中央派人来主持,采取"每岁集舶高于蕃帮,博易珠翠香货等物,及次年回帆,然后听其货卖"等一系列措施,鼓励人们通贸海外。泉州不仅首先设司,而且是招徕外商、组织海外贸易的中心。元至元十四年(公元1277年),元政府在泉州立行宣慰司兼行征南元帅府事,越年改宣慰司为行中书省,设泉州路总管府。后行省虽屡有迁移,但元大德元年(公元1297年)改福建省为福建、平海等处行中书省时,又徙治泉州。作为行省政治中心,泉州的港口地位得到了进一步的加强。

在交通方面,泉州作为元大都与东南地区陆上交通干线的终点,释路之设更受重视,这使它跟外界的联系大大地加强了。元至元二十六年二月(公元1289年2月),元政府又在泉州至杭州的海道上建立了15个海站,每站查船5艘,水军二百,"专运番夷贡物及商贩奇货,且防御海道为便",从而保证了舶货和外国来使能够及时"自泉州发舶,上下递接",经杭州直抵大都。正因为有如此可靠、便捷的海陆交通网,元代泉州港才成为国内最大的集散市场。

究其泉州的繁荣,也与她宽容的文化包涵相关,世界许多国家的相关人士慕名前来泉州,带来了他们独特的生活、文化方式,当他们回国时又宣扬了泉州的美名,更加促使了外国人了解泉州,传播了泉州作为一个经济发达、文化宽容的国际化城市的良好声誉。泉州由此饮誉世界,成为一个国际性的大港口,蜚声海内外。

论及古代城市的经济、政治、文化、品牌、形象的建设以及知名度和美誉度,欧洲的众多名城亦不遑多让。巴黎、伦敦、维也纳等城市,虽然其历史没有中国的一些城市那样悠久,但是他们"后发制人",迅速崛起,大有超过中国众多城市之势。这是因为包含品牌形象公关因素的活动在其中发挥了重大的作用。

巴黎城市的历史可以追溯到公元前3世纪中期,当时高卢人的一支——巴黎斯人移居到塞纳岛和西提岛,建立了露图赫兹定居点,是巴黎的雏形。此后,几经历史变迁,直到10世纪末,在卡佩王朝统治下,巴黎再次成为法国首都。千百年来,它一直都是默默无闻,毫不起眼。1643年,路易十四开始重建巴黎,改善供水系统,修建医院,在旧城墙原址修建林荫大道。巴黎城市开始在欧洲享有声誉。但巴黎成为欧洲大陆上最大的城市,成为世界上最繁华的都市之一,则是在19世纪。1853年,拿破仑任命乔治·奥斯曼为巴黎长官,奥斯曼采取了多种措施提高了巴黎的卫生水平,并修建了四通八达的城市道路和公园。从1855年开始,巴黎举办了一系列世博会,向世人展示了自己的文化底蕴和经济实力,展示了巴黎这所名城的良好形象,树立了自己的城市品牌,确定了自己在欧洲和世界城市中的地位。1889年巴黎举办了世界博览会。在那一届博览会上,巴黎的目的就是要"让世界为巴黎所轰动"。其中一个非常重要的项目就是要建造一座千尺高的塔。征集方案的信息一公布,立即牵动了世界上众多建筑设计者的神经,700多个建筑方案瞬间像潮水一样涌动而出。全世界的目光都聚焦在巴黎这个点上——方案的设计者、政府官员、普通民众。当这座塔建成之后,成为当时世界上最高的建筑物,立即成为了世界的一个奇迹,成为了今日巴黎城市的标志,也是世界上最富盛名的建筑之一——埃菲尔铁塔。从此巴黎正式步入了世界历史名城的行列,成为世界城市建设的一个标杆。

泛舟历史星河,浪花朵朵,我们随处可见、随手可拾这些精彩。但是,它们只是包含着公关活动的某些性质。真正意义上的公关活动是现代社会才开始的。至今日,各类公关活动纷繁涌现,妙笔不断,精品迭出。

三刻拍案

区域的品牌形象是该区域发展的一种软力量,这种软力量是一笔无形的、宝贵的、不可获取的财富。一个良好的区域品牌能够对区域外部产生强大的吸引力,从而促使区域外部的资源向该区域聚集或靠拢,促进本区域的发展。区域品牌形象是人们对区域的主观印象,它是通过大众传媒、个人经历、人际传播、记忆以及环境等因素共同作用而形成的。

拍案一　天津经济技术开发区形象的活动公关

天津经济技术开发区(英文简称为"TEDA",汉语译音为"泰达",下称泰达)是我国改革开放后办得非常有影响的一个开发区。开发区政府善于运用公关手段处理国际公共关系,打造区域经济知名品牌,被公关界、新闻界所认同、所推崇。它主办的"2002天津·《商业周刊》论坛",又是一次成功的公关之举,引人瞩目。

泰达是"中国最受赞赏的工业园区"(联合国工发组织语),国际公关活动是他们面向欧美招商引资工作的先导。中国加入WTO为泰达提供了聚焦国际工商界目光的良好契机。泰达抓住有利时机,以"影响有影响力的人"为核心理念,联合美国知名财经杂志《商业周刊》,在2002年5月举办了主题为"新世纪,新视野——中国加入WTO后的商机"的论坛。这一次以区域品牌形象推广为目的的国际公关活动完全达到了"影响有影响力的人"的公关效果,突出了天津"北方工商业明城"和泰达"中国最受赞赏的工业园区"、"外商投资首选地"的战略形象品牌,得到了与会者和工商界领袖的一致好评。

泰达作为天津市对外开放的示范区,邓小平同志1986年曾在这里题词"开发区大有希望"。到2002年,泰达建区18年来,经济建设取得了巨大的成就。但随着中国改革开放的进程不断加快,改革开放的层次不断加深,改革开放的程度不断提高,泰达的政策优势不复存在,同时也面临着其他开发区的激烈竞争。展示泰达独特的优势,继续招商引资,进行外延式的扩张,成为了泰达品牌形象推广的首要目标。

项目的实施分为两个阶段。

第一阶段,论坛启动阶段(2002年3月至4月)。

论坛的前期准备工作自3月5日开始。

3月7日,召开论坛通报会,公布了"2002天津·《商业周刊》论坛"的主题、目标、举办地点、论坛议程和演讲者名单。同时向国内外媒体发出邀请函,并就细节问题进行协商。

4月3日,论坛前期媒体渲染。在国内外各主流媒体上密集报道,采用专题报道的形式,通过翔实的内容和生动的语言,打动目标受众。

4月10日,召开新闻发布会详细介绍论坛的情况,把媒体活动推向了一个小高潮。

第二阶段,论坛召开阶段(5月6日至5月11日)

5月6日,举办"天津·《商业周刊》论坛"欢迎酒会。

5月7日,天津市主要决策者分别会见中外的政要贵宾。

5月8日,"2002天津·《商业周刊》论坛"正式举行,天津市市长致开幕词。中外500多名嘉宾就"新世纪,新视野——中国加入WTO后的商机"议题进行探讨,多位政界商界就此发表主题演说。

5月8日晚上,天津市人民政府举行招待会,中国国务副总理、美国总统等分别发表了讲演。

5月9日,举办"2002天津·《商业周刊》论坛"外商投资企业座谈会,介绍了开发区的招商引资政策,为与会企业和论坛代表提供了一个交流、沟通、合作的机会。

这一次公关活动取得了圆满的成功。全球170位传媒精英聚集"2002天津·《商业周刊》论坛",用750多篇文字、图片以及图像、声音对论坛盛况进行传播。截至5月14日,有65家中外媒体报道了"2002天津·《商业周刊》论坛"的相关消息,论坛召开期间与会记者达189人,包括中央电视台、人民日报、新华社等45家国内传媒组织和美国广播公司、美国之音、澳大利亚广播公司、日本经济新闻、韩国新闻等16家境外传媒集团。许多媒体推出了专题、专刊,进行了长篇、深度报道,形成了从平面、影视到网络等媒体的联合立体报道,取得了全面的公关传播效果,呈现了现代公关传播的优势和特色。

由于充分地沟通,有效地传播,极大地提高了泰达在国内外工商企业界的知名度和美誉度,树立了泰达良好的品牌形象。近70%的与会工商企业界精英、领袖和泰达保持往来联系,并有许多企业在泰达建厂,特别成功的是促成了丰田一汽二期工程在泰达投资建厂。许多与会政界要员、工商企业界精英决策者和媒体认可、赞赏了泰达"中国最受赞赏的工业园区"的说法,并表示要与泰达建立长期的合作关系。

点 评

"思想创新、策划周密、组织周到、安排周全"是这次公关活动成功的全部保证:论坛举办适时、论坛议题新颖合适、论坛参与者明确恰当、论坛活动及传播工作组织得井井有条、各项活动展开得有声有色。这些都给未来的政府大型活动提供了一个很好的示范。

这是一次通过及时抓住时机、有效整合资源、巧妙进行公关传播活动而达到区域形象品牌推广的经典范例。最出彩、最巧妙、最完美的一笔就是"借势造势"。2000年中国加入了WTO后,中外工商企业界迫切需要一个可以商谈合作的平台,泰达就敏锐的捕捉到这种市场需求,策划了这次论坛。通过研究探讨国际公众所关心的问题,引发他们对开发区的关注。利用这一次国际论坛舞台,借助中国领导高层和国际政要、工商企业界精英和决策者以及著名传媒的合作参与,提高了论坛活动的档次、权威性和吸引力。在交流沟通相关信息的过程中,"润物细无声",树立了区域经济的品牌形象,加快了开发区的招商引资的步伐。

在活动策划上,论坛以"影响有影响力的人"为核心理念,细分受众群体,圈定国际政要和国际工商界领袖为直接受众,使会议内容和传播方案设计有了明确的方向;在论坛议题策划上,泰达针对受众关心的问题,设计了中国入世后的政策走向、汽车产业政策、金融及服务业开发政策、中国政府服务和投资环境等最实质的议题,抓住了受众心理,形成了聚焦效应。为了更有针对性地完成主题的阐述,不回避敏感问题,这次论坛将会议的形式定位为:双向交流导致双赢(creating two win by dialogues not monologues)。活动的主题提炼成:新世纪,新视野——中国加入WTO后的商机。

在活动策略上，充分调动、利用天津和泰达的人力资源和行政资源，邀请政商两界精英，保证了会议的高层次、权威性。泰达联合《商业周刊》邀请了李岚清、素帕猜、乔治·布什、周小川、竺延风等国际政要和国际工商领袖直接参加讨论，很好地展示了"决策者的对话"这一概念，直接面对敏感的问题，打消投资者的顾虑，同时也提升了泰达的区域形象。

在公关信息传播上，论坛信息传播以"精活动，大传播"的先进理念为指导，始终坚持"以传播为核心"的理念，坚持以国际主流媒体为主要传播载体，按照会前、会中、会后三个阶段组织实施，保证了传播的覆盖面和权威性。在传播的方式上，坚持"第三方证言和互动传播"，安排了"到泰达外商投资企业参观"和"媒体对外国投资企业的采访"等活动，使报道更加生动和有说服力。

拍案二 伦敦城市品牌形象公关

2008年，四年一次的夏季奥林匹克运动会在举世瞩目万众追随中缓缓的落下了帷幕。这时，载着英国著名城市——伦敦的双层巴士也缓缓的驶入了人们的视野。

作为英国的首都，伦敦是英国的政治、经济、文化和交通中心，也是世界著名的一个经济、政治、金融中心。2007年，在第二届全球年度城市品牌指数报告中，伦敦再次击败了纽约、巴黎、东京等众多的国际著名城市，蝉联了全球城市国际品牌形象调查第一名。

伦敦虽然早已饮誉全球，蜚声海内外。但是它还是一如既往、不遗余力地营造树立伦敦市的品牌形象，伦敦市成立有专门的品牌机构，由市长办公室直接管辖，成为伦敦市政府决策的领导层，参与伦敦市政府所有对外活动的策划与实施。

为了传播城市品牌，伦敦通过各种方式推广城市形象。

首先是媒体传播。英国BBC广播是传播伦敦品牌形象的得力工具，其节目一直在传播宣传伦敦市的相关信息。

其次是活动传播。伦敦市精心组织策划很多大型的活动、庆典，这些活动、庆典方式新颖，独具地方特色，参与者众多，影响广泛，树立、传播了城市品牌。伦敦市几乎每个月都有一次大型的庆典活动,其中有一些惯例的节日活动,如摄政街(Regent Street)的点灯仪式,每年8月的狂欢节、皇家庆典等。这些活动在世界范围内的广泛传播提升伦敦的城市知名度,每年都吸引了大量的游客前来旅游、参观、参与。同时随着活动在电视上的转播,全球大量的公众由此了解了伦敦。这些活动成为了伦敦市的闪亮的名片。在北京奥运会期间,伦敦还借助2012年奥运会主办城市的身份,向全球大力开展城市形象推广。一是利用奥运会闭幕式上推出"伦敦8分钟"展演节目。二是伦敦发展署在北京设立了"伦敦之家",举行一系列包括知名企业精英、政界要员和体育界著名人士参与的活动,大力宣传伦敦在商业、旅游业、高等教育产业和创意产业等方面高质量的周到服务。"伦敦之家"提供了形式多种多样的体验活动,总共开展了为期两周的37项活动。"伦敦标志"展以及1984年奥运火炬展、会议区、伦敦之家的所有"家庭成员",等等。期间,大量媒体记者前来报道,英国首相现任戈登·布朗(Gordon Brown),伦敦市长鲍里斯·约翰逊(Boris Johnson)、伦敦奥组委主席塞巴斯蒂安·科(Sebastian Coe)等纷纷亮相"伦敦之家"。同时,"伦敦之家"官网落户新浪,这极大的提高对伦敦在各个方面的宣传的深度和广度。

再次就是政府传播。伦敦市政府每年都安排出访计划,积极推广伦敦。如2006年4月9日至14日伦敦市长利文斯通(Ken Livingstone)率领政府要员、企业精英、各界知名人士等70人访问了中国北京、上海两地。在短短的5天时间里,代表团出席了20余项活动,接受了近百家媒体采访,与中国众多高端企业精英、决策者进行磋商研讨,活动参与者多达2000多人次,取得了很好的宣传效果。

点 评

作为著名的国际化大都市,伦敦早已是蜚声海外,饮誉全球,但是长期以来它仍不遗余力地推广其城市形象,这也是伦敦长久立于世界著名城市行列的重要原因之一。伦敦市的城市形象推广公关善于把握时期,结合自身的优势,打造多元化的传播平台和交流渠道,展示独特的民族风情,诠释了与众不同城市文化内涵和文化精神,成功打造了伦敦市永远闪耀于世界的名片。

拍案三　上海市"四川路"的形象突破

在上海,南京路和淮海路是两条在全国享有盛名的商业街。南京路是中华商业第一街,独领风骚数百年;淮海路高雅华贵,名特优商店聚集荟萃。可是从20世纪90年代开始,伴随着一条脍炙人口的广告语"逛逛看看其他路,买卖请到四川路",昔日默默无闻的四川路竟然成为一匹黑马,对南京路和淮海路形成了强有力的冲击,并迅速形成了"三街鼎立"的商业格局。

四川路原本是闸北区的一条普通的商业街,由于地理位置的限制,加上各个商家各自为战,没有形成整体合力,因此一直以来都是惨淡经营。闸北区财政办公室和商业协会经过反复的市场调查,发现南京路繁华迷人,更多的是卖名气;淮海路高雅别致,卖的是气质,它们似乎有些远离普通的消费者。而上海市人口众多,以工薪阶层为主的大众消费者是一个巨大的潜在市场。因此,他们为四川路进行了准确的市场定位:面向工薪阶层,以实惠赢得顾客,实行高品位、中低价位和个性到位的定位。他们决定打出、打响四川路的牌子,树立、营造良好的街区形象。

为了打出街市品牌,在闸北区政府的支持下,他们对四川路进行了整体的规划,率先在全国公开向公众征集街市广告语。"逛逛看看其他路,买卖请到四川路",这句广告语一推出即在广大市民中产生了重大的影响。他们同时还请CI设计专家设计了街标,并将其印制在每个商店的营业牌上。同时他们规定四川路上的企业做广告必须带上整条街的广告语,于是形成了连锁的广告效应:你做广告我受益,我做广告你受益。与此同时,在商业的宣传广告、购物环境、商品定位中,严格按照公众的需要,以求理想形象和现实形象的统一。

除了广告之外,他们还采用了一些喜闻乐见的促销手段来强化公关效果。四川路上的美尔登等鞋店开展了"四川路上试穿鞋"的活动,拉开了四川路"试一试"活动的序幕。它们采用限量的方式提供一批鞋子给顾客试穿,试穿到期退还原价15%的试穿费,引起了一场空前的购物潮。从此以后,四川路把这个活动固定下来,每个月举行一次。这些吸引了大量的市民光顾四川路。

四川路还推出了一系列监督、防御制度,以维护四川路的名声,保护四川路这个品牌。"谁砸四川路的牌子,就砸谁的饭碗"。一些商品质量差、服务质量差的商店和营业员被请出了四川路。同时设立了两个市场商品质量监督站,随时接待顾客的投诉。

点　评

四川路可谓是区域品牌形象推广的一个典型——"麻雀虽小,五脏六腑俱全"。作为一条商业街,在激烈的商业竞争中,它虽然是后起之秀,却完成了后发制人的战略目标。通过准确的市场定位、强大的群体攻势、优良的商业服务、独特的经营新招,四川路以整体形象为突破口,打造了四川路良好的品牌,赢得了顾客的垂青。

回味隽永

中国国际公共关系协会会长李道豫先生曾说"城市要发展,政府部门应更加注重城市形象的塑造。一个国家需要形象,一个城市同样需要形象。事实上,形象问题已在社会发展中越来越显得重要,我们必须把它放在战略发展的高度。"进行区域品牌形象的活动攻关有几个问题是值得注意的。

首先,需要把握时机。"借东风造势",借助、依托某些重要的有意义的或者世人瞩目的焦点时刻、事件,大造声势,从而能够最大的吸引公众的目光,达到最大的影响最多的受众,取得公共活动的最大效果。

其次,活动要独具特色。公关要结合自身的特点、特色,确定活动鲜明恰当、与时同步的主题。在确定活动的主题时,要根据特定的时间内,确定活动的目标受众,调查、分析他们的关注焦点以及他们的需求,达到吸引最多受众,达到活动效果的最大值。泰达开发区通过自身作为一个中国改革开放的一个窗口,一个中国工业园区的示范点,高举公关活动主题"新世纪,新视野——中国加入WTO后的商机"。这一个论坛主题的提出,可谓"应时应运应势"而出,恰到好处,精彩不已,妙不可言。自然而然为广大的公众所关注,公关效果也不言而喻。

再次,活动要"有备而来"。精心的策划、周密的安排是活动取得成功的最大保障。在活动准备阶段，要周全地统筹策划，全面地做好各项准备工作。各项活动要同时并举、齐头并进，环环相扣，井井有条的次递展开，这样才能保证活动能够有声有色地按照计划完成。

最后，活动要整合媒体资源。在现代的社会中，立体的信息传播方式已经形成，文字、图片、图像、音频和视频等各种信息方式完全融入了人们的生活当中，并且，传统的信息单向传播、信息被动接受被现代的信息双向传播、信息的沟通互动所代替。这是现代公关传播的巨大优势，也对公关传播提出了新要求，如何才能够影响最广泛的受众，如何才能够让受众获得最广泛的信息，这些都需要活动的主办者进行周全的考虑和安排，组织和引导传媒的信息传播工作，充分挖掘、使用各种媒体传播的技巧、方式、途径和渠道，达到"广而告之"的公关目的。

第四篇

文化软实力的公关"硬功夫"

——《妈祖信俗》申报中国首个信俗类"世遗"活动

在知识经济时代,文化成为人类共同的精神纽带,具有十分强大的公关力量。尤其是以和平与发展为世界主题的今天,现代公共关系具备广泛、深刻的文化特征,要求人们具有文化沟通的新意识和自觉性,把组织的一切公共关系活动纳入到社会文化的战略高度去审视、运作,运用文化的吸引力、感召力、认同力和渗透力来展示组织形象,提升公关效益。在2009年湄洲妈祖信俗成功申报世界非物质文化遗产项目的案例中,文化公关通过"润物细无声"的"潜伏"形式体现出的"硬功夫",展现出惊人的魅力和效力,产生了广受关注的综合效应。

开篇导例

开篇之述：从地域信仰到世界文化遗产

莆田湄洲妈祖信俗成功"入遗"，是多方面、多渠道形成"合力"公关赢来的成果，它经历了一个变"不可能"为"可能"的神奇"突变"的过程。在这其中，文化公关不但在近年来妈祖文化的传播与交流中冲破重重障碍，功不可没，而且在"申遗"历史突破时刻上的临门一脚，也可谓力量独到。在对妈祖信俗不断演进、发展和跃升的历史解读中，可以深刻地感悟到这一点。

历史起源：善良的化身，美好的传说

妈祖是人们对海上女神的昵称。据宋代史料记载，妈祖是于宋建隆元年（公元960年）农历三月二十三日诞生于莆田湄洲的一位叫林默的女子。宋太宗雍熙四年（公元987年）九月初九，年仅28岁的林默逝世。生长在大海之滨的林默，自幼聪颖灵悟，洞晓天文气象，熟习水性。成人后以行善济人为事为志，矢志不嫁，专心于引导人们避凶趋吉，帮人防疫消灾。她不但为船户预测天气变化，还能"乘席渡海"解救附近海域里遇难的渔舟、商船，被称为"神女"、"龙女"。因妈祖"海上救难"事迹在民间的传播与信仰极为兴盛，自宋以后，历代帝王对妈祖频频褒封，至清乾隆五十三年（公元1788年），妈祖"春秋谕祭"正式载入国家祭典，成为与陕西黄帝陵祭典、山东曲阜孔庙祭典并称的中国传统三大国家级祭典活动，由此，牢固地确立了妈祖作为海上女神的地位。在经过千年的文化演绎后，已"固化"为华夏文明的重要组成部分，成为联系海内外炎黄子孙的桥梁和纽带。

特色内涵：两岸信众的心理桥梁和精神纽带

千年氤氲，历久弥盛。妈祖信仰经过千年历史传承，不断融入中华传统美德和文化精华，日益渗入民众的心里和生活习俗中，留下了丰富多彩、影响独具的文化遗产，对航海贸易、文化交流、情感维系、华人外拓以及沿海港口城市发展等起到重要的推动作用，其中尤以湄洲岛的妈祖信俗最具深厚内涵、表现形式和地域特色。

妈祖信俗是以崇奉和颂扬妈祖的立德、行善、大爱精神为核心，以妈祖宫庙为主要活动场所，以习俗和庙会等为表现形式的民俗文化，民间性、亲和性是妈祖信俗的特点。妈祖的信徒遍布中国福建、台湾以及东南亚，甚至欧美很多地方，可以说有华侨的地方就有妈祖信仰，信徒逾两亿之多。台湾民众中有三分之二以上的人信仰妈祖，妈祖是台湾民间第一信仰，台湾民众普遍信仰妈祖，不仅是出于祈福消灾，也是寻根谒祖、民族精神的传承，很多海外华人把到福建莆田湄洲妈祖祖庙谒祖进香当做一生最大的心愿。

现实演绎：两岸妈祖一体文缘的精神"引领"

在两岸民间交流交往中，妈祖文化以其民间信仰的强大凝聚力起到极大的推动作用。回顾莆台妈祖文化交流的历史进程，两岸妈祖的一体文缘在"引领"民间交往、壮大文化品牌中展示出独特的魅力，其独具特色的信俗具有"精诚所至、金石为开"的独到公关能量。

1987年农历9月，湄洲妈祖祖庙隆重举行"妈祖千年祭"纪念活动和学术研讨会，划破台海坚冰，揭开了海峡两岸文化交流的新序幕。

1988年，国务院批准湄洲岛对台胞开放。

1989年5月，台湾信众从海上直航湄洲朝圣，开创1949年后两岸大型船队直航的先例。

1994年5月，莆田市首次举行妈祖文化旅游节，打响妈祖故乡独特的文化品牌。

1997年，湄洲妈祖金身成功巡游台湾岛102天，朝拜民众达1000多万人次，创就海峡两岸民间民俗交流史上一次影响最广泛、规模最大、意义最深远的活动。

2000年，湄洲岛管委会和妈祖祖庙重新挖掘整理完善妈祖祭典，使之再现磅礴气势和浓郁古风。

2001年1月,马祖岛进香团由两马直航(马祖—马尾)到湄洲妈祖庙谒祖进香。这是开放"小三通"后,第一个团队循"小三通"渠道到内地。

2002年,湄洲妈祖金身从湄洲岛码头直航金门巡安,突破"小三通"局限。

2004年6月,莆田市组织了祖国内地近年来规模最大的妈祖文物赴台展出活动。

2004年10月31日,中华妈祖文化交流协会在湄洲岛成立。

2005年7月8日,莆田与金门实现两地货运首次直航。

2005年11月1日,首届湄洲妈祖·海峡论坛举行,两岸三地专家学者聚首湄洲岛畅谈"妈祖文化与两岸情缘"。

2006年1月,胡锦涛总书记强调,妈祖信仰等深深地扎根在台湾民众精神生活当中,福建要运用这些丰富资源,在促进两岸交流中更好地发挥作用。

2006年5月,湄洲妈祖祖庙被国务院定为全国重点文物保护单位,湄洲妈祖祭典被列入国家首批非物质文化遗产名录,成为"国宝"。

2007年5月,由中华妈祖文化交流协会、台湾妈祖联谊会等联合主办的首届莆台妈祖文化活动周在莆田隆重举行并获得圆满成功。

2008年2月,海上妈祖女神名列首届"福建十大名片",成为福建人心目中的形象代表。

2008年4月,湄洲妈祖祖庙入岛与大甲镇澜宫联合举办"台湾妈祖文化论坛"。

2008年7月,湄洲岛接待两岸开放周末包机直航后第一个包乘航班的台湾妈祖信众。

2008年9月8日,由中央电视台举办的"海上明月共潮生——2008年两岸四地迎中秋大型民族音乐会"在湄洲岛隆重举行。

2008年9月25日,妈祖信俗成为我国向联合国科教文组织推荐申报人类非物质文化遗产的34个项目之一。

2008年10月31日至11月2日,莆田首次举办"天下妈祖回娘家"活动,18个国家和地区的300多家妈祖文化机构(宫庙)怀捧300多尊妈祖分灵神像集中"回娘家"寻根溯源、共祭妈祖,是有史以来台湾宫庙主要负责人来莆最多、最集中的一次。同期,以"妈祖文化与申报'世遗'"为主题的第四届湄洲妈祖·海峡论坛在莆召开,全球妈祖信众通过不同形式支持妈祖信俗申遗。

2009年2月,湄洲岛成为祖国内地第一个与台湾本岛港口实现海上客运直航的口岸。

2009年5月15日,台湾妈祖信众从台中港直航湄洲岛朝拜活动,拉开了首届海峡论坛的序幕。

2009年9月30日,联合国教科文组织保护非物质文化遗产政府间委员会第四次会议审议表决,同意妈祖信俗列入世界人类非物质文化遗产名录。

历史跃迁:文化公关下的品味提升

这是我国首个信俗类世界级文化遗产,也是莆田市第一个世界遗产,标志着妈祖文化正式成为全人类的共同文化遗产。过去,作为一种信俗,妈祖文化具有深厚内涵、表现形式和地域特色,是两岸亲缘和精神纽带中的"金字招牌",如今,它更是跃升为世界级的文化"名片"和品牌,成为独特的文化遗产在海峡西岸经济区中熠熠生辉,发挥着文化纽带的作用。文化从外在静态的象征"符号"到内心的体验和认同,有一个转化的过程,即提炼、升华、传播和创新的过程,而跨越组织结构的文化传播就是一个公关的过程。将妈祖文化申报为世界文化遗产的过程也是文化传播和公关的过程,不但可以提高妈祖文化的影响力和品味,使其受到更高层面的关注和更广范围上的认同,而且在政治、经济、社会和文化等方面具有十分广泛的辐射效应,拓展了两岸一体文缘的共同内涵,拓宽了两岸人民交流的平台,增强了两岸人民的亲缘与情缘联系。

开篇之论:内涵为王,形式为金

可以看出,在历史发展进程中,妈祖文化不仅具有"攻关"独到的优势,还产生出多方面的辐射效应,涵盖了社会发展的各个领域。妈祖信俗申报非物质文化遗产的活动虽然是近两年正式启动的,但是从妈祖文化的发展上看,其公关活动则可以延伸到1987年"妈祖千年祭"正式开启两岸文化交流序幕之时。正因为经过长期的历史积蕴和多方面的准备,妈祖文化才能在短时期内爆发出巨大的公关能量,产生一系列连锁反应,体现出文化公关实实在在的硬功夫。追根究底,是因为妈祖文化做到内外兼修,不仅充分挖掘内涵,提升品位,突出特色,还在外部运作上以各种灵活丰富的活动形式来加强互动,扩大宣传,凝聚力量。

从内涵方面上看，多年来，相关各方坚持夯实湄洲妈祖文化底蕴，凸显亲缘特色，提炼精神内涵，从总体上提升文化品位。自1987年以来，为了进一步挖掘和提炼妈祖文化的精神内涵，加深社会各界对妈祖文化的了解和认同，获得更高层次的认可和更广泛的辐射力，妈祖祖庙一直联系相关组织致力于妈祖文化品位的升华，加大古迹修复的力度，以"修旧如旧"的方式展现了妈祖祖庙的深厚历史底蕴，使之再现磅礴气势与浓郁古风。2004年10月31日又成立了妈祖文化方面的第一个全国性社团——中华妈祖文化交流协会，致力于学术交流、理论研究、宣传推广等工作，使在海内外具有广泛和深远影响的妈祖现象被正式界定为妈祖文化，进一步明确了湄洲岛的妈祖文化源地的地位。2006年，通过莆田市各方面的努力和争取，妈祖祭典以其独特的文化内涵和历史学、航海学、宗教学、民俗学、艺术学、军事学等价值，被列入首批国家级非物质文化遗产名录，成为"国宝"。2008年积极参加"福建十大名片"评选活动，"海上女神妈祖"名列前茅，成为独特的海西名片和闽台五缘文化的重要见证。湄洲妈祖祖庙还从两岸一体文缘的基点出发，将台湾的一些风俗融入湄洲的祭祀大典中进行"打包'申遗'"，让妈祖信俗显得更加充实和丰满。一系列的文化方面的挖掘、梳理、总结和提炼的工作在使妈祖文化底蕴更加充实的同时，拓展了两岸乃至全世界华人共同文化内涵，凸显妈祖文化的亲缘优势，进一步契合海内外妈祖信众的信仰需求。

从外部运作上看，早在1987年，莆田相关方面就敏锐地洞察到福建对台交流和妈祖文化的公关优势，积极主动地进行运作，不断地推陈出新，加大文化公关力度，提升影响力。

第一，实施妈祖文化"走出去"战略，提高受关注度。为使妈祖信俗受到中央和福建省的关注和支持，获得相关的优惠政策支持，莆田市委市政府和湄洲妈祖祖庙董事会齐心协力，未雨绸缪，打好"侨牌"，通过申报和发行妈祖邮票、莆仙戏妈祖赴京演出、邀请品牌媒体演出等形式来提高受关注面和程度。自2006年先后邀请中央电视台"心连心"艺术团、《曲苑杂坛》、《激情广场大家唱》、《同乐五洲》、《两岸四地迎中秋大型民族音乐会》、《中秋晚会》等到湄洲演出和举办。

第二，采取民间文化交流的灵活方式，扩大信仰范围。避开敏感政治话题，抓住妈祖"千年祭"的有力时机，以民间交流的形式来开展纪念活动和学术研讨，划破台海坚冰，拉开两岸文化交流序幕。运用有关妈祖信俗的学术研究、文化交流、精神共鸣和艺术互动等活动开展公关，推动形成了许多新的文化共识，以"宗教直航"的方式突破"小三通"，推动祖庙妈祖金身到台湾巡安,在台湾民众中引起了"十里长街迎妈祖"、"火树银花不夜天"的轰动效应。妈祖作为台湾民间第一信仰和世界华人共同信仰的优势得到充分地发挥,其文化桥梁和精神纽带的作用更是淋漓尽致地得以体现。

第三,强化心理认同,产生辐射效应。通过祖庙妈祖巡安、分灵、诵经祈福以及世界各地的谒祖活动,增进包括两岸同胞在内世界华人的亲缘和情缘联系。以妈祖文化来增强了世界华人尤其台湾同胞"根"、"祖"、"脉"的认同,以"世界妈祖同一人,天下信众共一家"的理念去赢得了信众的支持,推动各界人士积极支持申遗。近年来,连战、吴伯雄、萧万长等一批台湾知名人士先后来祖国内地探亲访友、寻根祭祖,并且也使台湾方面的各界代表、政治明星纷纷跨越海峡,"登陆"莆田妈祖·海峡论坛,从而形成了浓厚的妈祖信俗申报世遗的氛围。

第四,践行妈祖精神,以大爱征得广泛支持。奖教助学、扶贫济困一直是湄洲祖庙践行妈祖精神的重要举措。祖庙董事会于2001年专门设立"奖教奖(助)学基金",奖励教师,资助贫困学生,传递爱心,用实际行动践行和弘扬妈祖精神。2009年8月8日,强台风"莫拉克"横扫台湾,造成重大灾害后,湄洲妈祖祖庙特地为台湾灾区同胞举行专题颂经祈福法会,并筹集善款助受灾台胞渡过难关,重建家园。正是由于立德、行善、大爱的妈祖精神在现实生活中的真实体现,才赢得了信众声势浩大的支持申遗活动,并通过各种形式积极参与申遗过程。

第五,打造交流互动平台,集聚人脉。莆田市政府和妈祖祖庙董事会充分借助互联网优势,与莆田新闻网、东南新闻网联手开设妈祖文化专栏和妈祖论坛,在扩大宣传和交流力度的同时,也有序吸纳支持力量。互联网"无界、互动、便捷、快速"等优势使得"妈祖之光"耀入人心,也使得广大信众和支持者的参与热情得到释放。"申遗"前期的短短十天内,众多的网友在"在线祈福"、"妈祖论坛"上表达心声,联手参与网络投票,营造浩大的网络声势。

总之,独特的文化内涵与灵活形式和丰富活动的有机融合,完美地演绎出妈祖信俗的文化软实力,实实在在地体现出了文化"攻关"的硬功夫,推动政治、经济、文化等各方面产生连锁反应。现代公关关系与文化底蕴的有机结合将使得二者相得益彰、交相辉映,从文化公关的角度审视、营造和运作大型活动,有效地把内容与形式统一起来,不仅能达到事半功倍的效果,还能产生无穷的韵味。

史镜今鉴

作为一个重要的公关推动力量,文化在政治经济上也发挥过重要的作用。放眼历史发展长河,无论什么时候文化都是综合国力竞争的重要因素。文化是一个国家和民族递给世界的名片,也是一个国家和民族的权力的象征。今天,人们记住中国、意大利、希腊和埃及,关键是因为它们曾经有过的文化辉煌,它们的文化对世界产生过重要的影响。纵观历史,一种文明实力的扩张通常是与它的文明鼎盛时期同步发生,几乎是与它运用实力向其他社会传播价值观、习俗和制度有关。无论是希腊帝国、罗马帝国、奥斯曼帝国、奥匈帝国,还是法兰西帝国与大英帝国,如果没有文化优势的运用,没有哪个帝国能够繁荣起来。神圣罗马帝国的发展为我们提供了一个文化结构上的帝国野心及范围的典型例子。

神圣罗马帝国由约243个微型国家组成,根本没有明确的领土轮廓,建立起来的帝国并不单纯是一个军事机构,它还通过文化实力来施加非官方形式的统治。以世界大同主义者捍卫真理的做法为它的"神圣统治"和"罗马化"披上合法的外衣,为军事扩张行为提供道义上的理由。罗马统治阶级大力推行帝王崇拜,这不但使统治者及其家族的政治统治合法化,加强了行省居民对统治王朝的忠诚,而且力图使被征服者觉得自己是一个共同的伟大的帝国的一部分,促进行省臣民对罗马帝国心理上的认同和思想观念上的罗马化。

罗马化是指被征服民族逐渐与征服者的行为、风俗和生活方式变得和谐一致的一种过程,这一过程是罗马征服者有意设计和精心布局的文化公关。同化的过程是罗马帝国在西欧政策的一个有意识的组成部分,同化的目标是贵族。假如说在罗马帝国的生活中武力约束和政治统治是绝对实情,但是,由于共同文化价值观在那些臣服帝国高压政治的人——尤其是在精英阶层中形成了凝聚力,使得他们并没有觉察到武力约束和政治顺从的强制性。虽然欧洲国家由当地掌权者实施世俗统治,但横跨整个欧洲的共同文化纽带是基督教信仰,而基督教的传播者是一批跨地域的讲拉丁语、写拉丁字的文化精英。在血腥的"十字军东征"圣战期间，僧侣体制和骑士体制也作为帮助传播基督教的跨地域制度发挥作用。

罗马的象征性高压政治是通过罗马文明的传播和文化的公关来实现的。爱德华·吉本在他的巨著《罗马帝国衰亡史》中评论到："在距离最遥远的那些国家中，罗马的名字深受敬畏。最凶猛的未开化民族经常将自己的纷争交给罗马大帝公断。"罗马人非常敏感地意识到了军事统治和辉煌文化结合的必要性，那些征服者心里认为，帝国的含义中包括共同的信仰和价值观念，凝聚力的形成来自共同的文化认同。罗马人很关注自己的语言在国家行为中的影响，以至于扩大拉丁语的使用和运用军事武器一样，都成为他们最关心的事情。他们期望通过整个罗马帝国普遍深入的文化同化来维持帝国的"神圣统治"。帝国的怀抱包容着众多的民族，但是他们必须接受超越民族的文化身份。在帝国体系内，只要少数民族没有特定领土要求，融入"罗马化"的过程中，他们就不会受到排挤。"罗马社会的顺从是一致、自愿、持久的。被征服的国家融入一个伟大的民族，放弃了恢复独立的希望甚至愿望，几乎不再会将自己的存在与罗马的存在割裂开来考虑。"

可以说，帝国的强盛，国内和平、和睦是罗马人奉行温和、包容政策的自然结果，也是在文化上"罗马化"公关的成功体现。作为一个多民族的国家，在历史演进的过程中，中国也发生过通过文化公关来实现政治目的的事件。匈奴自古以来与汉族杂居于黄河流域，在相互交往的过程中也逐渐地受到汉族文化的同化。从匈奴人使用的汉字来看就可以得到证实。汉朝建立以后就有意地对匈奴施行汉化政策，汉初娄敬说刘邦与匈奴和亲便有此意，娄敬认为，汉初天下初定，实力不及匈奴，必须寻求武力之外的征服途径。"公主和亲"正是这样一种最有效的征服途径。他建议刘邦将嫡长公主嫁给匈奴单于，同时配以丰厚的嫁妆，匈奴在不战的情况下即可取得荣耀和财富，一定会非常称心如意，从而停止南下侵扰边境，并立长公主为匈奴大阏氏（单于正妻）。其所生之子是大汉皇帝的外甥或外孙，将来会被立为新的单于，因而匈奴子子孙孙都会臣服于汉朝。汉文帝时贾谊也提出"以匈奴之众为汉臣民制之，令千家而为一国，列处之塞外，自陇西延至辽东，各有分地以卫边，使备月氏、灌窳之变"的设想和"三表五饵"的建议，实际上也是想逐步同化匈奴，达到不战而胜的目的。从汉匈和亲开始，此后历朝不断成为中原王朝和亲对象的还有乌孙、吐谷浑、高昌、突厥、吐蕃和契丹等。这些和亲之举，与秦汉以来历朝历代不断修筑长城一样，都是当时的统治者面对来自北方威胁的战略防御之策。

但就实际社会政治效果而言,和亲远胜于修长城,文化公关的魅力远大于军事战争的效力。"和亲"是中国和合文化的外在体现方式,向世人展示出其开放性、包容性的特征,体现着中国文化的成熟和智慧。它既能"化干戈为玉帛",解决民族纠纷,又有效地促进了民族间的大融合。对于促进中华民族的形成、发展和统一做出了积极的贡献,两千年来一直为历代各族人民所称颂。从历史实践上我们也可以看,汉唐实行和亲不损其强盛,宋明反对和亲不减其羸弱。

史书记载,"(汉)元帝以后宫良家子王嫱字昭君赐单于,单于欢喜,上书愿保塞上谷以西至敦煌,传之无穷。"(《汉书匈汉传》)昭君作为"民族友好使者"出塞之后,胡汉之间50多年友好相处,北国边疆出现了"三世无犬吠之警,黎庶无干戈之役,人民炽盛,牛马布野"的和平景象。昭君出塞、胡汉和亲作为历史上一种文化现象,"化干戈为玉帛",实现民族之间"双赢对话"的中国方式,为"华夏一统、胡汉一家"奠定了良好的基础。今天的内蒙古早已成为"模范自治区"(周恩来语),不但因为这里是昭君出塞、蒙汉和亲的地方,是王昭君的长眠之地,更因为在这里已经出现了千万个现代版的"王昭君"。新中国成立之后,党的民族政策深入人心,各族人民和谐相处。在不同的国家建设时期,千百万汉族青年来到祖国的北部边疆,与当地人民和谐又友好地工作生活在一起,并在这里"扎根、开花、结果",用事实有力地说明了"汉族离不开少数民族,少数民族也离不开汉族。"如今,"昭君文化"更是已经成了呼和浩特市的文化品牌。自1999年以来,呼和浩特市每年举办一次"昭君文化节",这些既说明和亲文化影响的持久性,也说明文化公关具有现实意义。

三刻拍案

拍案一 福州三坊七巷——文化是流淌的血液

三坊七巷传承了具有历史古城2200年的历史文化的内涵,是福州历史文化的根与魂,是闽台深厚渊源的活化石,如今,它又是保留至今国内最好的、最有特色的、最有文化底蕴的历史文化街区,在新时期赢得了新的尊严和荣誉,成为福州的城市名片和品牌。三坊七巷文化内涵得到社会各界的理解和赞许,不但是由于其自身所特有的文化内涵和精神底蕴展示出了新的时代魅力,而且得益于福州市委、市政府在精心保护和深入发掘基础上进行的一系列文化公关。三坊七巷的红火是福州市提升文化公关意识,充分挖掘丰厚的历史资源,打造文化品牌,将优势资源转化为公关力量的一个缩影。

首先,精心修复,打造良好基础。为了使三坊七巷所特有的文化内涵和精神底蕴展现出了新的时代魅力和风貌,在聘请全国著名文物保护专家制定行之有效的保护规划的基础上,福州于2006年12月底就投入巨资,启动保护修复的工程。而且,还在专家论证和指导下根据"镶牙式、微循环、渐进式、小规模、不间断"的原则对古文物进行历史面貌的真实再现。正因为保护工作做得有声有色,才使得三坊七巷的历史文化得到充分地展现,为成为福州城市精神集结地、福州名贤文化纪念地、福州传统商业文化传承地、福州民俗文化展示地以及参选首批中国历史文化名街打造下良好的基础。可以说,人文性的脉络与古建筑的景观的再现对于文化公关起到了不可磨灭的功绩。

其次,丰富形式,展现特色文化。福州市投入巨资组织各方面专家深入挖掘和展示三坊七巷的精神内涵和文化底蕴。不仅在人文与文化空间层面进行了全面调查,完成了《三坊七巷文化内涵调查》,挖掘、整理、总结出三坊七巷负载的闽学文化、戍台文化、士子文化和气节文化,成为非物质文化遗产保护的重要依据,还通过开辟旅游专线,举办民俗文化节和名人史迹展览,出版相应图书,组织专题研讨会、古诗词吟唱会,开设了"闽都乡学讲习所"、文儒讲堂、花灯展览等形式展现出古韵十足的特色文化。

再次,全力推广,扩大影响范围。福州市政府立足"古"和"旧"的修复,又充分运用现代媒体和科技手段来使三坊七巷的内在文化积淀和精神内涵放出时代的异彩。通过动漫形式推介三坊七巷历史名杰,大型动漫剧《林则徐》、《甘国宝》和大型电视连续剧《船政大臣》在上演后好评如潮,使三坊七巷的文化内涵得到社会各方面的理解和赞许,扩大了影响范围。

最后,凸显情缘,加强闽台联系。三坊七巷走出的名人,有的成为台湾近代化的开启者和推进者,如沈葆桢、甘国宝等,有的与台湾有着深厚姻缘,如严复家族与台湾辜振甫家族联姻。因此,三坊七巷不仅成为了闽台世家交汇集结处,还是闽台深厚渊源的活化石。为此,福州市把三坊七巷倾力打造为闽台国学教育基地、福州名贤文化纪念地和福州民俗文化展示地,并积极开展与台湾有深厚渊源人物如林则徐、严复、沈葆桢、陈宝琛等的学术研讨会和史迹展览会等,使之成为两岸一体文缘和心理认同的文化纽带和精神桥梁,成为海西特色品牌。

拍案二 欧莱雅"金字塔"的文化基座

在产品日益丰富甚至饱和的时代,消费者在他们购买产品或服务时,面临越来越多的选择,他们不仅要在质量上做权衡,还要在服务态度和价值观念、文化理念等方面做出抉择。特别是外来的产品要在中国获得消费者的好评,有一个很重要的环节就是要念好中国的"文化经",在品牌的文化内涵和形象维护上下足工夫。

欧莱雅深刻地认识到,当企业已经发展到相当的规模,产品的竞争实质是文化的竞争,光埋头搞生产卖产品是不够打动消费者的,文化的经营是最高层次的经营。因此,积极支持和赞助各项文化艺术活动,力争做"和消费者沟通最好的公司"成了欧莱雅的主要市场策略。公司的总裁盖保罗和公司的公关总监兰珍珍也频频出现在各种时尚沙龙和杂志中,不遗余力地为推广欧莱雅产品做广告。当初一句中国话都不会说、靠猜测别人的眼神来领悟意思的盖保罗,今天已经成为一个中国通,知道如何同中国的各色人物搞好沟通。每一次盖保罗商务谈判,兰珍珍都要做好很多的案头准备,不光是文件资料上的准备,而且还要向盖保罗讲解要会见的人的背景身份。

秉承了"欧莱雅的美是来自文化的美"的理念,欧莱雅更试图构架中法文化的交流桥梁,相继赞助了"从北京到凡尔赛"中法美术交流博览会、欧洲名城市长会议并捐款保护苏州园林等多项活动。1997年以来,欧莱雅成为历届戛纳国际电影节的官方协办者。于是欧莱雅利用自身的公关能力让其形象代言人之一某著名国内影星也当上了戛纳电影节的评委,将中国的演员首次隆重地推向了国际舞台。此外,欧莱雅与联合国教科文组织联合建立有"'为投身于科学的女性'计划",2003年和2004年,中国科学院院士李方华和香港科技大学教授叶玉如入选当年全球5位顶级女性科学家之一,代表亚太地区夺得有"女性诺贝尔科学奖"之称的"欧莱雅——联合国教科文组织世界杰出女科学家成就奖"。这些成功的公关活动无疑将欧莱雅在中国消费者心中的地位推上了另一个高度。无所不在的沟通促使欧莱雅中国在整个集团中成为增长率最快的子公司。

正如其公司总裁所说的,"进入中国市场的时间不一样,所以站的角度就不一样,"立足文化公关的特色角度,不但使得欧莱雅成功地塑造了品牌形象,让消费者感受到了商品与文化交流碰撞的魅力,而且,使自身的经济效应不断地得以提升。

拍案三 水井坊品牌文化的运营策略

水井坊已经成为中国白酒业的一个"奇迹"。自 2000 年 8 月水井坊在广州首次公开上市以来,势如破竹,迅速拓展了华南市场,并成功打入了北京、上海、山东等重量级市场,进一步扩展了海南、湖南、广西、云南和河南等区域市场,还成功登陆港澳台市场以及东南亚等国际市场,而且这种良好的势头还在强劲地延续。其成功的主要原因在于水井坊不但用心酿酒,而且还用心地在文化上征得消费者的认可。

一、品牌文化的深刻挖掘

中国白酒文化源远流长,白酒是中国的国粹,所以任何一个白酒成功品牌都具有深厚的文化底蕴。水井坊在此方面可谓是准备充分,做足了文章,展示给消费者一种深厚的历史底蕴和文化凝重感。水井坊通过以上三个文化核心点的聚焦诉求,为自己的高价销售和"风、雅、颂"品牌文化传输打下良好的理念基础。

1. 川酒文化

四川自古就是中国的酒都,名酒层出不穷,历史的积累形成了川酒霸气的文化内涵,水井坊坐落于酒都的中心地带—成都,无疑先天就具备了这种优势的霸气文化。

2. 窖址文化

"中国最古老的酒坊"、"中国浓香型白酒的一部无字史书"、"中国白酒行业的'秦始皇兵马俑'"、"中国白酒第一坊"。填补了我国酒坊遗址专题考古的空白,被国家文物局授予"1999 年中国十大考古新发现"。

3. 原产地域文化

"水井坊"是中国白酒第一坊,是中国第一个浓香型白酒原产地域保护产品。具有独特的、不可替代的品质和文化。并且通过浓香和浆香产异化宣传,使之成功避开茅台的原产地域文化的影响。

二、历史文化的时代"转身"

酒文化的核心不是历史文化而是向消费者传递并能引起消费者心灵共鸣的一种精神和情感。水井坊充分运用现代科技手段对品牌文化进行渲染和公关,由内到外都凸显出符合现代消费者需求的理念。

1. 包装文化提升品位

水井坊包装以浓郁传统的东方文化内涵和简约洗练的现代设计手法体现了浓郁的民族传统文化,融酒文化与美的享受于一体;并采用内烧花工艺的白酒酒瓶,将单纯的白酒产品进行了艺术化升华。其内置六面井台在突出水井坊本身文物价值外,也寓含着锦官城的历史文化孕育了水井坊。这一设计一举获得了国际大奖"莫比乌斯"包装广告奖,为水井坊的价值含量又增加了一个很重要的感性筹码,树立起成为超高档的品牌形象和艺术品位。

2. 狮子文化渲染内涵

狮子在民间被视为祥瑞的象征,同时也寓意王者和成功、豪情与王者风范。水井坊外包装上的三枚金属狮头开合钮,巧妙地借鉴了古建筑中的创意,渲染出水井坊这一酒中"王者之狮"的不凡气度。

3. 个性文化凸显特色

水井坊每件礼品的开发都融入了其酒文化的内涵。如水井坊菜谱扇、水井坊品鉴酒具、水井坊火柴等产品礼品的开发,都通过历史的文化底蕴和现代的时尚特色凸显自身的个性。

4. 健康观念彰显人性

水井坊是首家提出健康饮酒理念的国内白酒厂家,"酒能怡神,消愁遣性。少喝有益,多饮伤身"。卖酒,不劝酒,在提升一种情感关怀的同时,也在很大程度上提升了其品牌的美誉度和忠诚度。

三、文化活动的成功造势

酒香也怕巷子深,好货也得勤吆喝。水井坊通过一系列极具震撼力的大型文化公关活动把品牌影响力不断拉升。自 2000 年在广州花园酒店举办产品上市新闻发布会以来,水井坊就一直在借文化造势,吸引媒体和观众的眼球,塑造影响力,如 2001 年水井坊登陆上海时,在上海国际会议中心举行了"穿越历史,传承文明——国宝水井坊登陆申城招待酒会",邀请了千余名嘉宾,共同感受了中国源远流长的酒文化;如 2001 年登陆北京时,在人民大会堂国宴厅举办的"穿越历史,传承文明——国宝水井坊璀璨登场大型庆祝酒会",充分展示了水井坊公司的企业形象;在 2002 年 12 月 29 日,与国家文化部在广州中国大酒店联合主办"水井坊之夜——维也纳国家青年交响乐团新年音乐会";推出水井坊保护里耶文化系列活动。水井坊每一个公关活动都是大手笔,都是高品位,从嫁接高端艺术活动到保护稀有文化,从赞助重大高端活动到运作系列事件营销,将水井坊从单纯的白酒升华到一件有生命力的艺术品,使其成为了中国高尚生活的元素,成为了最受青睐的高档白酒。

回味隽永

在知识经济时代,由于具有特殊的功能,文化一跃成为各种组织塑造形象和开展活动的核心要素和战略资源。正因为如此,美国历史学家戴维·兰德斯在《国家的穷与富》一书中写道:"如果经济发展给了我们什么启示,那就是文化乃举足轻重的因素。"中国文化博大精深,如何利用中国传统文化中的精华,赋予公共活动以深刻而新颖的意蕴,增加公关活动的针对性和时效性,是我们应该从以上案例中应该悟到的启示。

首先,文化是公关的战略资源。物质资源是稀缺的、有限的、独占的、单一的,在活动过程中是会转移、消耗的,而文化资源是丰富的、无限的、永存的,是可以为人们所共享的。文化资源在公关中的有效运用可以激发人们无限的想象力和创造力,还可以提升共识,强化心理认同。习俗是一种底蕴非常深厚的事物,是民族精神流露出来的一种自然表现,凝聚着特定的价值观和文化认同。从基于资源的组织战略出发,以文化为导向的公关战略把公共关系的营造和创新推向了一个新的高度。正是莆田市和湄洲妈祖董事会把妈祖信俗活动纳入到社会文化的战略高度去审视、运作和推广,充分发挥文化的吸引力、感召力、认同力、渗透力和凝聚力,才使得妈祖文化的品位不断得以提升,产生出广泛而又强大的社会辐射力。

其次,文化是活的生命,只有传播才有影响力。传播力决定影响力,信息化时代,谁传播的及时、手段先进、传播能力强大,谁的文化理念和价值观念就能广为流传,谁就能提升话语能力。湄洲妈祖文化之所以能划破台海坚冰,率先突破"小三通"限制,成功地"申遗入世",关键就在于它千百年来一直得到人们的传颂,在现代化的条件下,更是利用先进的平台和手段,进一步扩大传播范围,提升传播效益。

再次,文化内涵是提升竞争力的动力源泉,文化公关要契合大众文化和民众的心理特征。文化公关应当聚焦于独具特色的东西。一个国家、一个民族、一个地区或一个组织独具特色的东西是最重要的、最核心的资源。文化公关要体现优势,提升核心竞争力,仅仅依赖于外部的活动造势和媒体宣传是不够的。任何有效、成功的文化公关首先取决于其特有的内涵,即其内在的精神和理念是否契合了受众的心理需求。水井坊就是其做足了内涵挖掘的文章,展示给消费者一种深厚的历史底蕴和文化凝重感,为它的高价销售和"风、雅、颂"品牌文化传输打下良好的理念基础,使自己的产品有了自己的灵魂,从文化品位和消费档次上提升品牌的知名度和美誉度,并由此锁定了自己的顾客群体,取得了骄人业绩。

最后,文化公关带来的影响是长远的,但是需要互动的平台。文化是公共关系得以开展的内涵和依托,独到的文化内涵渗透于特定的活动中,会使公关关系的运营更具意蕴和韵味,使人回味无穷。文化作为公关的内容,其目的是打动人心、提升共识,只要活动的内涵丰富,具有特色,就容易被认可,成为一种品牌,但是要做到动情、动心、动人,还需要有个互动平台,才能使公关客体的力量凝聚起来,能量得以释放,获得良好公关效应。回顾妈祖信俗"申遗"案例我们清晰地看到,互联网这个优势平台使得"文缘"与"亲缘"完美融合,技术层面的策略与文化上的理念统一起来,广大的支持者的热情在交流与互动中进一步被激发出来。

第五篇

创新亮点，演绎完美公关

——大连"我筷"环保推广活动

  21世纪，知识经济成为时代最强音。知识经济的本质特征就是创新。今天信息大爆炸，传播事业空前发达，网络世界异军崛起，无孔不入的广告不停地狂轰烂炸，已经使公众的注意力成为"稀缺资源"，相当一部分公众对企业宣传已经有了逆反心理。作为不以营利为目的的非营利性组织NGO，为了实现组织的宗旨，势必要有广泛的社会影响力，以期取得公众的心理认同，这就更需要在公关中以创造性思维达到预期目的。

开篇导例

开篇之述:大连"我筷"环保推广活动

环保筷是一种能重复使用、安全无毒、易清洗、方便随身携带的用餐工具,是相对于只使用一次的竹木筷子而言的新型用餐工具。在欧美、日韩环保筷受到年轻一族的钟爱,体现了现代人的环保理念。2008年4月22日是"第39个世界地球日",由大连市妇联、大连日报社、大连市环保局共同倡议发起的"拯救环境,让我们'筷'行动"在旅顺千品渔港正式启动,号召广大市民拒绝一次性筷子,出门用餐自带筷子,从小事做起,从现在做起,节约资源,保护环境。此次环保行动取得了很好效果,让我们来看看其成功之道。

一是组织者策划开通了筷子报名申领热线,激发市民热情,为活动预热。《大连日报》为本次活动刊登了筷子申领热线,引起了市民的强烈反响,千双环保筷很快就被申领一空。

二是"我筷"环保理念与和谐社会巧妙相融。4月22日,旅顺千品渔港门前彩球高悬,写有"关爱地球,吾筷随身"的拱形门和"关爱地球从生活细节开始"、"人与自然和谐才能拥有美好明天"的条幅吸引了许多过往的市民。人们对"我筷"都有着共同的心声:"我筷"引领的不仅仅是一个健康、时尚的风潮,更是环保我筷的深远、长久行动。

三是邀请餐饮协会会长宣读《拯救环境,让我们"筷"行动倡议书》,将活动推向高潮。作为餐饮行业的代表,餐饮协会的加入彰显了社会戮力齐心,拒绝一次性筷子,积极打造环保、健康、文明的餐饮新时尚、新文化。

开篇之论:创新——公关的灵魂

如何让受众目标认知组织传播的理念,如何提升组织在公众中的形象,是公关策划者无法回避的问题。如今人们在快节奏的生活中上演奏事业序曲,铺天盖地的广告和每天产生的大量信息让人疲惫和窒息,时间成了每个人最稀有的资源。如何吸引公众眼球,成为公关策划考虑的主要问题。而创新无疑是解决这一问题的利器,没人愿意花费高昂的时间成本去关注一个没有新鲜感的项目。

对环保的呼吁其实也是一个老话题了。大家都知道环保的重要性,但生存压力往往让人将环保遗忘。而制度的缺陷很难使环保理念成为公众的自觉意识。在世界地球日来临之际,如何掀起新一轮的环保高潮,让生活在社会节奏快速运转下的公众意识到环保其实就在我们身边,成为大连市环保局亟需解决的首要问题。为此,活动组织者策划了推广环保筷的活动,设计了"我筷"的双关宣传理念,并使之与和谐社会巧妙相融,给人耳目一新的感觉,在思想上起到了"共振"的效果。免费发送环保筷的策略吸引了很多人的注意力,加上感人肺腑的健康宣传语,使得很多人竞相电话申领。富有创意的理念和创新的活动设计演绎了"我筷"环保推广的完美公关。

创新业已成为公关的灵魂,没有创新的公关在知识经济的时代将很难取得成功。孙子在战国时期就告诉了我们出奇制胜的军事战略,这一战略在公关领域就是要求我们勇于创新,不仅仅是在活动上创新,还要在理念上创新。只有富有创意的策划才能在激烈的竞争中立于不败之地。

当前经济全球化迅猛发展,中国业已成为带动世界经济增长的发动机。尤其是2001年中国加入WTO后,外国先进的产品、服务、管理和工艺大举进军中国,同时,也带来了以巨额资本为后盾的世界一流的公共关系、一流的广告宣传、一流的营销战略。经济的飞速发展也使得我国传统公众转变为新型公众。他们不仅买物质产品,而且买精神产品,追求服务,追求体验,追求满意,追求刺激,追求个性,张扬个性。无论是政府、企业还是非营利组织,要想提高组织的形象和影响力,创新公关势在必行。

史镜今鉴

让我们再来看一看孝文帝巧妙迁都的史例。北魏太武帝拓跋焘统一北方后,经过三代,到拓跋宏为帝,便是著名的孝文帝。当他继位的时候,北魏社会各方面的矛盾都日趋尖锐。为了加强对中原地区的统治,接受汉族文化,消除鲜卑族和汉族间的隔阂,以便进一步拉拢汉族地主、士大夫,巩固北魏的统治,孝文帝决心把都城从位置偏北的平城(今山西大同),迁到中原的洛阳(今河南洛阳)。

迁都问题在朝廷中引起了巨大震动,许多鲜卑贵族、官吏都反对迁都。于是,孝文帝便宣布大举南伐,不意又遭到以任城王拓跋澄为首的贵族、百官反对。孝文帝在退朝后,单独留下拓跋澄,对他说明迁都的重要性,并告诉他南伐是假,目的是率领众人迁都中原。拓跋澄醒悟过来,反过来极力拥护孝文帝"南伐"迁都计划。公元493年,孝文帝发兵30万开始"南伐"。大军到达洛阳后,孝文帝仍然"戎服执鞭,御马而出",表示要继续前进。群臣都跪在马前叩头,请求他不要再难进了。这时,孝文帝乘机说:"若不南銮,即当迁都于此,"并且下令,愿意迁都的站在右边。所有随军皇族、官吏都纷纷站到右边,高呼万岁。

孝文帝以"南伐"之计,巧妙的化解了迁都的阻力,让皇族、官吏心悦诚服的表示愿意迁都。倘若孝文帝以权威强硬迁都,势必会引发一场祸乱,可见创新思维在公关中是多么的重要。

而历史上著名毛遂自荐的故事亦有异曲同工之妙。长平之战后,公元前258年秦军围困了赵国都城邯郸,赵国危在旦夕。赵王一面组织人员坚守,一面派人到各国求援。平原君是赵惠文王的弟弟,他被派到楚国去求救。在当时"诸侯畏秦"的局势下,他知道楚王不会痛快地同意救赵。于是,打算在门客中选20名文武全才的人同去,倘劝说不成,就用武力相逼。可挑来挑去,只选出19人,还差一个怎么也选不出。这时门客中有个叫毛遂的人走到平原君的面前表示希望随平原君一起前往。当听到毛遂已经在己门下三年时,便带着讥讽的口吻说:"贤能的士人处在世界上,好比锥子处在囊中,它的尖梢立即就要显现出来。现在,处在我赵胜的门下已经三年了,左右的人们对你没有称道的话,赵胜我也没有听到这样的赞语,这是因为你没有什么才能的缘故。先生不能一道前往,先生请留下!"毛遂说:"我不过今天才请求进到囊中罢了。如果我早就处在囊中的话,我就会像禾穗的尖芒那样,整个锋芒都会挺露出来,不单单是尖梢露出来而已。"平原君终于同意毛遂和其一道前往楚国。那另外19个人互相用目光示意嘲笑他却都没有说出来。

平原君到了楚国后,和楚王从早上一直谈到中午。楚王害怕秦国,不肯出兵。在堂下等得不耐烦的毛遂,按着着剑,大步跨到堂上,从厉害角度据理陈述。毛遂的话击中了楚王的要害,使他有所醒悟,最终同意与赵订立盟约联合抗秦。

从楚国回来以后,平原君感慨地说:"我自认为知人,这一次我却差点失去毛先生。"毛遂不受当时礼仪所拘,勇于自荐,终使自己声名鹊起,这要归于毛遂敢于突破旧思维的精神和勇气。试想,倘若他拘于礼教束缚,而只等平原君来发现,他就不会有联楚抗秦的功绩了。

三刻拍案

同样以创新演绎完美公关的案例还有许多,在"拍案"环节,就以近年来的三个国内案例为例,看看它们是怎样运用创新策略从而使活动取得巨大成功的。

拍案一　中国人同庆"世界动物日"环境公关案例

随着社会经济的发展,我国逐渐步入老龄化社会,单身一族也逐渐增多。拥有一个小动物已成为越来越多的人们的选择。然而一条条触目惊心的报道让我们对动物的处境越加忧虑。为了深入了解中国公众对待动物,特别是对待小动物(尤其是生活在我们身边的动物如狗和猫)的看法和做法,爱德曼国际公关有限公司先后委托"中国人民大学舆论研究所"

和"中国小动物保护协会"作了两次较大规模的调查。

通过调查,最终发现了问题的关键所在:一是全社会缺少对待动物,特别是我们身边的动物的科学认识,全社会缺乏一种保护动物、爱护动物、与动物共享蓝天的意识;二是人与动物,动物饲养者与非动物饲养者之间缺少一种理解和沟通;三是部分宠物的主人未能履行"一个负责任的宠物主人"的职责。

为此,爱德曼公司策划了"世界动物日"环境公关活动,旨在增加社会对动物,尤其是对宠物的认识和理解,加强宠物主人与非宠物饲养者的沟通和了解,增强宠物主人履行做"一个负责任的宠物主人"的意识。

在公关策略上,爱德曼公司引进了"世界动物日"概念,这一创新策略收到了很好的效果。1999年10月4日是20世纪最后一个"世界动物日"庆祝活动。为此,组委会给大会定的主题是"二十一世纪在呼唤,让人类走近动物"。围绕着"世界动物日",爱德曼公司组织和发起了一系列活动。

"1999年最佳伴侣动物图文大奖赛"活动旨在促进宠物饲养者与非饲养者之间的沟通,爱德曼公司联合《北京晚报》副刊中心和北京有线电视台"缤纷家园"栏目共同主办了此次图文大赛。大赛鼓励参赛者通过图片、录像和文字讲述自己饲养、曾经饲养动物的故事,表达自己对动物的爱以及对人类与动物共处美好环境的真诚愿望。

北京有线台"缤纷家园"栏目"家有宝贝"节目还就征文来稿中的部分优秀、生动的作品对其作者进行上门采访,用摄像镜头记录下在普通家庭里人与动物亲情交融的真情实况。节目播出后受到观众一致好评。

在10月4日"世界动物日"这一天,各种活动异彩纷呈。上午10时,在轻快的乐曲声中,小朋友们唱起了"欢乐颂"和"让世界充满爱"两首歌,拉开了活动的序幕。小朋友的舞蹈演绎了1999年"世界动物日"庆祝活动的主题——二十一世纪在呼唤:让人类走近动物。活动上还向"1999年最佳伴侣动物图文征集大赛"的12名宠物及其主人颁发了奖牌和奖品。

随后,小朋友们在欢快的"动物圆舞曲"中切开生日蛋糕,向人类的朋友和伙伴——动物们表示最深厚的节日祝贺。同时,一些动物爱好者和动物一起绕场走一周,以示对人类与动物共同生存环境的极大关注。小动物们按品种和年龄分开几组,参加了"露一手"比赛,生动活泼的比赛展现了动物的可爱和主人的信心和关爱,同时也展示了人与动物心心相连的情结。压轴戏——与往年一样,"小狗赛跑"又成了全场关注的焦点。在一只大麦町狗一个腾空鱼跃获得总决赛冠军后,它展示了一个横幅表达了全体参加者的共同心愿——2000年10月4日再会。

此次活动获得了空前成功，作为人类爱护动物的象征，"世界动物日"已经深深地嵌入了人们的心灵。

从媒体报道方面来看，中国最大的网络媒体——新浪网对庆祝活动作了滚动式报道，连续刊登了10余幅图片，为各大新闻媒体争相转载；60家国内外媒体对活动作了详细、深入、生动的报道。

从与会者反映来说，此次活动受到了政府、新闻媒介、动物主人和一般动物爱好者的热烈欢迎和称赞。北京市近300多人参加了图文征集大赛，字里行间表达了对动物的爱以及对人类爱护、保护动物的疾呼和期盼。大会组织者和支持者对活动结果表示满意，并一致同意2000年将活动推广到上海，进一步掀起保护动物、保护环境的热潮。全国各大主流媒体、网站纷纷开设动物专栏，介绍爱护动物知识，呼吁社会各界保护动物。

点评

今天我们的环境、我们的动物朋友面临着严峻的生存危机。对环境的保护，对动物的关怀越来越受到人们的关注。爱德曼公司发起的此次活动，旨在唤起公众多一点对动物关怀的意识。信息的传播有多种载体和形式，而活动的设计无疑是最佳的方式。此次活动的成功举办有赖于组织者的精心策划和有力执行，爱德曼公司成功策划了一系列创新活动有力地吸引了公众的参与热情。从图文大奖赛到世界动物日上的丰富活动都渗透着组织者的创新理念。也正是这些别具一格的活动将关爱动物的理念深植人心。

拍案二　第53届"世界小姐"总决赛全案推广案例

"世界小姐"（Miss World）大赛开始于1951年，是目前世界上享有较高声誉和影响的大型赛事活动，倍受舆论和社会各界关注。2003年12月6日第53届"世界小姐"大赛在中国海南省三亚市举行，这是全球性顶级时尚选美赛事首次走进中国。由于第53届"世界小姐"总决赛这一全球性顶级时尚选美赛事第一次走进中国，在活动本身、招商引资、媒体宣传、票务发行等市场运作上对大赛组委会都无现成的经验可供借鉴，同时，如何借这次大赛的契机提升自身的城市形象，从而带动三亚整体经济的腾飞也是摆在三亚市政府面前的一个问题。

受三亚市政府及第53届"世界小姐"组委会的委托,嘉利公关顾问公司成为第53届"世界小姐"总决赛唯一指定公关服务推广机构。为了实现社会效益和经济效益的最佳效果以及扩大三亚国际知名度的公关目标,嘉利通过广泛调研,进行了周密的策划,并采取了下面六大策略。

第一,针对大众对目前选美市场混乱、名目众多、概念混淆的情况,大赛主办方分阶段、多角度的在全国200多家大众、娱乐媒体发布20多篇新闻稿,强化宣传本次大赛的权威性与国际性。大赛主办方选择了全国各省市大众平面媒体共计200余家、10余家国内知名网站(如新浪、搜狐、千龙、新华和雅虎等)以及各地时尚娱乐媒体及刊物,同时选择了国内外的众多权威媒体如新华社、中新社、凤凰卫视、海南卫视、广东卫视等对口栏目以及众多省市广播电台等多家媒体,并采取了新浪图文直播、广播电台专题直播、刊登广告及制作印刷品的传播策略。在活动前期共收到40余篇5万多字的新闻简报,媒体分布地域包括北京、天津、上海、广州、大连、沈阳、长春、哈尔滨、成都、武汉、三亚和海口等城市。其中有些重点媒体在重要版面进行了报道,起到极好的宣传效果。

第二,为配合票房销售,策划、制作了4张顶级慈善纪念金票,并在世界小姐抵达中国前进行了拍卖。其中最高拍卖价为2.8万美元(合25万人民币),创造了中国商业演出及赛事门票销售的历史记录。《北京青年报》等国内重点媒体在头版以大篇幅进行了报道,新浪网专程在两地进行了现场图文直播,使世界小姐大赛的媒体宣传达到一个高潮,取得了经济效益与社会效益双赢的局面。同时嘉利公司专门设计制作了总决赛现场——三亚美丽之冠会展中心最佳视觉位置的沙发及金色沙发套(金票拍卖得主现场座位),并在沙发背面装饰了"慈善爱心"四个红字,使金沙沙发成为会展中心的独特风景,也成为了国内外众多媒体关注的焦点。

第三,将拍卖所得收益捐献给中华慈善总会,让更多的中国人加深了对它"慈善、和平"的认识,引爆了公众、媒体对世界小姐大赛的极度关注,取得经济效益与社会效益的双赢局面。

第四,在"世界小姐中国行"城市巡游期间,大赛主办方与凤凰卫视共同策划世界小姐百余名佳丽四城市系列巡回新闻发布会、欢迎晚会、大型慈善晚宴等系列公关活动。在世界小姐抵达中国之前的"美丽的眼睛看中国,世界小姐中国行"——热带风情旅游推介北京新闻发布会上,成功设计安排了由主持人许戈辉小姐亲手把金票交给莫莉夫人及阿金,引起了众多媒体的重视,作了大量的头版头条的新闻报道。106名世界小姐在香港、西安、上海、北京和海口五地开展了大规模的城市巡游活动,不仅掀起了公众对此次大赛的关注,更让多名来自世界各地的佳丽感受到了中国文明的博大精深,更亲身体验了中国经济飞速发展所带来的日新月异的变化。

第五,扩大宣传力度,大赛主办方多次在新浪网做本次大赛相关内容的图文直播,同时与凤凰卫视、广东卫视及众多省市广播电台合作,连续做深度报道。

第六,安排重点媒体的专访,与海内外知名媒体在华机构进一步沟通。

本次世界小姐大赛在商业运作上获得了极大的成功。据官方初步统计资料表明,此次大赛共获得各类赞助折合近8000多万人民币,包括实物赞助和现金在内。参与的企业达30余家,涉及通信、汽车、旅游等10多个行业。长达一个月的赛事不仅直接带动当地消费,而且通过平面和电视媒体向全世界展示三亚的风光民情,对扩大其知名度和影响力、树立城市形象和带动三亚经济、文化和社会的长远发展都起到了巨大推动效果。对大赛本身来说,此次中国之行无疑扩大了它在中国的影响,让更多的中国人加深了对它"慈善、和平"的认识,使第一次在中国举办的第53届世界小姐总决赛活动成为政府支持、媒体关注、商业运作成功的国际盛事,为文化迥异、体制不同的国际赛事与中国本土文化成功对接提供了可借鉴的经验。

点评

"世界小姐"大赛第一次走进中国,在宣传推广方面无疑是有很多机遇的,但也正是由于"第一次"而无经验可循。为了取得社会效益和经济效益的最佳效果,嘉利公司设计了一系列创新的公关传播活动,包括策划、制作了4张顶级慈善纪念金票,还专门设计制作了三亚美丽之冠会展中心最佳视觉位置的沙发及金色沙发套,并在沙发背面装饰了"慈善爱心"四个红字,使金沙发成为会展中心的独特风景,还有大规模的城市巡游活动,亦吸引了公众的广泛关注。此次活动最终能获得如此极大的成功,要得益于嘉利公司的一系列创新活动策划,将世界小姐大赛的社会效益与经济效益通过众多吸引眼球的活动而得到完美融合。

拍案三　国际狮子总会如何在中国树立良好形象

总部坐落于伊利诺州橡树溪镇（Oakbrook）的国际狮子总会是世界上最大的服务性组织。该会选择凯旋-先驱公关公司为其全球性的公关顾问，以宣传和促进它对世界各地视力维护服务活动的投入和贡献。1997年，国际狮子总会在不附加任何条件的情况下向中国捐款1500多万美元，与中国残联、卫生部合作开展了"视觉第一中国行动"项目。为了在香港媒体（包括印刷和电子媒体）获得最高质量和深度的新闻报道，以使国际狮子总会对世界最大规模的防盲治盲计划给予支持的崇高精神和努力得以彰显，也使其执行单位——中国残疾人联合会与中国政府的合作取得的成果倍受瞩目，凯旋公关公司策划了系列创新公关策略。

首先开展以"视觉第一中国行动"为主题的"中国助残日"，国际狮子总会从日本和中国香港地区邀请了10余名资深眼科专家，于当年在中国的31个省市提供免费视力检查、白内障手术示范和咨询服务。并配合开展了战略性宣传计划，邀请香港诸家大报刊社，如《明报》和《香港经济日报》以及两家高发行量的公共事务周刊《东周刊》和《亚洲周刊》来报道在北京举行的重要活动。采访白内障手术的患者以及他们的家人和杰出的眼科专家，通过他们亲身的感受和讲述使受邀请记者对"视觉第一中国行动"的负责任与高效产生了深刻的印象，而且令他们有机会目睹"视觉第一中国行动"在维护视力方面的优势和诚意。由此国际狮子总会作为致力于攻克失明顽症的世界龙头服务组织的形象和地位，通过媒体对其投入时间和精力的宣传，也得到进一步的强化。

其次是推动香港选美皇后参加"视觉第一中国行动"云南之行。

在"视觉第一中国行动"中，虽然每次任务的规模和工作变化不大，但当一支由各省眼科医护人员精锐组成的国家级医疗队来到偏远贫困地区为设备匮乏的县级医院患者手术时，情况就不同了，这引起社会强烈关注。11月的云南之行是1999年"视觉第一中国行动"的主要任务之一，此行有国家级医疗队的加盟，其目标是完成1000例白内障手术。

美的力量是无穷的，具有十分强大的吸引力。无论是在香港，还是内地,港姐都具有着很高的关注度和影响力。为了加大此行的宣传效果,凯旋-先驱公司邀请在任的香港小姐冠军和亚军参加这次任务,并召开记者招待会介绍此行的具体情况及参与此行的国际狮子总会港澳303区的亲善访问团,隆重推出1999年香港小姐郭羡妮和亚军王倩,增加了媒体采访的亮点和公众的看点。

5月16日以"视觉第一中国行动"为主题的"中国助残日"和11月云南医疗之行都获得了意义深远、突破性的宣传效果。活动一经实施,随即便有来自报界、电台、电视台的30多篇报道,《明报》和《香港经济日报》在显要位置刊登了整版的新闻报道,《亚洲周刊》发表了3页之长的特写,《东周刊》则刊登了论及活动重要意义的长达四页的深度报道。此外,中央电视台通过一个全国性新闻节目向全中国播送了这次"视觉第一中国行动"活动的亮点,新华社也在当天发送了3篇新闻报道。整个活动媒体报道影响的范围达到3700万人以上。

点评

非营利性组织以促进社会发展,增进公共利益为己任,这就使得提高组织的知名度和树立组织的良好形象显得尤为重要。国际狮子总会与中国残联、卫生部的大手笔合作,其影响3700万人的媒体宣传,得益于凯旋-先驱公司的系列富有创意的策划。在"中国助残日"当天,凯旋-先驱公司策划了诸如访问即将接受香港杰出眼科医生实施白内障手术的患者;采访来访的香港眼科医生和内地的眼科专家以及拜访那些已恢复视力的受益者及他们的家人等系列活动。而富有创意的由香港选美皇后参加的云南之行,更是聚焦了媒体和广大公众的关注,并从启动的宣传活动中产生了最大的新闻报道覆盖率。

回味隽永

以上案例都成功地运用了创新公关策略,收到了超乎预想的公关效果,成功地在社会上树立了组织的良好形象。中国人同庆"世界动物日"环境公关案例以及第53届"世界小姐"总决赛全案推广案例在理念和活动上的创新演绎了完美的公关。通过对以上古今中外案例的解读,我们可以得到以下一些有益的结论。

一、前期调查是创新整合的前提。项目调查对于制定公关策略起着至关重要的作用。"没有调查,就没有发言权。"在公关领域也是如此。前期调查的详细程度和调查方案的执行程度直接影响了公关策略的制定,而公关策略是达到公关成效的关键。创新不是凭空的想象,而是基于实事求是的调查结果。受众目标是组织预期影响的公众,受众目标能否参与组织策划的活动,直接决定了公关策略的成败,因此,把握受众目标的心理是创新策略的前提。创新整合组织资源,力求以最低成本取得最大的效益。资源的有限性决定了必须对项目进行充分的调查,使有限的资源发挥最大的效能。

二、立足观点传播,坚持公关创新。"观点传播"的理念是伟泽公关顾问有限公司提出来的,按照伟泽公关顾问有限公司首席运营官马百诺的观点,所谓观点传播,简单讲就是为客户提炼出与竞争对手不一样的观点,然后结合传统媒体和数字媒体进行整合传播。这就要求在提炼观点上要有所创新,并且要符合市场的要求,以新理念赢得人心。

三、细节与亮点事件的完美结合。汪中求先生的《细节决定成败》一书已成为风靡全国的经典之作。细节管理也越来越受到企业乃至非营利组织的重视。一失足成千古恨,细节的重要性是不言而喻的。创新活动因其"新"而无经验可鉴,故对其执行的细节把握就更显重要。创新的活动亦即亮点事件,这是吸引公众眼球、提升组织形象的关键一笔,因此在策划和执行上都要精确到每一步,并备有预案,力求做到万无一失。

四、多重策略的交织演绎。创新是现代公关的灵魂,但创新策略只有与其他策略交织运用才能达到至善效果。比如在第53届"世界小姐"

总决赛全案推广案例中就成功运用了"绑"的公关策略。

　　五、依据公关目标采用不同的公关策略。不同的项目有着不同的公关目标,这就要求采取不同的公关策略,不刻板、不盲目套用。在不适合有较多创新的项目上,就应突出传统理念,少一些"新内涵"。创新策略也应适当运用,否则物极必反,应在准确把握公众心理和现实情况的基础上灵活处理。一律的"新"也可能会让公众不能接受。

为了美丽的纪念

——瑞典"哥德堡号"复航中国大型活动案例

  开展大型主题公关活动是相关组织树立自身良好形象迅速有效的手段。在大型公关活动中,有一类是纪念性庆典活动。进入信息时代,庆典之风盛行,大到国家、国际组织,小到学校和社团,还有城市、企业和其他实体都热衷于在特定的纪念日举办大型活动,从而提升自身的知名度和美誉度。其中,瑞典"哥德堡号"商船来华的活动以其兼具国际公关、商贸公关、政府公关和文化公关等多重特性,成为本篇的主题案例。

开篇导例

开篇之述：一艘历史"宝船"的跨文化之旅

中国与瑞典已有近300年的通商历史，18世纪起瑞典人便通过发源于中国的海上丝绸之路获得极为丰厚的收益。"哥德堡号"就属于瑞典东印度公司当时往来于这条航线的商船。1744年，"哥德堡号"第三次抵达中国，从广州港满载茶叶、陶瓷、丝绸等商品后回国。然而天意弄人，就在它距离故乡仅仅900米时，不慎触礁沉没。

时光荏苒，长眠海底默默等待重见天日的"哥德堡号"终于在1984年瑞典的一次民间考古活动中得以发现。随着挖掘工作的进行，瑞典人逐渐对哥德堡号产生了浓厚的兴趣，从而直接导致"哥德堡号"基金会和新东印度公司的成立。这时，一些瑞典人酝酿着一个大胆的设想，那就是建造"哥德堡号"仿古商船，沿着先人的航线，重抵中国广州。

瑞典，作为在北欧"大航海时代"崛起的国家，全民族都深深浸透着海洋文化。这个只有900万人口的北欧岛国如今已成了世界公认的最具创新力的国家之一。在2005年世界经济论坛发布的国家竞争力中名列全球第三。应该说，"哥德堡号"既见证了中瑞交流的悠久历史，也承载着瑞典民族征服海洋和寻梦东方的辉煌。

正是如此，所以尽管1993年开始筹建"哥德堡号"资金困难，但最终通过国家、省和市的政府投入、大公司赞助、参观旅游收入、社会各界捐助和志愿者活动贡献等几个方面筹集了足够资金，顺利的开工。

2003年6月，经过十年的精心打造，这艘使用18世纪工艺，融合诸多现代技术的"哥德堡号"新船终于下水。该船全长58米，排水量1250吨。瑞典全国从国王到普通国民都对"哥德堡号"的中国之旅倾注了极大的热情。尽管这个耗资5亿多瑞典克朗的庞大项目似乎看不到什么营利前景，但其背后所蕴含的长期公关效应却不可低估。

新建的"哥德堡号"直到2005年才正式开始它前往中国的公关之旅。

在10月2日的隆重启航仪式上,瑞典的艺术家表演了精彩的文艺节目。随后,10多万市民倾城出动,500多艘船舶跟随欢送,场面极其壮观。

到此为止我们可以看到,仅仅在瑞典本国,"哥德堡号"就始终伴随着浓厚的公关色彩。首先是复制计划的宣传被赋予国家历史和未来意义;其次是社会各界以多种形式的捐助活动。在网络上,人们可以清楚地知道每根捐献的木料用在了船上的哪一个部位。花25美元,就可以捐一枚大铁钉,同时收到一份捐赠证书,还盖着一个古朴的红色腊樱;再次是参与建造的工匠多是被活动的价值吸引过来的志愿者;最后,连招募船长也被策划成一次大范围的公关活动。

随着"哥德堡号"的一天天驶近中国,其针对中国的真正公关目的也逐渐趋向高潮。首先是2006年7月17日,中国几乎所有城市的报纸和电视等主流媒体都在第一时间报道"哥德堡号"登陆的消息。中央电视台还派遣了两名记者随船拍摄大型记录片《追逐太阳的航程》,并于抵达前一周在央视的《探索·发现》栏目热播。接着是由瑞典国王出席的,在广州举行的盛大江面欢迎仪式,仪式后举办了名为"哥德堡号——广州之夜"的盛大焰火歌舞晚会。在接下来的两个月里,整个广州掀起了"哥德堡号热"。其中包括"哥德堡号"访穗纪念石碑揭幕仪式、民间"龙舟激扬迎古船"仪式以及中瑞商贸日等重要项目;还有全民参与的畅想百年经贸周、瞩目历史文化周、精彩民间交流周、浓情中瑞友谊周等密集活动。此外,沃尔沃、爱立信等一些瑞典企业也借机在华借"哥德堡号"的到访举办新品上市等公关活动。

"哥德堡号"离开广州后,还借机来到上海,同时各种纪念庆典、国际航海文化节、经贸会活动以及以信息通讯技术发展、生物技术、汽车及电子为主题的大型研讨会都顺利举行。在这一系列活动中,瑞典的工业中心、北欧最大的港口、国际化城市哥德堡市与同为国际化大都市的广州、上海之间的合作关系得到新发展。

可以说,当"哥德堡号"最后经访香港、澳门,离开中国的时候,它已经在中国这片古老而崭新的土地上赚够了眼球,也赢足了友谊。

开篇之论:万里公关带来的"共振"效应

借一种交通工具来穿越历史、表达纪念是一种很巧妙的公关方式。"哥德堡号"并非首开此种先例。1998年北京大学百年校庆时,就有部分校友策划了从深圳发一趟专列火车到北京的大型公关活动,取得了良好的效果。这次名为"世纪列车"的公关活动,通过专列经行京广线多个城市,以沿途搭载各省北大校友的形式,既方便了校友回校,也采取了"欢迎北大新生"的生动寓意,而成为我国校庆活动史上的经典公关案例。

当然,同北大百年校庆的"列车公关"相比,"哥德堡号"的"古船公关"决不单纯局限在庆祝"中瑞建交55周年"的意义上,而是承载着众多公关影响,具有"共振"效益的"大公关事件"。

从政府层面看,"哥德堡号"公关恰逢中瑞建交的第55个年头,而其整个复航过程也是中瑞系列庆典活动的重要组成部分。两年前,"哥德堡号"就引起了双方政府的关注,2004年中国副总理吴仪及外交部长李肇星曾先后参观"哥德堡号"。在"哥德堡号"到达广州之时,瑞典国王、王后乘船抵达中国广州港,随后国王应国家主席胡锦涛的邀请对中国进行了国事访问。作为一次最初由民间发起的活动,"哥德堡号"公关正是因为有了政府的牵头和外交才使其影响力得以扩大。政府公关正成为世界各国在国际舞台上树立形象,提升政府软实力,与它国建立加强友好合作关系的"大力士"。"哥德堡号"复航中国活动之所以如此成功,与两国政府的公关意识,对此事件的意义和价值的认知与共识不无关系。

从经贸层面看,瑞典花了十多年的时间来筹备"哥德堡号"的第四次中国行,其背景是中国成了全球经济发展最快的国家和瑞典在亚洲的最大贸易伙伴。促进双边经贸往来,挖掘中国市场潜力,正是其公关的深层寓意所在。"哥德堡号"重返中国,仍然装载满满,只不过早已不是交换中国茶叶、瓷器的白银,而是瑞典的品牌和文化。当然,经贸是双方的,对中国而言,"哥德堡号"的到来无疑也是一个发展契机。广州和上海两个城市在"哥德堡号"停泊期间,我方同瑞典方面就产业合作、贸易往来、航运、物流、通讯和环保等多方面进行了探讨与合作。以"哥德堡号"复航中国为载体,中瑞之间的经贸往来被推向一个新高潮,两国贸易也就此开启全新篇章。

从企业层面看,事件营销一直是企业进行推广的重要利器。众多瑞典企业在同"哥德堡号"一起扬帆来到中国的同时,也树立起其良好形象,加快了自己的国际化进程。例如,随船而来的诸多瑞典企业中,沃尔沃集团在中国的知名度较高,就借良机趁吉日打出了新车型S40在中国上市的公关牌。而作为全球著名通信器材企业的爱立信是瑞典来访商团的重要代表。"哥德堡号"一抵穗,爱立信就举办了隆重的媒体联谊会,邀请广东各大媒体记者亲自走上船,感受瑞典的航海技术和海洋文化。此外,还有众多试图打入中国市场的瑞典企业也第一次进入中国公众的视线。可以说,"哥德堡号"成就了众多企业"借船出海,借帆远航"的愿望。

从历史层面看,"哥德堡号"对于中瑞双方都有着深远的纪念意义。一位伟人曾经说过,"一个民族必须尊重自己的历史,才能有未来"。"哥德堡号"事件本身历史背景得天独厚:它与两百年前两个国家的商贸往来和友谊有关,并非所有的公关事件都能够以一段如此气势恢宏的历史为铺垫。而对瑞典而言,通过对自己文明的肯定和追随,必然能提高瑞典人对历史的崇敬和民族的自豪感。当然,对中国来说,这也是"海上丝绸之路"、"康乾盛世"的重温,是一段交流史的映照和续写佳话。

从文化层面看,这样一个大型的公关活动也有多个文化题目值得书写。例如,海洋文化、造船文化、北欧文化,等等,通过中国人对瑞典航海和造船技术的了解,体现的是大陆文化和海洋文化的交流;通过瑞典人参访中国城市,以及中国人登上瑞典古船,又体现了古老儒家文化和斯堪的纳维亚文化的碰撞。此外,两国、两个民族的友谊也是重要的文化主题,在"哥德堡号"访华前后,中瑞为纪念建交还举行"瑞典藏中国古陶瓷器展"、"瑞典瓷器捐献故宫"以及"沃尔沃帆船挑战赛"等附属活动,所有这些都含有文化交流的重要价值。

总而言之,"哥德堡号"来华这样一个单独的大型公关事件确实能振动到多个方面。就以上五个层面看,各层都不是孤立的效果,而是表里结合、共同协作的。政府公关的顺利进行有力地推动了经贸公关的良好收效;经贸公关使得政府公关有了实质性的内容和成果;众企业借着两国政府外交、民间文化交流而打造形象,传播美名;历史价值也深化了双方文化活动的意义,并为政治和经济公关创造了由头。由此可见,大型活动庆典活动公关不仅具有纪念的功能,还能够产生多种互相关联、互相促进的"共鸣"辐射效应。

大型纪念的公关活动有其自古以来的深刻文化渊源。事实上,古代

人类部落时期的一些祭祀仪式就具有很强的向族人传递信息、建立图腾的意味。进入封建社会以来,中华民族的大型纪念活动或许不像原始社会和奴隶社会时期那么频繁,但是仍然有一些全国性的纪念仪式得以保留下来。这种纪念活动已经具备了为封建统治者塑造形象的公关功能,而且有的成为民族的文化脉络而延续了千年。其中有两个古代大型的纪念公关活动案例颇具代表性。

第一个大型活动是泰山封禅,这或许可以算是封建王朝历史上最大型的纪念活动了。两千多年的封建社会,中国出现了数百位皇帝,而其中亲自前往祭祀泰山的不过十几位。而真正有详细文字记载,完成了整个泰山封禅大典的皇帝只有六位,即秦始皇、汉武帝、汉光武帝、唐高宗、唐玄宗和宋真宗。

所谓泰山封禅,其实是分为"封"和"禅"两部分内容。"封"是指帝王在接近天庭的泰山之巅,聚土筑圆坛祭天帝,增泰山之高以表功归于天;禅是帝王到泰山附近的较低的山丘积土筑方坛祭地,增大地之厚以报福广恩厚之情。

泰山封禅大典在封建社会的举行具有很强的政治公关的功能,传达的主要包括六大信息。第一,表示天命正统。中国古代封建王朝的君主为加强自己的统治,不约而同地选择封禅活动来标榜自己的君权神授的合法性,同时,借机向上天和臣民展示自身的丰功伟绩。第二,告诉人们天下大一统,四海归一。自从秦始皇一统六国之后,汉初中华"大一统"理论就已经形成。天下有识之士往往以使乱世分久必合为己任。而这时封禅可以成为吸引人心之举。第三,彰显国力强盛,颂扬太平盛世。这不仅使普通百姓能团结振奋,而且对于外侮之敌也有敲山震虎的效果。或许很像今天世界各国在国庆阅兵式上所传递的信号。第四,为了说明自己既是有德之主,也是谦让之君。不仅懂得感恩上苍,知恩图报,也一定会时常自省,厚爱黎民百姓。第五,还可以从泰山的地理因素来看,因为俗语道"稳如泰山",正是泰山具备的稳定、雄浑的地形特性,又地处东方,古代文化以东为尊崇。所以这就是向普通百姓表明,皇朝是尊贵的,而江山也是巍然稳固的,给百姓吃颗定心丸。第六,这种泰山封禅仪式符合儒家文化的重要内容。西汉的董仲舒结合上古帝王的祭拜山岳的仪式和先秦阴阳五行之说而创立历代接受的儒家政治制度。践行儒家所笃信的泰山封禅的礼制,也可表示出皇帝对儒家文化的推崇和对中华文化的尊重。

泰山封禅这种大型公关活动在古代可以传达出如此之多的公关讯息。在感念天地的同时,又完成了对政权自身形象的塑造,难怪会极受重视。在独特的中华文明之中，还有一种大型纪念活动，无论从规模之大还是从历史保持之久来看，都无出其右者，这就是封建时代的"祭孔大典"。

祭孔活动可追溯到公元前478年，孔子卒后第二年，鲁哀公将孔子故宅辟为寿堂祭祀孔子，孔子故居成为世界上第一座孔庙。汉高祖刘邦过鲁，以"太牢"祭祀孔子，开历代帝王祭孔之先河。汉武帝罢黜百家、独尊儒术后，各地纷纷建孔庙，直至县县有孔庙的盛况。自唐玄宗于公元739年封孔子为"文宣王"后，祭祀孔子的活动开始升格。宋代后祭祀制度扶摇直上，明代已达到帝王规格。至清代，祭祀孔子更是隆重盛大，达到了顶峰。清朝仅乾隆皇帝一人就先后8次亲临曲阜拜谒孔子。

古代祭孔作为一个主题明确的大型活动，已经具备了许多现代公共活动的特点。首先，具有一定的时间性和阶段性，祭孔仪式一般都集中于每年的农历8月28日孔子诞辰前后，在具体仪式的阶段上都大致相同。其次，目标较为集中和确定，主要是通过对孔子的祭奠，确立封建统治者的政权形象和个人形象，满足整个国家在精神体系和文化信仰上的塑造。最后，举办的过程虽然短暂而集中，但是影响很大，覆盖面也较广。一般历朝历代举行国家的祭孔大典时，皇帝都会发文昭告天下，而且除了曲阜主基祀的孔庙之外，在全国各地的诸多州府文庙也都会同时参与，使整个活动得以放大。

从古代传统文化来看，举行大型纪念庆典活动一直具有其重要的公关意义，它是一种悠久的，以普遍为公众接受的方式来达到公关传播效果的过程。

三刻拍案

当然，比起数千年前的古代公关活动，随着现代传媒技术的发展，当今社会的各种大型纪念活动的内容往往更加丰富，传播方式和形成的公关效果也是多种多样。下面我们分别就大、中、小三个层次，选取三个近年来具有不同特点的纪念庆典公关案例进行讨论。

拍案一　中法文化年,漫长的活动"盛宴"

如果说中国和法国是站在东西方文化顶端的两个现代大国,无论从音乐、文学、绘画和饮食等各个方面看,中法文化都是硕果累累,令世人倾慕,那么跨越三个年头在两国举办的中法文化年,作为一次漫长而盛大的公关"大餐",则是对两国恢宏的文化进行了一次淋漓尽致的展示。

中法文化年是由中国政府与法国政府合作举办的一系列大型文化交流活动,根据两国政府的协议,2003年10月至2004年7月率先在法国举办中国文化年活动,2004年10月至2005年7月则在中国举办法国文化年活动。两国的文化年涉及多领域的广泛交流,举办的大小活动项目达到300多个。

从传播内容来看,中法文化年尽管内容甚多,但组织者也并非是将各项活动杂糅在一起,而是包括了众多分主题。例如,在法国的中国文化年,61项重点文化活动被分别命名为"古老的中国"、"多彩的中国"和"现代的中国"三大部分。而在中国的法国文化年则被分为"文物"、"当代艺术"、"时装"、"音乐和舞蹈"、"电影"和"戏剧"等多个主题的系列活动。这种主题的划分,既能够将众多细小的公关活动有机串联起来,使之合理有序,也能够满足无法尽览全部的公众结合自身需要欣赏和参与的需求。

从公关方式来看,整个中法文化年中国采取了多种公关渠道和技巧。例如,突出中国普通人的亲身表演展示,甚至包括中国人的万人盛装大游行。以至法国《回声报》在头版报道游行队伍中一位中国姑娘在凯旋门前绽开了美丽的笑容。再如,与境外媒体配合,充分利用法国当地媒体的影响力,增强整个公关活动中对中国正面的声音,同时也有利于中国媒体尝试对世界主流舆论的融入。此外,还有采用了真实的零距离环境宣传,还原中国的真实形象,不再只呈现中国好的一面,坦然披露中国的贫困、环保等现实问题。通过实事求是的传播和全面展示来说服受众。

从执行主体来看,尽管整个文化年的公关主体是两国政府,但其中所开展的不少活动除了一些由政府直接参与举办外,还有相当一部分由政府委托文化企业执行,或者是由政府牵头,各类文化团体、机构和组织举办,还有一些由专门的民间组织和行业协会自发筹办。例如,2004年7月,巴黎"上海周"在巴黎市中心的都日丽公园上演。整个活动的大量具体工作,包括设计和制作展板、海报、条幅、气球,执行活动现场氛围的塑造等,都由上海市政府委托上海华视文化传播公司进行。而法国文化年更是在总统希拉克的亲自关照下,成立了21家中国企业和25家法国企业组成的荣誉委员会,负责相关大型活动的赞助事宜。

从公关环境来看,首先有着良好的政治大环境,21世纪初,中国与法国的政治关系非常密切,处于历史上最好的时期,两国拥有许多共同的政治立场与合作。除了表现在共同支持反恐、反对伊战外,两国还支持多极化,反对由美国主宰世界格局。而希拉克政府在对华关系上也表现的较为温和。其次在经济上,双方经贸交往密切,欧盟一体化和中国的巨大市场,以及法国在技术出口上对中国的相对宽松,使得两国外贸联系纽带越来越紧。此外,还由于中法都对自己的历史文化非常自豪,文化交流在两国关系中占有特殊地位。尤其是中法两国都有着在世界上输出文化和国家软实力的迫切愿望,这为文化年活动提供了契机。

从传播效果来看,活动在法举办期间,不仅法国高层高度重视,更受到公众的热烈欢迎和积极参与。据法方的不完全统计,共有200万法国公众直接参与。中法文化年在法举办期间,很多会展门前排起长龙阵,展厅里观众与策展人亲切讨论,剧场内掌声经久不息。文化年实现了与两国民众的"零距离接触",在法国形成了"看中国文化展,说中国文化年"的新时尚。除了官员和公众好评如潮外,就连挑剔的西方媒体也不吝赞美之词。例如,活动期间恰逢2004年的农历春节,中国人的除夕文化活动吸引了CNN、美联社、巴黎人报、法新社、世界报和法国电视1台、2台、3台等百余家媒体的记者的现场采访。《巴黎人报》更在头版刊登文化活动的硕大照片,并评论这是"中国文化的一次巨大胜利"。

纵观整个中法文化年的活动,拉近了中法双方的距离,这不仅仅是一般的塑造"拟态环境"的传播,而是将整个民族文化搬到了对方的国度,从而还原一个真实的文化大国。就公关关系的意识和原理来处理国际间的交往还是一个尚有许多潜力可挖的公关领域。这种国际公关在宏观层面其实承接着国家外交的功能,而这场盛大的公关"饕餮",也表明中国具备了走出国门进行文化公关的能力。

拍案二 圣彼得堡,三百年的荣耀

一个默默无闻的民族在一位君主的带领下选择了从顿河流域走向波罗的海,走向欧洲的道路,这个国家终于从公国变成帝国,这个民族也变得无比伟大。圣彼得堡——俄罗斯民族的梦想、崛起和荣耀汇聚的城市,在2003年的5月底,成功的举行了纪念建城三百周年的大型公关活动,令世界为之瞩目。

历史自豪感强的俄罗斯人一直打算在圣彼得堡建城三百年时隆重的庆祝一番。所以，关于《筹备举行圣彼得堡300周年庆典活动》的命令在1998年就由前任总统叶利钦签署。在圣彼得堡出生长大的普京入主克里姆林宫后，筹备工作明显加快，政府为这项重大活动拨出了大约15亿美元的专款，普京还亲自担任庆典委员会主任的职务。

一个好的大型公关活动，除了人为倾力外，天时和地利也都很重要。圣彼得堡城庆正好赶上了国际油价大涨，俄国经济发展迅速，国力有所复苏之际。同时，举国上下都急于在冷战后彰显俄国的大国地位。从整个庆典活动的内容和过程来看，主办方在以下五个方面的实施，保证了公关目标的成功。

首先是主打国际牌。与近几年国内各地城市的建城纪念活动不同，圣彼得堡作为国际知名城市，筹划之初就将庆典定位为世界性而非国内范围。一方面邀请了尽可能多的外国领导人，在庆典最高潮的5月31日，仅到场的国家元首就达到了46位。这种思路与1995年的联合国五十周年庆典类似，因为领导人一多，整个活动也就成了国际新闻事件，各国的媒体记者自然会跟风而来，重点报道。另一方面则在活动中安排了不少国家的庆贺表演，还有不少友好城市捐赠了各种特色礼物。同时，这种国际效应也吸引了许多外国人于庆典期间前来圣彼得堡旅游。

其次是主打民众牌。圣彼得堡的建城庆典除了大型的仪式和表演活动外，大部分的活动设计都旨在吸引民众参加，比如群众性赛跑、市民大游行、城市街道的狂欢、城市上空的飞行表演、涅瓦河上的帆船比赛和各类免费的展览和电影播放等。尤其是纪念活动期间还恰逢"六一国际儿童节"，举办方也策划了为青少年准备的赛事活动。在现代社会，官方的纪念性活动不该只是政府自我行为，更应该开放的将市民纳入整个活动中来，达到"与民同乐"的效果。借圣彼得堡的这次活动，无论城市还是国家，亦或普京本人，都可增分不少。

再次是主打历史牌。圣彼得堡的这次建城三百周年庆本身就有着浓厚的历史色彩。在活动中讲诉历史、回眸历史也必然是庆典设计者的主要思路之一。例如，在活动前后，制造了不少关于沙皇时代的艺术珍宝和神秘故事的新闻话题；同时颁发给二战老兵保卫列宁格勒的勋章；从商业和收藏的角度发行了纪念品和邮票。某种程度上看，这样一座古城的纪念活动也是在给全世界上了一堂关于圣彼得堡和俄罗斯民族沧桑辉煌的历史课。

最后是主打精神牌。一座城市的最宝贵的灵魂就体现在这座城市所体现出的人文精神。圣彼得堡在其公关活动中处处渗透着城市的精神气质。10天的活动中除了在体育方面有大量的体现人文精神的赛事活动外,在艺术方面的精神展示更是不少。包括了大量关于纪念柴可夫斯基、普希金等俄国音乐家、文豪、艺术家的文艺演出和展览;上演歌剧《彼得大帝》;邀请著名的英国甲壳虫乐队开演唱会;以及请俄国著名导演拍摄了献礼电影《狂爱圣彼得堡》等。另外,东正教精神也被融入其中,这从在东正教堂安排的隆重的祷告和祈福仪式也被纳入活动议程就可以看出。

  此外就是注重公关活动细节。至普京本人以下,所有的组织者都从全盘着眼。例如,在安全保卫上十分到位,准备了各种突发事件的预案;在活动天气上,真正做得未雨绸缪,安排10余架飞机人工退雨;在时间和空间安排上都比较集中,紧凑有序,从而赢得了关注度。正是这种较强的执行力保证了整个活动的成功。

  圣彼得堡的这次庆典活动完美地实现了国家公关、城市公关、政府公关乃至普京的个人形象公关,充分达到了对外展现大国风采,对内提升民族士气的公关初衷,在整个公关活动过程再次书写了俄罗斯民族的彻底的骄傲。

拍案三　一张都市报的"十周岁"庆典

  相对以上两个特别大规模的公共活动,我们下面探讨的是一个较小的地方纪念活动案例,其公关主体是福建省近几年快速崛起的一张都市报纸——《海峡都市报》。

  作为福建省第一张真正意义上的市民报,《海峡都市报》(以下简称海都报)创办于1997年9月份,2007年迎来了其十周年的生日。如何能够借十周年的庆典之际推出一系列的大型活动,从而扩大报纸的媒体影响,增加其品牌价值呢?海都报分别采取了"四公关"和"三造势",巧妙将其所传递的有效信息加以隐藏和发挥。

  借权威主题公关。借国家新闻出版总署评出"全国晚报都市类报纸十八强"的称号,及被福建省工商行政管理局评为"福建媒体唯一著名商标",进行"地毯式"宣传,使广大市民所熟知。尤其是,通过福建省委宣传部邀请到省委书记卢展工参与社庆十周年活动,包括到报社看望采编人员、进行座谈、给予批示,并代表省委省政府颁发10万元奖金等行为塑造,不但获得进一步开展公关宣传的新闻,而且顺带进行了提高士气的内部公关。

借娱乐主题公关。从9月3日开始,每天刊登一位两岸三地当红娱乐明星祝贺《海峡都市报》创刊十周年的签名和照片,包括张学友、梁咏琪、周华健和林志玲等诸多一线明星。同时,举办了"刘德华福州演唱会"和"刘德华经典电影周"的活动。还在跨2007年一整年的时间里先后高强度的举办了游鸿明等十场明星歌友见面会。

借读者主题公关。公共关系学一种目前较为流行的学说是"关系人格化",对于平面媒体而言,如果把自己视作一个自然人的话,那么其最主要的关系对象便是读者。海都报首先在形象广告中采用"十年相知,长伴身边"、"离不开的老朋友,聊不完的新话题"等亲切、流畅的广告语来展现与读者沟通形象。其次,从10月1日到7日,启动"国庆感恩回报周"活动,由报社旗下的"968111海都便民网"推出各种特价优惠服务项目,如家电维修、空调清洗、沙发防污处理和房屋修葺等,主打反馈和感恩读者牌。另外,上述提到的多场音乐会、演唱会其实也是借用了这种主题。

借新闻主题公关。作为公关主体,媒体有着得天独厚的传播资源。海都报借新闻策划有步骤有意识地开展系列公关活动,如从9月4日开始推出大型系列报道《激情海西的17个乐章》,每个乐章用半个版的篇幅刊登福建海西建设的新人、新事和新感受。另外,在其形象宣传片中也采用"海西风光无限,海都情系万家"的口号。通过海西建设的势头和已有主题,既达到了对其宣传,也反过来烘托海都报的发展历程,达到互为助力的效果。

靠异质媒体造势,包括书籍方面,海峡文艺出版社发行了共四册的海都报《创刊十周年丛书》,以及《十年,海都映像》的画册。电视方面,通过租用的直升机在历史上首次从空中航拍福建的闽江、武夷山、金湖和土楼等著名景点,将八闽大地的秀美声画为己所用,剪辑成海都形象宣传片,在省内外主要电视媒体,如中央电视台、东南卫视、福建电视台上密集、滚动播放。在新媒体方面,《海峡都市报》形象广告——《老朋友篇》通过分众楼宇媒体进行了大量投放。在网络方面,发动网民参与十周年的庆祝有奖活动。在广播方面,全天候在福州颇有影响力的公交巴士广播网播放海都报的主打广告口号。

靠版面发行造势。该报9月30日推出了十周年特刊,当天出版了令人震惊的240版报纸,创纪录的成为福建报业历史上的"第一厚报",单日的广告额也达到惊人的570万元。

靠广告效益造势。从9月11日开始,又推出"十年海都,感恩福建"

的祝贺活动,有企业的各种广告祝贺、文章组合和图片祝贺等,仅这一项活动广告收入就突破百万元。

分析以上七个方面的公关活动和手段,体现了组织公关策划和实施的三种基本法则。第一是实力法则,像其中的借权威之势,还有新闻主题和广告发行主题都属于这方面。第二是互惠互利法则。公关强调的应该是主客体两边的"双赢",就《海峡都市报》而论,其在借读者主题和娱乐主题公关方面都表现出了一种双赢和关爱的理念。第三是替换法则。一个公关活动往往不可能只采取一种公关媒介。即使是媒介将自身作为主体也不能例外,而《海峡都市报》在社庆十周年的宣传攻势中更是大量地采用了平面媒体以外的异质媒体,十八般武器齐上阵,令人眼花缭乱、目不暇接。整体看来,海都报的纪念公关庆典是由一个充满活力的组织将丰富和大胆的想象持续运作,体现了大手笔,给人的印象是深刻的。

回味隽永

尽管以上案例组选取的都是较为成功的大型活动案例,但通过对这些案例的总结分析,我们仍旧可以获得不少思考和启发。

首先,纪念庆典活动是不是声势越大越好?应该说就公关的思路而言,并不希望谋求短期的轰动效应,而是希望同公众建立一种长期的合作关系。然而,就大型庆典活动这一公关载体看,确实存在着把投入和影响的性价比最大化的趋向。不过,一段时间的大型公关活动始终可能只是昙花一现,满足了对象的好奇心。比如,上文中《海峡都市报》"十周年"庆典的例子,海都报的成功不可能是因为庆典的举办,而应归功于海都报十年来孜孜不倦的努力,这也说明了公关还需要长期经营。当然,具体到某次纪念活动,还得考虑符合实际环境、公关主体的能力,以及纪念的意义和活动价值程度等因素。

其次,要体现文化内涵。从上文中的泰山封禅和祭孔大典,我们发现大型庆典活动与古代的祭拜仪式活动有渊源,因而其天然拥有一种传统的精神属性和传承功能。只有把公关主体本身携带的文化信息和文化意志镌刻在一些符号性的活动上才能真正实现传播的深层涵化作用。例如,"哥德堡号"的大型活动就体现了这样一种承载文化、进行传播的巨大魅力。

再次,注意在活动的选择上要主动地发挥自己的优势和实施条件,寻找大型的、有影响力的热点、亮点和由头,从而尽可能多地制造新闻话题。以海都报当天的 240 个版的重磅发行为例,就充分制造了吸引眼球和牵动神经的新闻话题,而结合福建省"海西建设"的态势做庆祝活动也能具有对政府公关的附带效应。

另外,由于纪念性庆典活动往往本身具备着历史意义,在活动中讲述历史、回眸历史也必然是庆典设计者的主要思路之一。从"哥德堡号"的公关中,我们看到了瑞典人的航海历史和中瑞古代的交往史,而从圣彼得堡的公关中,我们更是体会到了俄罗斯向西方、向海洋扩展的历史和彼得大帝的生平历史。这种难以回避的历史信息的蔓延也可算是纪念型活动公关的一大特点。

最后,在活动的沟通过程中,如何做到有序和精致也是很关键的一环。一方面是因为细节的完美执行本来便是公关的优势所在,另一方面对于像这样涉及组织和参与人数众多的活动,精确的协调各个部门,顺利的进行各个环节也是一件颇具难度的工作。当然,最重要的就是活动现场和活动事件要避免各种突发因素和人为破坏,否则,一场庆典就会在瞬间或过后转变为公关主体的一次危机。

总之,大型纪念庆典的公关活动不同于其他的公关活动,它是一种拥有五色体验的颇具美感的作品。其中,活动的整体气势能体现红色的恢宏之美;活动中的亮点频出能体现金色的绚烂之美;活动的精密设计和万无一失能体现白色的纯净之美;活动对历史文化的怀旧和沉淀能体现出黑色的厚重之美;活动在不经意间与公众情感的沟通,与社会背景的协调则体现了绿色的自然之美。这样一种五色绽放的公关行为,真可算是公关类型中的一朵奇葩了。

第七篇

亮出精彩　展现实力

——上海申办2010年世界博览会公关案例

　　随着当今国际社会商品经济的日益发展以及科学技术与经济发展之间的联系日益紧密，世界博览会这一国际经济、科技、文化的奥林匹克盛会的影响和作用就显得举足轻重。申博成功为上海实现建设国际经济、金融、贸易和航运中心，晋身世界级城市之列的宏伟目标安上了"加速器"。申博成功是历史在21世纪伊始赐予上海新一轮发展的腾飞翅膀，也将成为展示中华民族形象、国家繁荣昌盛的窗口。申办世博会的公关活动堪称妙笔生花、精彩纷呈，成为值得人们细细品位的经典公关案例。

开篇导例

开篇之述：上海申办 2010 年世界博览会

1999 年 12 月 8 日中国政府代表在国际展览局第 126 次成员国代表大会上宣布中国上海申办 2010 年世博会以后,中国政府和上海市政府就紧锣密鼓的筹划申博的公关策略。他们分析了上海申博的自身优势,确立了博览会的主题、口号、海报和徽标,广泛的发动民众参与其中,并且通过国内外各大媒体的造势宣传,充分展示了中国政府、中国人民和上海市政府、上海市人民对世博会的全力支持、热情服务,塑造了上海国际大都市形象,展现了上海的城市魅力,最终夺取了 2010 年世博会的主办权。

2000 年 3 月 17 日中国政府成立了 2010 年上海世博会申办委员会,接着在 6 月 27 日上海市成立了 2010 年上海世博会申办工作领导小组。申办世博会的公关活动正式展开。

上海的申博公关活动从各个方面全方位的、秩序井然的展开。从个人到团体,从民间到政府,从中国到外国,从传统媒体到新兴的网络传播,铺天盖地而来。无一不展示了上海申博的独特优势和举办博览会的美妙前景。广大民众的热情投入,中国政府的全力以赴,国外友人的大力支持,新闻媒体的广泛宣传,商家集团的溢美之词,所有的一切让人不由自主的联想到 2010 年的世博会的巨大成功前景。

2001 年 1 月 16 日,确定了世博会的徽标。2001 年 9 月 7 日又确定了 2010 年上海世博会申办的口号和海报。徽标、口号和海报都是通过广泛征集作品以及意见而确定的。

2001 年 6 月 6 日,国际展览局第 129 次成员国代表大会在巴黎举行。上海市主要领导在会上进行了中国申博首次陈述,确定申博主题以及选址。启用申博市民代表做诚恳的介绍,现身说法谈上海发展为人类提供实现价值的环境,以情动人,形式创新生动。

2001 年 7 月,上海确定了独具创新特色和紧贴上海世博会主旨的世博会主题——"城市,让生活更美好"即"Better City,Better Life"。

2001年9月前以发放宣传册为铺垫,之后展开了大规模全方位的宣传。举办了世博会知识网络竞赛、"万人支持申博网上签名"、"上海市民骑车申博万里行"、"长江三角洲申博之旅"、上海2010名市民代表宣誓、世博会进入社区的"世博会向我们走来——世博会知识巡回展"等众多大型群众性活动,全面宣传世博会的知识,激起了广大民众的热烈回应、广泛参与和热情支持,为世博会的申办、举办奠定了巨大的群众基础。

2001年11月30日,国际展览局举行第130次成员国代表大会,时任上海市主要领导作了申办陈述。瑞士罗氏制药有限公司总经理以一名外资商人的角度谈自身在上海的投资回报,证实了中国政府的承诺是绝对可以信任的。

2002年7月2日,国际展览局举行第131次成员国代表大会,中国代表团成员作了半个小时的申博陈述,外交部长代表中国政府承诺我国将投入1亿美金支援发展中国家和地区前来参展,对参展国建立永久性展馆,中国政府还将给予建馆资金25%的补贴,此外设立用于大会各项评奖的奖励基金。

2002年12月3日,国际展览局举行第132次成员国代表大会,中国代表团进行最后一次陈述,再次肯定了中国政府对于承办2010年世博会的信心与态度。会上以一部充满上海市民热切期盼的实地拍摄申博记录片充分展示了上海的无限魅力。

当日国际展览局成员国对2010年世博会主办国进行投票表决,中国获得2010年世博会的主办权。

开篇之论:绽放美丽,亮出精彩——实力公关

上海申办世博会的公关目标是:充分显示上海这一世界级的城市形象,赢得各国的赞誉,并打动评委来投上海一票,吸引参展国来上海建馆设展。这次申博是上海在国际舞台上自我营销、自我展示的极大成功,是上海公共关系的成功。

纵览上海整个申博公关活动的过程,我们就可以发现整个公关活动的操作是全方位、多层面的。

一、突出上海市申办的特色和优势

1. 上海为世博会选定了合适的主题,"城市,让生活更美好"的主题引起各国的广泛关注。

2. 选址符合世博会的宗旨,做好了合理的选址场馆规划。世博会场址选在黄浦江滨水区,通过场馆建设,促使旧城改造;并在举办后,使该地区今后成为经济、科技和文化的交流中心。

3. 展示了上海改革开放以来积累的经济实力,证明上海完全有条件举办世博会:上海社会稳定,秩序良好,交通顺畅,经济发达。

4. 政府全力支持,体现承办决心。中国政府承诺将投入1亿美元的援助基金和25%的建馆资金补贴,并且为参展国建立永久性展馆,设立用于大会各项评奖的奖励基金。这是一种实实在在的诚意,体现了中国政府的真心实意。

5. 民众热情参与,上海申办世博会,民众的支持率在90%以上。大量的民众参与到迎接世博会的各项活动中。据预计,如果2010年世博会在上海举行,超过7000万人次的参观者将创世博会历史纪录。2010年上海世博会将成为各国人民的盛大集会。

6. 在沪外商现身说法:"选择上海就是选择最佳",这是最客观的第三方声音。

二、精心策划三个沟通接点

1. 上海申博决赛片。特邀张艺谋执导,旨在打造精品申博片,通过短短的20分钟,将现代化上海所独具的精、气、神和品格魅力呈现在公众面前,感染受众,激活沟通力。

2. 四次关键性的陈述。面对面的陈述是一种高效率的沟通,而陈述阵营、陈述内容和陈述技巧等方面的设计是体现高质量沟通的关键。

3. 国际展览局代表团的实地考察。抓住这一机会向考察团充分展示上海能够承办2010年世博会的能力,并及时互通信息,将各项准备工作做得更好完美。

三、整合各种活动,向国内外传播上海申博的信息

1. 通过征求申办徽标、口号、招贴画等活动,提高市民的参与热情。

2. 举办世博会的知识网络电视竞赛,普及世博知识。

3. 网上签名、申博万里行、市民代表宣言……设计多种活动,形成全民参与的氛围。

4. 成立支持中国申博"企业后援团"。

5. 组织外交部游说,并调动海外媒体的积极性,赢得国际舆论的支持。中国政府、上海市委市政府派遣37个组团出国访问了87个国际展览局成员国,其中包括9个非建交国家。世界各大主流媒体都对上海申博表示热切关注,分别以专题、专刊专版的形式给予追踪报道。英国《泰

晤士报》、天空电视新闻频道以及星空传媒新闻频道对上海市市长进行了联合采访,表示了对上海申办世博会的支持。

上海申博的公关活动紧紧的围绕着上海的五大优势展开是申博取得成功的关键。公关活动抓住了上海的五大优势展开,扬长避短,整合了各种公关手段,突出了上海经济发达、社会安定团结的优势,体现了上海开放、包容的鲜明个性,展示了上海作为一个国际化大都市的超凡魅力,最终吸引了全世界的目光。

史镜今鉴

翻开世博会的历史书卷,人们会情不自禁的赞叹它一路走来的光辉岁月——它在沟通人类相互了解,促进世界经济、文化等方面的发展所做出的巨大贡献。把目光定格在1851年,那一年,第一届世博会于5月1日在伦敦举行。

当时,英国是世界上最强大的国家,工业革命首先在英国展开,工业革命使用机器生产代替了手工生产,大大的提高了生产效率,促进了社会产品的极大繁荣丰富。英国的国际贸易极为发达,海外的殖民地也遍布全世界的各个角落。于是展览会被认为是大英帝国展示自己在工业、军事以及经济领域遥遥领先的综合实力的平台,但仅仅展示英国本土的成就有可能将英国人在其众多殖民地所取得的许多技术成就排除在外,因此,英国决定把展览会办成真正国际性的大会,并将邀请发往几乎整个殖民世界。

为了展示英国的强大和自豪,英国政府在海德公园建造了长1700英尺、高100英尺的"水晶宫",它耗费了4500吨钢材和30万块玻璃(后来在第二次世界大战中被毁)。"水晶宫"的建筑特点是厅很高,光线充足,甚至处于完全运转状态的大机器也可以在里面展出。维多利亚女王邀请了28个国家到这个"宫殿"展示其产品。"水晶宫"内挂满万国彩旗,参观人流摩肩接踵,各种工艺品、艺术雕塑琳琅满目,令人目不暇接。人们惊奇地观看来自不同国家的发明、奇珍异宝。在160天的展期中,共有630万人参观了世博会。同时人们纷纷赞叹"水晶宫"这座通体透明、庞大雄伟的建筑,为英国人能开创世界建筑奇迹感到无比荣耀和自豪。

伦敦世博会的巨大成功,不仅体现在630万的参观者和18.6万英镑的营利,更重要的是英国由此获得了巨大的声誉正是在19世纪50年代中叶人们开始使用"维多利亚的"一词来表达一种新的自我意识。英国的产品源源不断的销往世界各地,英国逐步确立了自己成为世界的经济、政治、文化中心,而伦敦则是中心的中心。

史海钩沉,中国的历史亦不乏类似的精彩手笔。汉武帝时期,张骞奉命两次出使西域各国,特别是公元前119年,他奉命出使乌孙,率300人组成的使团带牛羊金帛上万。至乌孙后,又分遣副使赴大宛、康居、月氏和大夏等邻国,与中亚各国正式通好。乌孙遣使送张骞归汉,并献马报谢。从此,汉朝与西域的交通建立起来。张骞出使西域,沟通了中国同西亚和欧洲的通商关系,中国的丝绸和丝织品从长安往西,经河西走廊,今新疆境内,运到安息(今伊朗高原和两河流域),再从安息转运到西亚和欧洲的大秦(汉朝时我国史书对罗马帝国的称呼),开拓了历史上著名的"丝绸之路"。"丝绸之路"是从西汉的敦煌开始,出玉门关,进入新疆,再从新疆连接中亚细亚的一条横贯东西的通道,"丝绸之路"把西汉同中亚的许多国家联系起来,促进了它们之间的经济和文化的交流。张骞出使西域,同时宣扬了汉王朝的国威,提升了汉王朝"威慑"周边叛乱国家的"软实力",促使汉王朝和西域各国的和平稳定,促进了汉王朝和西域、欧洲各国之间的经济文化交流,大大的发展了中西各国之间的经济贸易。中国最具特色也是独有的丝绸和丝织品在中亚、西欧等国开始盛行起来,促使了中国和世界各国贸易的发展,同时西域的核桃、葡萄、石榴、蚕豆和苜蓿等十几种植物逐渐在中原栽培。龟兹的乐曲和胡琴等乐器丰富了汉族人民的文化生活。汉军在鄯善、车师等地屯田时使用地下相通的穿井术,习称"坎儿井",在当地逐渐推广。此外,大宛的汗血马在汉代非常著名,名曰"天马","使者相望于道以求之"。那时大宛以西到安息国都不产丝,也不懂得铸铁器,后来汉朝的使臣和散兵把这些技术传了过去。中国的蚕丝和冶铁术的西进,对促进人类文明的发展贡献甚大。

无独有偶。历史翻到了明王朝的那一页,又出现了一个能够和张骞出使西域相互媲美、相互辉映的灿烂一幕——郑和七下西洋。

明永乐三年(公元1405年7月11日),航海家郑和开始了下西洋的人类史上伟大的航海创举。他率领拥有240多艘海船、2.74万名船员的庞大船队远航,拜访了30多个西太平洋和印度洋的国家和地区,加深了大明帝国和南海(今东南亚)、东非的友好关系,史称郑和下西洋。郑和每次都由苏州浏家港出发,一直到明宣德八年(公元1433年),一共远航了有七次之多。郑和曾到达过爪哇、苏门答腊、苏禄、彭亨、真腊、古里、暹罗、榜葛剌、阿丹、天方、左法尔、忽鲁谟斯和木骨都束等30多个国家,最远曾达非洲东部,红海、麦加。

郑和下西洋,传播中华文明,亮出中华文化的精华,带动了中外经济与文化交流。中华民族历史悠久,创造了光辉灿烂的古代文明。郑和下西洋,向海外传播科学文化、典章制度、文教礼仪和宗教艺术等中华文明,将中国在建筑、绘画、雕刻、服饰和医学等领域的精湛技术带入亚非国家,向当地人民传授凿井、筑路、捕鱼技术,推广农业技术和农作物栽培方法,推行货币、历法和度量衡等。同时,亚非国家的文明成果也传入中国。郑和七下西洋,在中外文化交流史上写下了辉煌的篇章。

郑和下西洋是世界上公认的和平之旅。28年间,郑和船队始终奉行"共享太平之福"的对外政策,发展与各国的友好关系,在中国与亚非国家之间架起了友谊的桥梁,进一步树立了中国的和平友好形象。郑和下西洋期间,还通过多种形式与当地开展双边贸易,平等互利,互通有无,把中国的丝绸、瓷器、茶叶、漆器、麝香、金属制品和书籍等运往国外,换回当地的香料、药材、动植物、珠宝及生产瓷器所需原料等多种货物。这种贸易活动推动了中国和这些国家的经济发展。

纵观张骞出使西域和郑和下西洋的全过程,他们随身携带出去的物品数量最多、价值最大,也是最受其他国家欢迎的中国的特产——丝绸和丝织品。郑和下西洋时还带上世界上独一无二的中国陶瓷制品。他们所经之处宣扬了中国博大精深的文化,展示了中国国富民强的王朝实力,深深的吸引了其他国家来和明王朝进行朝贡贸易和商品贸易,促进了明王朝和各国的发展。

三刻拍案

拍案一　上海亚太经济合作组织（APEC）第九次领导人非正式会议

上海市能够成功的取得2010年世博会的举办权，有其城市发展的丰富经验和继承发展的内在脉络。翻开上海改革开放三十年来的历史画卷，政府大型公关活动大手笔层出不穷、高潮不断，取得的成就也是世人瞩目。

2001年，在上海举行的亚太经济合作组织（APEC）第九次领导人非正式会议及系列会议是新中国历史上举办规模最大、层次最高、影响最为深远的一次重大外交活动，APEC成员中共有20个经济体领导人参加了这一活动。这次会议取得了圆满成功和丰硕成果。2001年的中国APEC会议向世界展现了上海这座社会主义现代化国际大都市的精神风貌，充分显示了中国改革开放和社会主义现代化建设的伟大成就，进一步提高了中国在国际事务和地区事务中的地位和影响，是中国外交在新世纪初取得的伟大胜利。

为筹备2001年APEC会议，中央于1999年底成立2001年APEC会议中国筹备领导小组和中国筹委会，负责APEC会议各项重大事项的决策，领导APEC会议的组织筹备工作。按照中国筹委会领导小组第一次会议的精神，上海于2000年2月成立了APEC会议筹备工作领导小组和筹备工作组，领导小组和筹备工作组下设常设的筹备工作办公室，协调日常筹备工作事项。

由此整个公关活动的各项工作有条不紊的展开了，并且做得有声有色，取得了非凡的效果。整个公关活动可以分为三大模块。

第一，整合各项活动，传播峰会知识，广泛发动民众参与，展示民众对峰会的巨大热情和大力支持，为峰会的召开营造一个良好的群众环境、文化环境、社会环境和生态环境。其中包括为APEC会议创作宣传画、举办APEC会议欢迎宴会文艺演出、为迎接APEC会议举行大型动态灯光表演、组织"迎APEC会议，做文明市民，展城市风采"系列活动、开展"迎

APEC会议,当文明市民"知识竞赛、组建志愿者服务队伍、举办"我和APEC"市民双语(中英文)大赛等各种大型的群众活动,为峰会的召开奠定了良好的人文基础和社会基础。

第二,全方位、多角度、立体化地开展新闻宣传。这是上海筹备工作最早启动的工作项目之一,主要涵盖新闻宣传报道、信息提供、外宣品制作与发放、官方网站建设等方面。会议期间,设在东方明珠广播电视塔区域内的国际新闻中心通过东道主转播中心、官方网站、图片中心、会刊和各种新闻发布会等渠道,全方位、多角度、立体化地向境内外媒体提供了会议各方面的情况。从2000年11月起,上海人民广播电台采取以新闻报道和新闻专题为主线,服务专题类节目为辅助的宣传策略,开展全方位、多角度的宣传。先后邀请了众多专家学者、政府人士和民众互动,宣传有关知识。据统计,会议期间,参加会议报道的境内外媒体534家,记者3257人。新华社、人民日报,英国路透社、美联环球电视公司(APTN)、日本广播协会(NHK)和法新社等60家中外主流新闻媒体全部到场。

第三,政府对峰会的大力支持、真心投入、精心策划、周密安排。2000年10月11日—13日,中国筹委会秘书处举行会议,会议着重讨论并研究了APEC网上注册系统、领导人会议及相关会议的场地安排和布置、APEC中国会议标识设计、赴文莱参加第八届APEC领导人非正式会议中国宣传片的编辑制作、APEC官方网站建设、新闻中心筹建、联络员配备方案、会议接待宾馆安排、会议赞助及预算管理和资金使用等重大筹备事项。2001年5月8日—10日中国筹委会秘书处举行会议,会议听取了此前各筹备工作进展情况汇报,着重讨论APEC会议日程、场地和设施安排及新闻、行政财务、APEC工商咨询理事会会议、企业家峰会及APEC与会经济体先遣组来沪考察安排等重要筹备事项。同年6月11日—12日,中国筹委会领导小组举行会议,领导小组组长主持会议并作了总结讲话。会议主要听取了中国筹委会各工作组关于10月份APEC领导人非正式会议及相关会议筹备工作进展情况的汇报,现场检查了上海市各方面的筹备工作情况,讨论并确认了领导人非正式会议活动日程安排及所有相关大型活动方案。

APEC领导人最经典、最精彩的一笔就是APEC各经济体领导人穿"唐装"(又称为中国装)赴会。2001年10月21日非正式会议当天,20位APEC各经济体领导人穿着具有浓郁中华民族古朴华贵、典雅大气风韵的中式对襟立领休闲服(也称"唐装")参加会议并合影留念。全世界为之惊叹,都不禁为中国博大精深、光辉灿烂的古代文明所倾倒,于是"唐风"、

"中国风"在全世界猛烈的刮起来,包含中国文化因素的各种元素风靡全世界。真可谓神来之笔、画龙点睛之笔。

点 评

细细剖析本案例,有三个亮点引起人们的思考。

第一,策划精确,安排周密,组织周到,配合密切。从1999年底开始,中央就成立2001年APEC会议中国筹备领导小组和中国筹委会,对工作的流程进行决策,对工作的计划进行安排,对工作人员进行组织。筹备领导小组和中国筹委会精确的制定了各项工作、各项活动的展开时间、地点以及活动的预期目标,在实施的过程中,严格的把握每一个细节,保证了工作的顺利连接,圆满的结束。在两年多的筹备过程中,上海全市各方齐心协力,密切配合,高起点、高质量地完成会议场馆建设和后勤保障;高标准、严要求,大力整治市容环境;精心筹划、周密安排安全保卫。

第二,整合各种能够利用人力物力的资源,全力普及宣传峰会的知识,动员最广泛的民众参与,打造迎接峰会召开的良好的社会局面。在整个峰会活动期间,上海人民积极支持、热情参与,近千名工作人员直接参与APEC筹办工作,上万名市民争当志愿者,10万人参与APEC知识竞赛,100多万市民参与环境整治,形成人人争当东道主、人人为APEC会议作贡献的良好社会氛围。整个世界都注意到了上海民众、中国民众迎接峰会的炙烈热情以及期盼峰会召开的强烈愿望。中国民众向世界展示了团结一致、万众一心的精神以及热情、周到、服务的面貌,展示了上海乃至中国安定团结的社会大局面。这些都为峰会的申办、召开打下了最广泛的、最稳固的社会基础。

第三,整合媒体资源,多视角、全方位、深层次的宣传报道了上海,展示了上海的迷人风貌、强大经济、雄厚实力。这些方式方法不仅包括电视、报纸、杂志等传统的媒体传播介质,而且充分利用了网络信息传播的渠道,同时还辅以横幅、标语、剪贴画等宣传手段,形成立体的信息传播覆盖局面。在媒体传播的信息内容上又特别注重了信息的真实性、科学性和权威性,通过真实记录众多商界、政界、学界精英专家学者以及日常生活中的平民看上海的眼光和感受,向全世界播报了一个真实的、美丽的、富饶的、强大的上海,让世界各地为上海的实力和魅力所折服。

> 这些都是峰会能够成功申办、成功举办的基础。至于峰会上的"唐装"，那是整个活动的一个完美亮相。整个活动在"舞台"上亮相的瞬间就倾倒了众人。古语云"台上一分钟，台下十年功"。世界由此刮起"中国风"不足为奇。

拍案二　北京申办 2008 年世界公关大会

在中国北京申办 2008 年世界公关大会时再次上演经典手笔。

世界公关大会由国际公关协会（IPRA）主办，1958 年为第一届，每三年召开一次，以往历届举办城市都是欧美发达国家的首都或者核心城市，很少有北京这样的发展中国家的首都申办。为了申办成功，中国国际公关协会（CIPRA）选择中国社会的巨大变化作为策略原点，从正面树立和传播中国良好的国家形象，消除国际上对中国发展的负面认知与对中国形意识态的偏见。

中国代表团最有创意的地方是向与会代表赠送中国式折扇。国际公关协会在伊斯坦布尔召开上届世界公关大会并对 2008 年大会进行交接，当时的伊斯坦布尔天气非常炎热。在研究了当地的天气情况之后，中国代表团精心准备了有中国特色的折扇，在大会签到处赠发，折扇正面是有中国意味的山水国画如长城等，背面印有英文"Welcome to Beijing for 2008"（2008 年欢迎来到北京）。折扇受到了广泛的欢迎，开会期间与会代表纷纷摇起折扇消暑，"中国风"吹遍了整个会场，此外，"中国元素"还体现在其他的一些细节上。中国国际公共关系协会常务副会长郑砚农先生作为中国北京的代表作陈述发言，在发言结束前，特意插入了一部介绍中国经济发展的视频，制作精美的视频投射在大会巨大的屏幕上，令所有的人印象深刻，视频最后定格在"2008 年再见"的标题上，标题下象征中国北京的故宫大门缓缓打开，继而出现祈年殿，此时低沉的大鼓奏响，带出一段旋律优美的中国民乐，就连一些中国在伊斯坦布尔的驻外代表都被感动了，觉得这个陈述做得异常精彩、感人，充分体现了中国的大国风范与举办实力。与会代表一致通过北京成为 2008 年世界公关大会的举办城市。事后，当地所有的主流媒体都以"北京旋风"为主题报道了北京获胜的新闻。

 点评

北京申办2008年世界公关大会的公关活动,最出彩的地方当然是中方代表充分演绎的中国风、中国元素。作为一个千年的文明古国,中国辉煌灿烂的文化底蕴是世界其他地方所不能比拟的,也是令世界各国叹服之处。在本次公关活动中,北京市申办代表精心的研究了当地的天气情况,做出了绝妙的决定,完美无痕的融汇展示了中国的灿烂文明,再加上精心打造的视频宣传片,世界公关大会的相关代表当然是"为之动容"了,申办活动自然也是"马到功成"了。

拍案三 1999年昆明世界园艺博览会

1999年昆明世界园艺博览会在中国举行。这是中国第一次举办高等级的世界博览会。昆明世界园艺博览会集中展示了来自全世界的园林、园艺精品,共有95个国家、国际组织和我国所有省市参展。

1992年,中国贸促会与有关部委、地方政府配合,向国际展览局申请在中国举办世界园艺博览会。1994年10月21日,前驻法国大使蔡方柏受中国政府委托,致函国际展览局,申明中国政府全力支持1999年北京举办世界园艺博览会。同年12月7日,国际展览局第116届大会在巴黎举行,时任国际展览局中国首席代表、贸促会前副会长刘福贵率中国代表团应邀出席。大会一致同意中国的申请。当北京有意让其他城市来举办这次园艺博览会时,面对20世纪最后一次园艺博览会,云南省政府当机立断,加入了申办城市的行列,并积极开展游说和沟通工作,大力展示云南独特的自然地理优势和庞大的旅游资源——蔚蓝的天空,清新的空气,独特的民族风情,引人入胜的自然风光。并且通过媒体的宣传,塑造了云南昆明"四季如春"的旅游卫生城市形象。公关工作取得了巨大的成功。1995年12月12日,国务院正式批准由云南省承办1999年昆明世界园艺博览会。1995年12月初,国际展览局第117届会员大会一致通过了同意1999年世界园艺博览会移址昆明举办的决议。

1999年中国昆明世界园艺博览会堪称宏大项目。云南昆明申办的理念是精心策划的"万绿之宗,彩云之南",既说出了云南的特点,又揭示

了世界园艺博览会的内容,精致巧妙的以世界园艺博览会为切入点进行旅游公关的策划。1998 年,云南省将奇花异卉搬到北京展览,引起世人的注意,为 1999 年的世界园艺博览会打下了良好的基础。

通过园艺博览会的申办、宣传,通过各个国家的参展和游客的参观,全国乃至全世界进一步认识、了解了中国和云南,云南也确立了一个旅游大省的地位。

点 评

　　云南昆明能够成功的承接到 1999 年世界园艺博览会的举办权,首先在于它的"当机立断"。当北京市有意让其他的城市承办时,昆明市在第一时间紧紧的把握住难逢的机会。然后精心恰当的推广了云南"万绿之宗,彩云之南"的优势内涵,大力宣传云南昆明蔚蓝的天空、秀丽的山水、独特的风情,获得了国务院的支持,顺利的说服了国际展览局的代表,成功的取得了园艺博览会的举办权。这不失为一个经典。

回味隽永

　　加强与世界的沟通与联系,促进相互之间的理解,是中国继续发展面临的一个非常重要的课题。而举办奥运会、世博会、APEC 峰会等世界性的重大活动盛会、重大会议则是向世界提供一个了解中国经济、政治、文化最好的窗口和平台。因此,申办、举办这些活动的政府公关活动就变得极为重要,也极为有意义。回顾上述那些成功的公关案例具有重要的借鉴意义。

第一,世界性的公关活动一定要准确地理解、把握、定位自身独特内涵,清晰地勾勒、描绘出与众不同的主题形象,扬己之长,避己之短。上海世博会就紧紧的抓住了世博会合适的主题,"城市,让生活更美好",引起了世界各国广泛深入地关注。最典型的莫过于雅典申办2004年第二十八届奥林匹克运动会,雅典在城市建设、政府支持、民众支持参与等方面均不占优势,政府和部分民众甚至反对雅典举办奥运会。但最终雅典却以较大的优势获得了第二十八届奥林匹克运动会的举办权,关键就是它推出的一个让人无法拒绝的主题,"奥运会回故乡",于是,辗转了104年之后,现代奥运会再次回到了自己的故乡。因此,准确的、独特的主题内涵将会起到事半功倍的效果。

第二,要凸现自己的优势,宣扬自己的优势,把自己的劣势转化为优势。中国人口众多,这对于申办活动、开展公关来说是一个巨大的优势,参与的民众数量越巨大,带来的影响越广泛深入,这是其他国家所无法比拟的。北京申奥成功的一个重要的原因,或者说巨大的优势,就是中国拥有众多的人口,拥有最高的民众支持率。何振梁说:"选择北京,你们将把奥运会第一次带到世界上拥有1/5人口的国家,让十几亿人民的创造力和奉献精神为奥林匹克服务。"政府的全力支持,民众的广泛参与,巨大的发展空间,这些都是中国的巨大优势所在,在进行国际公关时,能够充分的展示、利用这些优势,那么就能够有更大的机会获得成功。

第三,要充分的展示自己令人信服的实力。兵法有云,"不战而屈人之兵",这是战胜对手的最高境界,也是最有利的方法。实力,永远是第一话语权。成立于2001年的博鳌亚洲论坛是一个非政府、非营利的国际组织,论坛总部选择在中国海南博鳌,这是亚洲地区的一些国家的前领导人向中国高层领导提出的建议。他们认为,海南作为中国最大的经济特区,是中国深化与国际社会联系的实验区;海南省以建设生态省为目标,说明它当前和未来的发展重点是生态产业,这是亚洲和国际社会所看重的领域,符合世界经济发展潮流;海南博鳌是一个专门为论坛设计的集生态、休闲、旅游、智能和会展服务为一体的综合功能区,有着十分宜人的自然地理环境。这实乃最典型的"不战而屈人之兵"。在国际公关的过程中,一定要以强大的实力作为后盾,才能够立于不败之地。

总之,在国际公关的过程中,全面的整合各种资源,综合的运用各种方法,充分的突出自己的优势,深刻的挖掘自己的个性,全面的体现自己的实力,充分展示自己的魅力,成功将水到渠成!

第八篇

造声势 得民心

——广州市科技进步基金会公关传播案例

公共关系是信息传播、形象管理的科学和艺术。如今,大到国家、国际组织,小到学校和社团以及众多城市、企业及其他实体都在想方设法通过举办大型活动来打造声势,赢得民众支持。从广州市科技进步基金会公关传播等相关案例中可以看出大型活动公关成功的关键在于打造出夺人的声势,收获人心。

开篇导例

开篇之述:广州市科技进步基金会公关传播案例

1992年6月28日,广州成立了全国第一个科技进步基金会,并一跃成为当时全中国拥有基金数量最大的基金会。这一成功固然是一项综合协调的系统工程,离不开各级领导的正确决策和海内外善长仁翁的慷慨解囊,但关键是得益于"总体公关传播计划"的实行。这是一个大型、系列的、综合的总体传播计划,始于1992年3月,止于1993年6月,历时一年多,其间大小活动十余项,但始终贯穿一条明确的主线,即"公众的科技发动公众来扶持。"正是有这样的公关思想的支撑,使得这一公关传播系列计划为广州市科技进步基金会塑造了良好的组织形象,引起了广大民众的关注与支持,为募捐奠定了良好的基础。

首先,明确定位,科学决策。面对广州市各种基金组织开展的林林总总的募捐活动,突破市民的"心理疲劳",形成特色的宣传公关计划来打造声势是一个具有挑战性的高难度课题。基金会筹委会负责人清醒认识到当时的公关困境,明确定位活动要以特色产生轰动效应,并积极为策划出一个有效的公关传播计划做好准备。策划人员更是分头反复地做调查研究,采取了一系列的针对性明确的调研措施,如对在广州、香港、澳门等地区类似的活动逐一排列,分别分析其合理的因素,对科技进步基金会的优势与劣势反复的分析,从而研究对策,扬长避短。

其次,贯彻主题,广泛发动。为了真正地体现"公众的科技发动公众来扶持"这一主题,召开一个各方人士参加的咨询会,邀请新闻界、专业公关界、社科研究部门及市委、市政府有关负责公共联络部门的专家出席,广泛听取他们的意见,请他们出谋划策,并借咨询会造势,通过新闻发布会宣传推广,全面覆盖广大市民。在征集基金会会徽等基金会相关活动时,采用了专家与群众参加设计的两条腿走路的做法,从一般市民、商贾大亨到政府官员,从小学生到专家都被策划者"盯"着,并被动员到相关活动的参与中。由此不仅调动了公众的积极性,还造成了良好的宣传效果。

再次,匠心独运,加强宣传效果。为了提升公关层次,加大公关力度,精心组织了成立大会和隆重的开幕式,邀请市长讲话,隆重的气氛和高层次的规格加重了基金会在公众心理的地位,扩大了传播效应。为制造轰动效应,还围绕着"科技"这一关键词大做文章,专门组织了"世纪之光"大型电视直播文艺晚会。晚会最大的特点是几乎全部的节目,包括创作歌曲、相声、小品和舞蹈都是围绕科技做文章,突出科技这一主题,体现出十足特色。许多人都为这样的电视直播晚会所深深吸引。在取得了一定效果的基础上,进一步召开科技之春——百名书画家大挥毫活动和新闻发布会等,提高见报率,这些活动不仅得到了广东省公众的大力支持,还使得港澳地区知名人士慷慨解囊,如李嘉诚、李肇基、何鸿燊、林百欣、郑裕彤、胡应湘和郭炳湘等七位向基金会捐赠千万元。

最后,回报民众,提升宣传效果。策划者为了使活动获得完美的效果,在活动的尾声也进行了精心地策划,使基金会在民众心里扎住根,取得长期的公关效应。编印科技基金会的大型画册,这本画册是基金会的工作册、宣传册和鸣谢册,既是对公关互动的总结,进一步宣传基金会的宗旨,又提升公民的科技意识,回报热心支持基金会的人士。

开篇之论:赢得民意,收获民心

纵观广州科技进步基金会大型活动公关成功的始末,活动由始至终都在大造声势,吸引民心。如为提高活动的可信度,特意请政府做证人,通过媒体广泛征集群众的意见。为提升活动品位,拓展活动范围,请著名的画家作画,并对专家、群众、港澳知名企业家、大人、小孩等进行"全民总动员"。这些都是活动取得成功的关键。此外,广州市科技进步基金会公关传播案例的成功是与对民意的重视分不开的,无论是"请政府作证"、"全民总动员",还是大型画册回报参与的民众,都是以民众的认可为着力点,也正因为如此,活动才能在民众的广泛参与中赢得好评。

史镜今鉴

历史上，通过打造声势，树立自己的良好形象，收获人心，从而达到公关目的的案例不胜枚举。下面的几个小故事进一步体现了"得民心"的重要性。

这是一个关于田单苦撑败局，终复齐国的故事。田单，生卒年不详，战国齐国人，是齐国宗室田氏的远房族氏。当时齐燕交战，燕军打得齐军只剩下莒城、聊城和即墨三城，在国家生死存亡之际，田单接受了任命。

他先是派人到处散布谣言，说乐毅未能攻下齐国的最后三个城是别有用途：想收买齐民的心，自己立为王。刚即位的燕惠王见谣言纷纷，街谈巷议都这么说，果然大疑，就对乐毅不怎么信任了。这样燕国就没有了名将。同时田单调整了部署，加紧抢修工事，加强城防设施。一方面自己身先士卒，和士兵一起修筑工事，还把自己的妻妾编在军人的行伍之中，把自己的财产分给守城士兵。另一方面，为了提高士气，田单采取了许多措施和计谋：他下令城中人吃饭时先丢下一些米粒祭奠祖先，结果引来许多飞鸟。田单这时就扬言说这是神仙帮助他守城。他还找到一个士兵让他装扮成人不人、鬼不鬼的模样，与他商量好说他是世上未卜先知的神仙，同时把这个士兵好好供奉起来。田单每有重大决策都当着士兵的面向这个"神仙"请教，守城的士兵信以为真，即使有神仙相助，有上天的意旨，就必须服从，也定能取胜。

为了进一步鼓舞士气，田单还派人去燕军那里施反间计：说齐军最怕燕军割掉齐降军的鼻子，怕掘齐先人的坟墓。愚蠢的燕军信以为真，就把齐降军的鼻子割掉了，还掘了城外齐人的墓地，烧毁死人的尸骨。这样做的结果使齐人对燕军无不切齿的痛恨，反而加强了齐军的战斗力。

当田单得知燕惠王罢免了乐毅的兵权，任骑劫为燕将时，就对左右说："骑劫这个人我知道，粗疏不知兵，我们很快就能打败燕军。"为了进一步麻痹燕军，收到突然打击的效果，田单叫强壮的士兵埋伏起来，让老弱病残及女子守城。同时又派使者到燕军那里请降，还收集黄金千镒派人送给燕军将领，说即墨是守不住了，送黄金的目的是要燕将在城破之日

第八篇 —— 造声势 得民心

不要滥杀齐国将士的家族妻妾,保证平安无事,态度极为恳切。燕军将领大喜,真以为齐军不堪一击了,就答应在城破之日不滥杀无辜,同时松懈了斗志,放松了警惕。一切准备就绪后,田单利用千头牛作为前锋在燕军深夜睡大觉之时发起了总反攻。这千头牛都被披上大红色的绢布,画上五彩龙纹,牛角上绑着锋利的刀子,牛尾巴上绑了灌进了油脂的干芦苇。进攻之时,田单令人用火把芦苇点燃,牛尾被烧,牛痛的朝燕军狂奔而去。此时燕军正在睡梦中。当被五彩龙纹的火牛惊醒时,以为是妖魔鬼怪来了,吓得东奔西跑。跟在牛后的五千人乘机勇猛冲杀,城中的鼓噪声震天地,燕军大败溃退,主将骑劫被杀。齐军取得了胜利,并一鼓作气趁机收复了之前被燕军侵占的领土。

从这个故事中可以看到,田单几次大造声势:利用舆论,实施反间计时散布谣言;利用飞鸟大造神仙帮助他守城的声势,这样有利于巩固军心、团结民心一起抗战;利用一个士兵大造神仙权威决策的声势,这样士兵们才会绝对服从命令;利用黄金假降,造成一种不堪一击的声势,软化了燕军的战斗士气;利用装饰恐怖的火牛打造恐怖声势,击溃燕军的战斗情绪。在造势的过程中也等于收买了人心。田单收买人心的另一途径是身先士卒,和士兵同仇敌忾。比如和士兵一起修筑工事,把自己的财产分给士兵。甚至把自己的妻妾编在军人的行伍当中。正是公关策略得当,所以田单才会取得如此巨大的胜利。田单的这些策略为以后的军事家多次引用,几百年后的陈胜吴广起义也利用了鬼神来大造声势。

另外一个是姜太公钓鱼愿者上钩的故事。相传姜太公本来是一个身无分文的老头子,尽管胸怀韬略,然而社会地位低下,如同匹夫。一般有钱有势之人都瞧不起他,更不要说像西伯侯姬昌这样的一国之君了。那么他是如何给自己造势把西伯侯姬昌吸引到垂钓的江边的呢,又是如何取得西伯侯姬昌的信任的呢?

姜太公垂钓渭水,以此产生轰动效应。和一般人不同,他用一根线系上直针在水面上晃来晃去,针上也不挂诱饵之类的食物,而且离水面三尺高,一天到晚,头戴斗笠,坐在河边的石头上,手持竹竿在河面上舞动,说是钓鱼。有人问:"老头,你这是钓鱼吗?莫非你哪根神经有毛病?"姜太公道:"我岂止能钓到鱼,我还能钓到蛟龙。"有人问:"你钓了那么久,一条小鱼也未钓到。"姜太公笑道,"春天不到花不开,洪水不到龙不来。"旁人一听,莫名其妙,只得不住地摇头叹息而去。俗话说:反常为妖。对于姜太公这种反常的举动,周围的老百姓倍感稀奇,一传十,十传百,不久,连西伯侯姬昌也知道了。他问大夫散宜生:"听说渭水边有个奇怪的老头,你知道吗?"散道:"以直针为钩在水面上钓鱼,也许此老头有点来历。"

相传约公元前1030年秋天某一天,西伯侯姬昌率领一班人马外出狩猎,在渭水河畔的拜侯村见到姜太公。此次狩猎谁又敢说不是西伯侯早就设计好的拜访贤能之士姜太公的借口呢?看来姜太公的方法灵验了。姬昌道:"我等闲人,打扰老丈垂钓。"姜太公道:"大王不必过谦,我早知道您会来。你听:西北开门吉,甲子临丙奇,天生龙回首,贵人相似依。"姬昌一听,大喜,就与姜太公攀谈起来,史传姬昌听完后,大悦,对姜尚说:"你真有鸿鹄之志,经天纬地之才。我们家太公盼望你好久了。"所以姜太公又称太公望。姜太公这种造势之法后人也多用之,尤其在唐代,这种做法被称为"终南捷径"。

三刻拍案

拍案一 奥巴马的网络公关

许多人都将美国总统的选举当做政治新闻或娱乐新闻来看,殊不知每次总统选举都是一次成功的公关策略的运用。在这些获胜的总统选举中最令人们振奋的是2008年奥巴马的成功当选,不仅因为他是美国史上第一位黑人总统和首位非洲裔总统,更令人拍手称快的是他的公关手段——网络。

奥巴马利用网络这个最方便最快捷的媒体公关,不仅能够造更大的势,更能够为众多的"草根"阶层所了解,进而征服他们的心,获得他们的支持。下面我们来看一下这个美国历史上第一位黑人总统是怎样利用互联网来公关的。

我们知道如今美国已经成为一个网络化的社会,奥巴马的的劣势是没有背景,没有大财团的支持,那么怎样获得更多的竞选资金呢(其实也就是选民的支持)？聪明的奥巴马竞选团队瞄准了草根阶级，走了一条类似中国解放战争时所走的"农村包围城市"的道路，在公关上就是宣传战略。而网络化的美国社会则为这样的宣传战略奠定了客观基础。他的竞争对手希拉里及麦凯恩虽然也建了网站，却只是为了简单的宣传和民意调查，并没有系统的网络宣传计划，仍是将传统媒体作为竞选的主战场，传统工具的宣传力量肯定比不上网络。

奥巴马的团队对互联网的熟稔程度实在不亚于任何一家互联网公司。在他的竞选班子里，有专业的网络行家出谋划策。Facebook 网站的创始人之一克里斯·休斯(Chris Hughes)帮助奥巴马在 Facebook 建立竞选网站，成功吸引了 100 万的粉丝群，将对手远远甩在后面。

奥巴马还建立了自己的博客，并注重经营，总是在第一时间公布自己的观点和行程，成为公共关系的"第一窗口"。通过这个窗口与网民互动交流，将其鲜活的形象展示给公众，效果非常好。

他还将其他更多互动式的网络工具用于竞选宣传中，例如网络宣传短片、游戏、邮件系统等。在 YouTube(美国的一个著名视频分享网站)上，其竞选团队在一周内就上传了 70 个奥巴马的相关视频。这些看起来非常草根的网络节目内容朴实，更加亲切，显得平易近人，开拓了除电视媒体外的更广阔的广告平台。正如美国的一个选民所言，"我并不十分了解他，但 6 个月来，我每天都看到一则奥巴马的互联网广告"，网络的潜移默化影响让人不可小觑。

比如在和希拉里竞争党内提名时，当希拉里为竞选捐出 500 万美元时，网民们就喊出口号："我们要追上！"，不到一天就为奥巴马捐赠了足足 800 万美元。就是凭借这种优势，奥马巴最终获得了党内提名。接着，党内迅速建立了统一战线，注重网络宣传的奥巴马团队不忘把希拉里的个人网站也变成宣传奥巴马的重要渠道。

总之，奥巴马把网络这个传播工具的力量发挥得淋漓尽致，他娴熟地在互联网进行营销，精心策划的数码公关拉近了他与选民之间的关系，通过互动方式建立起良好关系，提高了选民的认知度、忠诚度和信任度，进而获得了大量草根阶级的支持，取得了总统竞选的成功。

 **点　评**

奥巴马的成功,既创造了网络公关的一个奇迹,又用行动告诉世界:得网络者得天下,失网络者失天下。不管奥巴马利用的是什么,有一点不可否认的是,奥巴马及其团体在利用一切手段大造声势,并且想法设法俘获普通民众的心,也就是深入民心,争取民众的支持,这才是奥巴马公关成功的理念所在。

拍案二　"爱心助飞梦想"——北京青年报大型慈善晚宴公益活动

《北京青年报》创刊于1949年3月,是一张以青年视角反映时代,面向社会最活跃人群的综合性日报,订阅量北京第一,是中国北方地区最厚的日报,是北方地区最具影响力的媒体之一。目前,正处于全面走向市场化经营的《北京青年报》,虽然已成功地初步打造了新型的报业产业链,但从报社未来集团化、产业化的长远发展考虑,保持并提升《北京青年报》这个品牌的知名度与美誉度,加强品牌的厚重感与亲和力势在必行。

鉴于此,《北京青年报》确定了中国首位慈善家李春平先生作为发起人,而本次活动定位在中国最具规模与影响的非商业性、纯慈善的公益活动。"爱心助飞梦想"慈善晚宴是现代慈善理念的精辟诠释,表现了《北京青年报》对社会的高度责任感与人文关怀。具体体现如下。

真情故事与精彩设计互动引起了广泛的关注。在本次慈善晚宴开始前,一经《北京青年报》报道之后,即引起社会各界广泛关注,政府主管部门、社会名流们给予了极大地帮助与支持。打进活动组委会的捐赠报名热线电话不断,许多人纷纷表示愿为慈善事业做自己力所能及的贡献,募捐集征工作火热进行,年龄最小的参会嘉宾是一名5岁的儿童,他开心地捐出自己的2 000元压岁钱。在设计整个晚宴流程的同时,高度关注前期的公众反应,并以此对晚宴的结构和流程进行调整和修订,把最感人故事和人物都聚集在爱心的舞台上。

现场活动的设计环环相扣,精彩不断。一是爱心见证:参会嘉宾在现场设置的一面活动主题爱心墙上签名后,再将自己的指印留在签到台的爱心手印泥上,让其更深刻地感受到对慈善事业支持的使命感;二是慈善晚宴启动仪式:现场邀请六位领导上台,接过六位由宏志班学生装扮的小天使手中的爱心瓶,为舞台上的梦想树进行爱心浇灌,使原本暗淡无光的梦想树顿时焕发生机(梦想树上灯光亮起),从而将现场嘉宾的心紧紧联系在一起,生动表达了慈善事业需要全社会共同来完成的深意;三是爱心采摘:通过主持人的现场感召,许多嘉宾积极登台摘取梦想树上的梦想卡,并进行捐助,使更多的人积极参与到帮助艾滋病患者和贫困高中生的行列中。李春平先生现场捐助的一百万元,更是提升了公众对慈善事业的积极性,在晚宴现场实现了第一个奉献爱心的小高潮;四是爱心拼图:通过现场嘉宾的齐心协力共同完成由"笑看未来工作室"提供的作品,形象表达了梦想的最终实现,除了需要爱心人士的帮助,更需要个人的努力,巧妙地突显出"爱心助飞梦想"主题中的"助飞";五是爱心义卖:改变过去的拍卖形式,让各位嘉宾依据个人实际情况进行爱心价格的填写,其更深层的目的是要告知现场嘉宾"义卖有价,爱心无价";六是爱心传播:通过现场设置直播间的方式,让晚宴现场的爱心情感在第一时间传播到社会的各个角落。这场开风气之先的慈善盛宴吸引了500位社会名流与精英的热情参与,也吸引了强势电视媒体的高度关注。同时电视传媒也将现场活动的一个又有一个的精彩呈现给公众。

此外,善款的落实见证了慈善组织和活动主办方公信力。本次活动的全部善款以一对一的方式进行损助,确保了每一份捐赠均落实到一位受助对象上,帮助其实现一个愿望。

点 评

媒体的自我公关,具有明显的优势。但这里赢得成功的关键还在于诚意赢得支持,即将善款一一落实到每一位受助对象当中去。这种做法大大提升了公众对慈善晚宴活动的信任度,树立了良好的社会形象,赢得了民心。品牌宣传的公关活动以真情的演绎来和真实的作为来开展,更具有说服力,更能赢得成效。

拍案三　匡扶正义，传播形象

中国康复研究中心是目前国内规模最大、康复手段最齐全、康复流程最规范，集医、教、研于一体的现代化综合性大型康复机构，是以康复医学为重点的、对残疾人进行全面康复的全国唯一的三级甲等康复专科医院。

随着改革开放的深入，中国康复医学事业的发展，中国康复研究中心渴望在更高层次上宣传自己的康复特色，提高知名度，扩大影响，以吸引更多的患者来院就医，争取在创造社会效益的同时带动医院的经济效益。而"唐胜利事件"则为康复中心提供了一个有利的机会。

1997年11月下旬，四川煤矿工人的女儿唐胜利去成都劳务市场寻找工作，被四川眉山县天涯夜总会老板以招收餐厅服务员名义诱骗做"三陪"接客，唐胜利宁死不从，跳楼致腰椎爆裂性骨折、脊髓严重损伤、腰以下完全瘫痪。"唐胜利事件"通过新闻媒体的报道，尤其是1997年12月27日《中国妇女报》在头版头条以《"唐胜利事件"惊蓉城》的特别报道，在全国引起轰动。人们在盛赞唐胜利的刚节烈举的同时，愤怒声讨黑老板及社会邪恶势力的丑恶行径，对唐胜利的伤情和命运给予极大地关注。

康复中心得知唐胜利的遭遇后，深为她宁折不弯的精神所感动，决定在她最困难的时候伸出热情的双手去帮助她。为了做好这次公益事件的公关，康复中心还专门成立了唐胜利康复联络协调小组。康复联络协调小组立即与《中国妇女报》社总编室取得了联系，进一步调查核实"唐胜利事件"的确凿性和来龙去脉。为稳妥起见，康复中心又通过长途电话与唐胜利正在住院的四川华西医科大学联系，详细询问了唐胜利的伤情和康复治疗上的需求。

康复中心经过认真研究认为：脊柱脊髓损伤康复治疗技术正是康复中心的优势，完全有条件和能力为唐胜利提供最好的服务，使其达到最好的康复效果。于是，康复中心迅速做出决定：正式邀请唐胜利姑娘到北京，破例免费为其进行康复治疗。此善举不但使家境贫寒的唐胜利万分感动，而且也得到了全国妇联等有关方面的大力支持。

唐胜利康复联络协调小组在唐胜利来京之前，精心撰写了《中国康复研究中心救助宁死不做"三陪女"的唐胜利》等新闻通稿，提前向新华社、中央电视台、人民日报等中央和地方20多家新闻媒体播发，引起了新闻媒体高度重视。各媒体均表示：安排得力记者，把唐胜利来康复中心当做重要事件采访。

第八篇 ——造声势 得民心

1998年1月6日是唐胜利抵京的日子,共有20多家主要新闻媒体的文字、摄影、摄像记者不顾刺骨的寒风,赶到车站采访。

中央电视台在唐胜利抵京当晚22点的《晚间新闻》节目中,率先播出了《中国康复研究中心救助川妹唐胜利》的新闻。从第二天起,新华社、《人民日报》、《中国青年报》、《法制日报》、《北京青年报》、中央人民广播电台、《北京日报》和《北京晚报》等中央和地方以及海外数十家媒体都以较大的篇幅在突出的位置上,以新闻消息、专题、通讯、特写、图片等形式,报道了中国康复研究中心救助宁死不做"三陪女"的唐胜利的消息。在这以后的日子里,这些媒体还不惜篇幅,持续地对康复中心救助唐胜利的动态,进行了"地毯式"报道。一时间,唐胜利来康复中心接受免费康复治疗的消息成为当时全国的轰动性新闻。

在唐胜利康复治疗的日子里,康复中心调动了最先进的康复手段、最精良的医疗护理班子、最现代化的康复设施、最好的医疗康复环境对她进行了全方位的医疗康复服务。四个月后,取得了显著的康复效果,使唐胜利终于离开了久卧的病榻,脚踏实地地站了起来,并能用拐杖步行,在很大程度上恢复了生活自理能力。

由于海内外各新闻媒体对唐胜利宁死不做"三陪女"的精神和中国康复研究中心免费为其康复治疗的善举给予了大量和深入地报道,在社会上引起了广泛反响,所以在唐胜利来京康复治疗的日子里,每天前来探望唐胜利的社会各界人士络绎不绝,康复中心和唐胜利本人收到了来自国内外社会各界数千封来信和大量的捐款及贵重药品。

救助唐胜利的善举不仅为康复中心带来了巨大的社会效益,还带来了良好的经济效益。据统计,从1998年初唐胜利入院后至今将近两年的时间里,前来康复中心就诊和住院的脊柱脊髓损伤患者比以往明显增多。

点评

回顾救助唐胜利的义举,固然是事件本身就足以撼动人心,引起关注。但利用媒体的借机造势,对事件进行广泛报道产生了良好的辐射效应,提高了人们对康复中心的关注度,宣传了康复中心的医疗水平、护理特色和先进设备,扩大了康复中心的影响,提高了人们对康复中心的美誉度和信任度。

回味隽永

通过对以上案例的总结分析，我们可以得到以下启发。

首先，举办大型活动，要善于打造声势。要选择适当的时间、地点和环境，借助媒体进行公关造势，为活动打造舆论氛围。造势要锁定公关的目标范围，这样才能集中力量，形成良好的效应。当大型活动的声势覆盖了公关范围以后，就能吸引受众的关注，引起连锁反应，产生轰动效应。尤其是公益性的大型活动需要来自各方面的关注和支持，就更要以声势夺人心，这样才能为活动的开展提供必要人脉。

其次，要使活动深入人心，取得公众的支持。还必须想公众之所想，有为公众、为社会服务的意识。广州市科技进步基金会公关案例就是一个很好的例子，它的整个策划都贯穿"公众的科技发动公众来支持"这一条主线。在征集基金会会徽时，活动采用了专家与群众参加设计的两条腿走路的做法。在活动的末尾还赠送大型纪念画册，回报支持这次活动的公众。大将田单的故事也是这方面的典型，田单为取得民心、军心，自己身先士卒和士兵一起修筑工事，还把自己的妻妾编在军人的行伍之中，把自己的财产分给守城士兵。正因为如此田单才能获得人心，取得广泛的支持，达到预定目标。

再次，要有创新精神。举办各种大型活动，只有创新的形式和内容才能吸引群众的"眼球"。不论是邀请知名人士以壮声势，还是举办各种精彩节目，都需要精心地策划，需要出彩。美国总统奥巴马的选举成功案例就是一个很好的说明。众所周知，以往要取得美国总统选举的胜利都要有大财团的支持，而奥巴马的成功却反其道而行之，走"农村包围城市的路线"——巧用互联网与普通公众广泛接触，俨然树立起平民形象。这样的选举不但成本小，而且更能深入群众，了解大众的心声，进而取得广大人民群众的支持。

最后,活动的策划要具有可行性。有时候,活动的策划很精心,很有新意,但缺乏必要的条件和土壤也是行不通的。所以策划者应根据举办方的实力量力而行。比如康复中心的救助义举,要建立在相关的设备条件和专业技术基础之上,否则,救助行为难以实现,反而容易引起负面效应。中国康复研究中心之所以敢于实施救助行为,不但是因为它有善心,而且还因为它具备了天时、地利和人和等各方面条件。中国康复研究中心位居祖国的心脏北京,媒体的宣传可以辐射全国,新闻传播容易到位,也能很快地聚集人心,及时得到高层人士的关注与支持,使其救助活动的公关效果更加显著。当然,中国康复研究中心所具备的专业技术和医疗水平也是这次救助活动所必不可少的基础性条件。正是因为全面权衡了主客观的条件才使得救助活动在全社会引起了广泛关注,取得了多赢的社会效应。

第九篇

公益公关，善举赢尊重

——TCL东南亚海啸国际救援公益公关活动

公益性大型活动因其具有公益性、文明性、利他性等特点而易被公众接受，社会的关注度和民众的参与率也很高，容易得到社会各界的广泛认可和好评，是诸多媒体不惜篇幅竞相报道的热点。这对于企业来说，是一种信誉和情感上的投资行为，易于在公众中产生良好公关效应，是单纯的广告宣传远远不能企及的。因此，在提高企业的知名度和美誉度，拓展企业生存的空间和发展前景方面，不愧是一种行之有效的公关手段。中国TCL集团股份有限公司在东南亚海啸国际救援公益公关活动中就为业界树立了一个经典的范例，把企业公益性大型活动的公关作用展示得淋漓尽致。

开篇导例

开篇之述:"雪中送炭显真情"——中国 TCL 公司东南亚海啸国际救援行动

2004年12月26日,一场突发的海啸席卷东南亚,瞬间造成数以万计的人死亡,数百万人无家可归。作为中国国际化企业的代表,TCL集团股份有限公司做出了最快的反应,TCL集团股份有限公司宣布自己要率先开展人道主义援助,并在全球范围内承担自己的国际社会责任。海啸发生的第二天,TCL集团股份有限公司在泰国、印度、马来西亚等地的分支机构就于当地率先发起救援活动,在第一时间内提供各种紧急救援。12月31日,广州注意力公关公司向TTE(TCL—汤姆逊电子有限公司)中国业务中心(即TCL多媒体业务中心)提出开展捐款的建议。TCL对此迅速做出了回复,开始从集团层面上启动了这次大规模的国际救援行动的诚意。

这次救援行动是一次国际性的公益救援活动。虽然面临着国际性公益事业经验的欠缺、国际资源整合能力偏弱、时间过于紧迫、国内公众态度不一等挑战,但是TCL公司全面整合各种资源,进行精心地策划和周密地安排,把整个救援行动分为三个阶段有序进行。第一阶段是东南亚本地救援行动,TCL集团股份有限公司东南亚当地分支机构向灾区难民提供援助;第二阶段启动"世界心"救援活动,整合全球资源,发动大规模的国际救援行动;第三阶段举行正式的捐款活动,TCL集团股份有限公司通过广州红十字会向印度、印尼、泰国等东南亚灾民捐款300万人民币款项。本着"速度第一"的原则,东南亚本地援助,救援资金紧急调拨,向红十字会捐款,公关宣传等行动齐头并进,以最快的速度实施这项国际救援行动。TCL集团股份有限公司在新闻发布、媒体报道等信息传播方面处理得非常的合适恰当,其一直保持着低调、简朴和庄重的姿态,表明TCL集团股份有限公司是全心真心地付出爱心,回报社会。

作为第一家以实际行动参与救援东南亚海啸灾区的中国企业，TCL的行动受到了国际社会、中国政府、公众及媒体的极大关注和高度赞赏，成功塑造了中国企业的国际公民形象，大大提升了TCL的国际信誉和地位。欧美和国内的主流媒体均对此做出了积极的反应和较高的评价。《美国侨报》、《联合早报》、《香港文汇报》、新华社和中央电视台等数十家境内外新闻媒体纷纷撰文报道TCL的"世界心"国际救援行动。自2004年12月31日起至2005年1月31日，媒体的宣传报道持续达一个月之久。媒体报道均出现在各主流报纸的重要版面上，大部分的主流媒体将TCL集团股份有限公司捐赠的报道与国家领导人捐赠的信息并列一版，有效地提升了TCL的品牌美誉度。这次国际人道主义救援行动令TCL品牌在当地的政府、投资者、消费者以及各大利益相关方层面建立起良好的信誉及口碑，赢得国际社会对TCL集团股份有限公司等中国企业乃至对中国的尊重，为其在国外的经营环境营造良好的社会舆论氛围。

开篇之论：公益公关　赢得尊重

在这次东南亚海啸救援行动中，中国TCL集团股份有限公司反应迅速，真心付出自己的爱心，启动"世界心"国际救援行动使中国TCL集团股份有限公司在全球范围内为中国企业赢得美好的声誉，树立了良好的国际企业公民形象，在东南亚地区树立了良好的口碑，赢得了广泛地尊重。

TCL集团股份有限公司启动"世界心"国际救援行动之所以能够获得巨大成功的原因，可以归结为以下几个方面。

第一，反应快，第一时间行动起来。2004年12月东南亚发生的海啸是一场严重的大灾难。在东南亚面临危机的关键时刻，TCL集团股份有限公司迅速反应，挺身而出，成为第一家以实际行动参与救援东南亚海啸灾区的中国企业，其行动受到了国际社会、中国政府、公众及媒体的极大关注和高度赞赏，大大提升了TCL的国际形象和地位。

第二，目标受众明确，媒体选择针对性强。活动的目标公众锁定为中国消费者、东南亚区域的消费者和投资者、中外的官员政要、发达国家的主流媒体记者以及全球社会的主流观察家与评论家等，参与活动的对象非常明确。活动的媒体选择上，都以国家级主流媒体和地方强势媒体为目标。因此，此次活动显示了较高的专业水准，使公关活动具有显著实效。

第三，定位准确，策略恰当。无论是公关活动传播的信息、内容以及表达的诚意也都恰到好处。TCL集团股份有限公司将人道救援放在第一的位置,突出了TCL集团股份有限公司作为国际企业公民勇于承担自己的国际社会责任的形象,向国内外的媒体简明扼要地传递TCL集团股份有限公司捐款的信息,并不刻意强调捐赠行为赢得良好的声誉。

第四,协调性好,执行力强。成功的大型活动需要有优秀地策划,也需要有出色地执行。TCL集团股份有限公司以良好的协调能力和强有力的实施能力,克服了时间紧迫,跨国界协调运作,集团内部资源调动大等挑战,取得了良好的活动效果。

第五,善于整合资源。TCL集团股份有限公司不仅有针对性地整合媒体资源对活动进行有效地传播,而且还充分地整合集团内部资源、社会资源和全球资源来支持灾区重建。TCL集团股份有限公司泰国分公司除了发动员工捐款和捐物外,公司每售出一台TCL彩电,即提取100铢泰币用于支持泰国灾区重建,巧妙地将个体捐助与集体援助、商业活动与公益活动融为一体。此外,整合全球资源,发动大规模的国际救援行动,充分体现了TCL国际企业公民形象及人道主义精神。

史镜今鉴

TCL集团股份有限公司通过对东南亚海啸受灾国家的援助,树立了企业自身良好的形象,获得民众一致赞叹的口碑,为企业的生存和发展拓宽了空间,充分阐释了公益性活动对企业发展的重要性。史海钩沉,翻阅古今中外的历史书籍都不乏这样精彩的例子。中国古语"慈能致富"、"财富与慈善相伴相生"等这些经商之道就是其精华浓缩的经典总结。

范蠡因立"诚信仁义"而致富。《史记》记载:"范蠡浮海出齐,变姓名,自谓鸱夷子皮,耕于海畔,苦身戮力,父子治产。居无几何,致产数十万。"范蠡能做到"居无几何,致产数十万"这与他的"诚信仁义"的经营之道紧密相连。范蠡一反商家精打细算的做法,一方面对待雇工十分慷慨;另一方面对百姓乐善好施,遇到灾年减产,就减免地租,遇大灾害时还开粥场赈济灾民,灾民听闻其乐善好施,千里之外都来投奔,领取施舍。由此,鸱夷子皮的名声也不胫而走。此外,范蠡十分讲究"诚信",例如范蠡在年初和一些农民、商人签订商品收购合约,到年底如果商品价格上涨,范蠡按照市场现价收购,如果价格下跌,就严格履行合约价格,由此,各国商人都愿意和范蠡做生意,工匠与农民也愿意为范蠡做工。表面看来,这样做吃些亏,但是范蠡却拥有了大量优秀的合作伙伴,使总成本降低很多。

范蠡经商的成功在于他深刻地认识到了商人获利的关键在于百姓(消费者)。范蠡常救民于"水深火热"之中,在关键时刻向百姓伸出援助之手,如在灾年,他通过减免地租、开粥场赈济灾民等慈善活动帮助灾民渡过难关,范蠡好善乐施之名也因此而传开。范蠡也因其好善乐施之名赢得了百姓的信任,也赢得了更多优质稳定的合作伙伴。

至于近代大名鼎鼎的"红顶商人"胡雪岩,其经商的传奇一生更是留下众多的事迹让人赞叹、让人回味。

由于拥有得天独厚的自然环境优势,浙江省一直是我国一个重要的药材产地,早在南宋时期,浙江的中医药业就很发达了,药店更是遍布天下。胡雪岩身处药店星罗棋布的浙江,不免受这种药文化的影响。到了晚清,时局动荡,战事频繁,每打完一仗,总是尸积如山,饿殍遍地,各地瘟疫肆虐。胡雪岩看在眼里,心中打定了救死扶伤的主意。早在清军镇压太平军和出关西征"捻军"时,胡雪岩就邀集江浙名医研制了"胡氏辟瘟散"、"诸葛行军散"等药品,送给左宗棠军营及陕甘豫晋等灾区,战乱平定之后,为了"广救于人",创办了胡庆余堂。

胡雪岩对于黎民百姓的艰辛深有体味,他在各地开设的药铺,有钱少收,无钱白看病白送药,而且还同湘军和绿营军达成协议,军队只要出本钱,就可以由他本人派人去购买原材料,召集名医,配金疮药等军队急需药品送到军营。左宗棠知道后,曾对人言:"胡氏为国之忠,不下于我。"太平天国运动被镇压下去后,朝廷重开恩科,一时间天下士子齐集于京,参加科举考试,由于时处夏季,加上许多士子连年操劳,身心俱疲,所以很多人都病倒。胡雪岩得知这一消息后,马上派人从远处运来各种药品、补品,并免费赠予患病的士子和秀才。这种做法受到了考官、士子们的交口称赞,胡氏义赠送士子药品的事也很快传遍天下,使天下人都知道浙江有个"胡大善人"。而朝廷也因他这一行为而赏了他一个三品官衔。光绪元年,胡雪岩雇人身穿印有"胡庆余堂药号"字样的衣服,在水陆码头向上下车船的客商免费赠送辟瘟丹等民家必备的药品,宣传胡庆余堂药品的药效,一时间,胡庆余堂的名字传遍江南诸省。三年多的时间里,胡雪岩仅施送药品一项就花去了10万多两银子。但这些银子在他经营胡庆余堂不久后就收回来了。胡庆余堂最终也发展成了江南最有影响力的药号。

胡雪岩是一个非常有战略眼光的商人,在胡庆余堂开业前后开展的一系列公益活动收到了很好的效果,树立良好的形象。他通过免费赠送免费为众人看病、送药等活动,获得了巨大的声誉,同时也获得了众人的支持和信任,促使其药店和药品得到了很好的宣传推广。胡雪岩的精明还体现在他善于选择宣传方式和宣传地点。在宣传方式上,采用免费赠送民家必备药品的方式宣传药效,更能赢得水陆码头商客的关注。在宣传地点上,选择水陆码头,人流量大,能获得更广阔的宣传范围。

胡雪岩还通过在家乡义办免费渡口的商业公益活动树立起以仁立业的形象,获得了美名。胡雪岩的家乡有条江,古称浙江,后改钱塘江,是浙江的第一大河,也是东南著名的河川。当时,江面宽达18里,每逢春秋多雨季节,上游水流湍急、疾驰直下,如离弦之箭,加上海潮涌入,形成"江潮",使得钱塘江的水文异常复杂,江中流沙多变,历来为航旅畏途。当时,钱塘江上还没有一座桥梁,浙江绍兴、金华等"上八府"一带的人经杭州城都要从西兴乘坐渡船,大望江门上岸。而当时杭州城还有一个著名的药号——叶德堂就设在望江门上,所以生意兴隆。而胡庆余堂设在河坊街大井巷,仅靠杭嘉湖等"下三府"的顾客光临,很少有"上八府"的顾客登门。胡雪岩为了解决两江旅客渡江困难,同时改变胡庆余堂的经营状况,决定在钱塘江投资兴建义渡,把码头"搬过来",让"上八府"的客商改道由鼓楼进入杭州城。码头修好后,胡雪岩又出资购买几艘大型渡船,不仅可以载人,还可以载牲畜及车辆,而且免费义渡。此外,还设有趸船,以便过客待渡,设有救生船,巡游江中,以备不时之需。这使得"上八府"的人物无不拍手称快,也使得胡庆余堂在"上八府"的顾客中的知名度大为提高。上八府的旅客改道从鼓楼进杭州城,胡庆余堂的地理劣势一下扭转了过来,自此,胡庆余堂的生意越发红火。真可谓"一石三鸟"之举。

对一个商号来说,要在竞争中生存,天时、地利、人和三个方面的因素都要具备,胡雪岩通过义办免费渡口这一公益活动进行公关活动,不仅扭转了胡庆余堂的地理劣势,还树立胡庆余堂的形象,达到了"人和"的效果,做到了"花一文钱要能收到十文钱"活动效果。活动本身具有鲜明的特点,首先,明确性。胡雪岩的目标是为胡庆余堂争取"上八府"的客商。其次,适切性。胡雪岩采取的活动方式适切、不脱离实际,义办免费渡口抓住了"上八府"客商的实际需要,解决了"上八府"客商的渡江问题,使他们渡江更省钱、更省力,更快、更安全,使他们切身感受到免费渡口带来的实惠,因此,胡雪岩的这一活动更能受到民众的欢迎和认可,同时也增加了胡庆余堂的客流量,提高了胡庆余堂的知名度及美誉度。

三刻拍案

在现代社会,企业、商业竞争异常激烈,一个企业、一个品牌的形象、名声、口碑关系到一个企业、一个品牌的生死存亡。企业公益性大型活动在企业的品牌提升、形象树立、美誉积累等方面发挥了重要的、不可替代的作用,因而越来越多的企业、品牌都开始或深入地关注和实施公益性大型活动公关。精彩的手笔、经典的例子层出不穷,缤纷闪烁。

拍案一　倡导文明、传递爱心——中国移动公益短信大赛

为了抵制不良短信,净化手机文化环境,发挥手机这种新兴传播工具的积极优势,中国移动公司主动响应国家信息产业部开展的"阳光绿色网络工程",组织举办主题为"倡导文明、传递爱心"的公益短信大赛活动。自2006年12月11日启动以来至2007年3月5日活动结束的为期还不足3个月的时间里,该活动的参与者超过350万人次,征集、转发短信达4 000多万条,影响超过1亿人次。短信大赛活动所得475万余元通讯费全部捐献给中国教育发展基金会,保证了活动的纯洁性、公益性。2007年4月18日,大赛捐赠暨颁奖仪式以新闻发布会的形式在人民大会堂举行,中国移动当场公开宣布公益短信大赛活动所得收益将作为"中国移动教育资助专项基金"的首笔款项,全部用于资助中国中西部贫困学生。同时,活动参与者的代表发表了"短信礼仪倡议书",为活动能够发挥更广泛、更深入、更持久的效果播撒下了种子。此后,中国移动还围绕着"公益"与"文明"两大主题进行了多层次、全方位地公关宣传,包括媒介传播、图书出版、文化研讨等多种模式、方式,这在社会上引起了巨大的反响,产生了积极的、良好的效应。

中国移动的这次公益活动取得了良好的效果,其中媒体主动报道近38万余字,中央电视台《新闻会客厅》、《焦点访谈》等名牌栏目派出记者分别对中央文明办、信息产业部、中国移动、评委、参与者代表进行了采访,并做成了专题报道,新华网、人民网也主动就此次活动的创新模式和积极影响组织网友在线讨论。媒体的广泛关注更是引发了全社会对于手机"文化"与"文明"的大讨论,并在全社会兴起了倡导文明、奉献爱心的风气,有效促进了手机短信的文化氛围朝着良性方向发展。中国移动由此获得了良好的社会声誉,获得了更多的团体、个体、消费者的认可和支持,对于它自身业务的发展起到了积极的重大的促进作用。

点 评

中国移动开展的"倡导文明、传递爱心"公益短信大赛活动,打破了以"爱心"为主题的单一活动模式,注入"文明"这一新鲜血液,并将"文明"与"爱心"相结合,形成"文明+爱心"的活动模式,使此次活动赢得多方的关注与支持,获得了良好的公关活动传播效果。

首先,引起政府的重视,扩大了活动的影响力。中国移动在中国政府积极鼓励建设"和谐文化"并强调充分利用各种新兴媒体做好舆论引导的背景下,以政府有关部门对不良短信广泛流传的高度重视为突破口,结合组织自身的特点,把握时机,充分发挥自身的优势,推出"倡导文明、传递爱心"公益短信大赛活动,以政府部门的关注焦点为活动的切入点,赢得了政府部门的重视支持,从而也扩大了活动的影响力。

其次,吸引媒体的关注,增强了活动的传播效果。中国移动在此次活动的宣传过程中首先赢取政府高层的重视和支持,提高了此次活动的档次和广度,引起了全国主流媒体的广泛关注和主动报道,把握住了"擒贼先擒王"的公关原则。同时,在活动开展过程中,中国移动通过举办以"文明"与"爱心"为主题的系列活动,积极"造势",引起了媒体的持续关注和报道,增强了媒体对活动的传播效果。此外,中国移动还采用了图书出版、文化研讨等方式进行多层次、全方位的公关宣传,使得活动的传播效果得到进一步的加强。

最后,提高公众的参与度,提升了活动的传播效果。中国移动在举办"倡导文明、传递爱心"公益短信大赛活动过程中,一方面利用自身的网络平台,通过向社会征集原创短信这种简单、方便的"新"传媒方式,与公众互动;另一方面提供一定的物质奖励,激发了公众参与的积极性,提高了活动的参与度,达到了广泛深入宣传该活动的效果。

中国移动能够成为移动行业的主导企业并一直保持良好的声誉,这与其秉承"正德厚生、臻于至善"的企业核心价值观息息相关。一直以来,中国移动在"村村通"、援藏、救灾、扶贫、教育以及环保等方面积极主动地承担起一些社会责任,为了使这种履行责任的行为更加系统化,中国移动成功的借鉴国际一流企业的做法,努力建立、完善企业全方位履行经济、社会和环境责任的规范体系,在社会公众中树立了良好的企业形象。

拍案二 爱心中国——安踏爱心中国行

在当前的市场经济体制下,民营企业的发展势头是十分迅猛的,民营企业已经成为中国市场经济一个重要的组成部分,成为市场经济一股重要的活力,其公益公关活动同样值得我们关注。1994年创办时仅仅是福建晋江的一家鞋子作坊。但短短的十几年时间,它已经发展成为中国最大的以营销为导向的综合性体育用品企业之一,集"中国驰名商标"、"中国名牌产品"、"中国质量免检产品"等荣誉于一身,其产品市场占有率、销售业绩连续多年居于全国同类产品的前茅。它的发展是引人注目的,它的公益性公关活动也具有很高的品位。

作为CBA职业联赛的合作伙伴,安踏一直希望通过爱心行动给民众传递一种"投资运动、奉献爱心、收获健康"的理念,用实际行动支持全民健身运动,让每一个人都能体会到体育运动带来的快乐。首先,安踏积极与CBA篮球职业联赛"联姻",开展爱心行动。2005年4月,由中国篮球协会、中国青少年发展基金会和安踏联合发起的"CBA与我共成长"公益计划——安踏爱心行动正式启动。作为CBA篮球职业联赛的主要赞助商,安踏是第一个积极响应的企业,捐赠了100万元人民币及价值200万元的安踏产品。其次,在公益项目的选择上注意与结合企业自身的特点并与企业文化理念紧密相连。项目的计划是募集资金用以援建希望小学、CBA希望图书馆、CBA希望体育室或篮球场等公益项目。2005年9

月份开学前夕,安踏向全国十省区捐赠价值100万元的50个"安踏希望图书馆"及50个"安踏希望体育室"。这次公益活动捐赠的物品包括青少年图书、书架、篮球、乒乓球和羽毛球拍等体育文化器材,目的是帮助贫困地区开展青少年体育文化活动。再次,在被资助对象的选择上,选取了社会上普遍关注的农村青少年。受赠的对象为50所农村小学,它们分布在福建龙岩地区、内蒙古乌兰察布盟、新疆喀什市、吉林九台市、湖北恩施市、云南思茅地区、广西柳州市、湖南怀化市、江西宜春市和河南信阳市等十个省市区。"让最需要的人得到帮助",安踏的这次公益活动得到了社会各界的广泛关注。从长远的角度看,安踏也是在争取企业的潜在顾客,这是一项长远的投资。事实上,长期以来,安踏一直都在大力的对公益事业进行巨大的投入、投资。十多年来,安踏赞助国内外体育、文化社会公益事业的累计资金超过3.5亿元人民币,树立和提升了安踏无私回报社会、积极主动履行企业的社会责任的良好的社会形象,为其品牌的发展拓宽了路子。

点 评

　　安踏始终秉承着"投资运动、奉献爱心、收获健康"的企业文化理念,坚持"绵绵不绝"、"'细水'长流"的爱心活动原则,自面市以来,结合产品的功能和定位,开展大规模、有效的、持续的公益公关活动,把产品的内涵——"运动"与"健康"的价值有效地传达出来,同时也提高了品牌的知名度、提升了品牌的市场美誉度,树立了良好的组织形象,使企业的品牌得到增值。

拍案三　蒙牛牛奶传递爱心　筑就"健康希望工程"

　　蒙牛乳业集团和安踏(中国)有限公司的发展有很多相似的地方。它们同样都是年轻的企业,却能够迅速的发展壮大起来,成为其行业的佼佼者。蒙牛乳业集团成立于1999年1月,仅仅十年时间,蒙牛集团就在全国15个省市区建立生产基地20多个,拥有液态奶、冰淇淋、奶品三大系列300多个品相,产品以其优良的品质荣获"中国名牌"、"民族品牌"、"中

第九篇 —— 公益公关，善举赢尊重

国驰名商标"、"国家免检"和"消费者综合满意度第一"等荣誉称号，蒙牛这个品牌成为中国最具价值的品牌之一。当我们探究蒙牛的发展路子时，我们绝对不能忽视其公益活动的作用。

"每天一斤奶，强壮中国人——中国牛奶爱心行动"，是一场旨在普及我国青少年尤其是贫困地区儿童饮奶的免费送奶大型公益活动。这项被誉为"健康希望工程"的大型公益行动是蒙牛乳业集团联合中国奶业协会、中国教育发展基金会、国家学生奶办等主管单位以及NBA关怀行动、联合国粮农组织、救助儿童会、联想、微软、华润万家、家乐福和肯德基等爱心合作伙伴共同发起和倡导的，由蒙牛为全国1000所贫困小学免费捐赠为期一年的爱心牛奶。在此过程中，台球王子丁俊晖、奥运跳水冠军肖海亮、NBA著名球星乔治格尔文等多位知名人士也相继加入到这一爱心阵营中来，并无偿出任"中国牛奶爱心行动"的爱心大使。

点 评

蒙牛集团举办的"每天一斤奶，强壮中国人——中国牛奶爱心行动"免费送奶大型公益活动，送的是"奶"，传递的是爱心，哺育的是祖国的未来，收获的是企业品牌和产品品牌的知名度和美誉度。此次活动最突出之处是选准活动的切入点。从公关宣传的角度看，准确的切入点是企业公关宣传活动成功的关键所在。公关宣传就是要抓住社会热点，策划和制造新闻事件，组织相关活动，以引起社会公众关注，并造成轰动效应，这是一种能迅速提高企业知名度的极其有效的公关手段。若能在公关活动中注入并放大"公益"因素，将获得提高知名度与美誉度的双重效果。蒙牛集团以温总理视察奶业工作时写下的留言——我有一个梦，让每个中国人，首先是孩子，每天能喝上一斤奶——为活动的切入点，发起"每天一斤奶，强壮中国人——中国牛奶爱心行动"免费送奶大型公益活动，以实际行动来表达对温总理梦想的积极支持和真心努力，表达了对中国孩子的关爱，对中国未来的关心。活动引起了很大的反响，吸引了许多爱心组织和爱心人士的参与。在活动方式的选择上，蒙牛采用的是直接送"牛奶"的方式而非送"金钱"的方式，这一举动对孩子们来讲，送去的不只是每天一包牛奶那么简单，更是健康的体魄、成长的希望和对未来的梦想，这远比送"金钱"的意义来的深远，因此也更能引起社会各界的关注。

回味隽永

在上述的案例中,不论是古代的商人还是现代的国际化大企业,在为社会做善举的同时也巧妙地向社会受众渗透了企业自身的善举形象,隐性地展开公关活动,这样不仅能打消公众对企业单纯广告宣传的厌倦心理,而且在既定的环境下加上媒体的宣传造势,让公众对企业的形象有了新的认识和评价。在当今竞争日益激烈的市场经济时代,企业组织的公益活动公关已经成为企业谋求自身生存和发展的重要一环。越来越多的企业组织都在为开展公益性活动公关摩拳擦掌,希望自身品牌能获得更为广泛的支持,为企业的生存和发展奠定良好的市场条件。对于企业自身来说,公益公关既向公众展示了勇担社会责任的风貌,又能提升企业品牌价值的含金量。因此,通过剖析、解读这些案例,便能从中品尝出其成功之道。

第一,目的的明确性。活动的目的应有助于增进公众对企业的了解,进而产生好感。公益性大型活动公关是企业组织通过公益活动当中展示企业爱心,表达慈善关怀的行为,是一种提升企业组织风范和形象的公关策略。因此,企业组织在开展公益性动公关时应把组织形象和品牌信息的传播巧妙地贯穿于活动过程,以达到预期的公关目标。

第二,范围选择的适当性。一方面,活动范围的选取要充分考虑到组织的经济承受能力,应以组织自身的经济实力和可能达到的目标为依据,开展规模合理、力度适当的公益活动,以避免组织不堪重负而陷入力不从心的处境。另一方面,在活动主题的选取上要紧紧把握活动主题与品牌的相适性、结合性,以提高宣传品牌的传播效果。

第三,对象选取的有效性。无论是受灾民众还是贫困地区的青少年,都是倍受社会关注和关心的对象,企业组织对这些对象的选取体现了企业组织与社会同呼吸共命运的精神,体现企业慈善情怀,同时向社会传递了企业组织乐于承担社会责任的信息,树立了良好的企业公民形象,提升了组织品牌和产品品牌的知名度和美誉度,从而达到塑造组织形象的目标。

第四,活动开展的时机性。谁抢占了先机,谁就赢得了开展公关活动的主动权。TCL集团股份有限公司如果没有有效地把握住"第一时间",即不能及时地把握住东南亚海啸灾害的第一时间,迅速做出反应,成为第一家为东南亚提供援救的企业。那么就会步人后尘,即使投入很多,但可能仍不能引起新闻媒介与舆论的那么广泛的关注和报道,活动的影响力也会大打折扣,达不到预期的效果。

第五,活动形式的"别具一格"性,即活动的创新性。企业组织应努力地设计出富有创意性的公益活动的表现形式,以达到信誉投资效益的最大化。活动只有展示出其独特性、创新性,才能避免千篇一律的、呆板的模式,焕发出活力,引起媒体和社会公众的更加广泛的、持久的关注,使活动效果值最大化。

第十篇

情感激励　凝聚人心

——福州市"十大名片"评选活动案例

　　人与人的交往，大都建立在心理认同和情感沟通的基础之上。美国心理学家曾说："人最本质的需要是渴望被肯定。"情感激励有助于人们产生快乐的心理体验和进取的人生态度，在公共关系中发挥着不可替代的作用。

开篇导例

开篇之述:"情感激励"下的名片评选活动

每个城市都有属于自己的城市文化、城市形象和城市气质。福州十大名片评选活动,是围绕"建设海峡西岸经济区,做大做强省会中心城市"大局,充分发挥福州"带头、带动、示范、辐射、突破"的功能,推动文明城市创建工作区域化、特色化的需要而开展的,其目的是要增强广大市民对"有福之州"的认同感和依恋感,激发市民建设家乡的使命感和责任感,这个活动对福州扩大影响力、提高知名度、提升文化品位,具有重要意义。

从背景来看,福州作为福建省省会,素有"海滨邹鲁"之称。自古以来就是中国对外开放的前沿窗口和国际贸易的重要口岸。它位于福建省东部闽江下游,东濒东海,与台湾隔海相望。1986年,福州被国务院定为国家历史文化名城。早在7000年前,福州就同黄河、长江流域一样进入了新石器时代,福州的先民们用简单的生产工具从事原始渔猎活动,并开始饲养畜类和从事简单的农业劳动,创造了具有地方特色的福州原始文化。2200多年的历史传承和文化发展,不仅为中华民族的灿烂文明贡献了应有之力,同时也形成了福州独特的城市内涵和文化瑰宝。

福州人杰地灵、贤才辈出,具有非常深厚的文化底蕴。如果在这些数不清的风流人物、说不完的坊巷故事、看不尽的山水奇观中,问谁最能代表福州?不但外地人茫然,很多福州人也很难说得清,以致"身在福(州)中不知福"!福州是我国沿海开放的省会城市,要在海西建设中"挑大梁、树形象、走前头",名片评选活动将不仅有利于对福州的文化资源做出总结提升,而且有利于更好地凝聚民心、展示福州形象。

从策划来看,第一,为体现活动的公开性、代表性,福州十大名片评选委员会办公室最终确定了名片评审团成员,负责评选规则、候选名片确定等工作。第二,"福州名片"评选委员会做好一系列宣传活动。名片揭晓后,评选委员会进一步提炼能够反映市民文化、城市精神和文化魅力的城市口号,使其成为一张福州市的"主名片"。第三,开展福州十大名片有奖征文、征联和摄影大奖赛、市民参与赢大礼等活动,加大对福州"十大名片"的宣传力度,进一步提升省会城市形象。第四,在媒体类型的选择上,重视平面媒体与电视媒体的组合,同时合理使用核心网络媒体。在评选活动中,广大市民及海外乡亲可以通过填写福州日报和福州晚报刊登的选票、登录福州新闻网、发送手机短信这3种形式参与评选。

名片评选活动的具体实施过程有以下部分。

(1) 2006年12月18日,"福州十大名片"推荐活动正式铺开。人们纷纷通过短信、电话、网络、信件以及自己到主办单位上门推荐等多种途径参与此项活动。评选名片热潮在福州人和关心福州的人们中产生热烈反响,据不完全统计,在"福州十大名片"评选推荐阶段,通过网络、信件、电话、街头签名、发短信等多种途径参与评选活动的逾80万人次,共推荐了508张提名名片。

(2) 精评细审千呼万唤亮出来。为充分吸纳普通市民参与名片评审,福州十大名片"评选委员会办公室确定了由15名专家学者和5名市民代表组成的20名评审团成员。他们当中既有大学教授、民俗专家、文艺界、社科界学者,又有有外来务工者、大学生。在参考了讨论结果后,评审团成员多次召开会议,就评审原则、分类、名称定位、推荐理由等问题进行了多种形式、认真而充分的讨论、评审,多次磋商之后慎重进行投票。最终按照影响力、美誉度、乡土特色性、持久恒定性等评选原则,于2007年2月25日在508张推荐名片中遴选出了40张候选名片。在整个评选过程中,除邀请市民代表监督、公证处现场公证外,相关媒体也进行了现场采访和公开报道。

(3) 2007年2月27日和3月31日,进行"40进20"、"20进10"两次票选。刊有"40进20"、"20进10"选票的《福州日报》《福州晚报》一经发行立即成为抢手货。一时间,"两报"纸贵。为方便市民就近参与活动,在三坊七巷、鼓山等风景名胜区,在东街口、中亭街等商业区,在大学校园、五一广场等人流汇集处,布置展台进行实地宣传,邀请广大市民推荐自己心仪的福州名片。此外,通过网络投票的人数也非常多,福州新闻网一度出现"爆棚"现象。据不完全统计,海内外通过报纸、网络和短信等多种方式参与投票超过36.5万人次。随后,评审团成员为福州"十大名片"的顺利产生进行着高效、认真、负责的评审工作。每次开会,气氛都非常热烈,如同一场场精彩的辩论赛。

（4）福州十大名片出炉。经过四个多月的海选，2007年4月28日福州十大名片正式出炉。这十大名片为：三坊七巷、马尾船政、林则徐、三山两塔一条江、鼓山、闽剧、温泉、寿山石、昙石山文化遗址、青云山。它们涵盖了福州政治、经济、历史、文化生活的各个领域，是福州滨江滨海城市性格的高度概括。

（5）"五个一"系列宣传活动。活动具体包括：出版一期"十大名片"珍藏专辑、编印一本"十大名片"画册、举办一场"十大名片"摄影展、编写一本"十大名片"乡土教材、发行一套"十大名片"纪念明信片就是其中的重要组成部分。名片揭晓后，评选委员会将进一步提炼能够反映市民文化、城市精神和文化魅力的城市口号，使其成为一张福州市的"主名片"。十大名片的有奖征文、征联和摄影大奖赛等活动得到了市民的热烈回应，应征作品纷至沓来。在热心的参与者中，最大年纪82岁，最小年纪11岁。此外，由福建省作协、《福建文学》杂志、福州市委文明办、福州日报社组织发起了福州十大名片采风活动。省知名作家们用一篇篇隽永优美的诗文，营造良好的宣传氛围。

再看效果评估，此次名片评选，是市民共同对福州"家底"作的一次全面盘点，也是对自身的城市知识的一回普及。市民数百万次的精心选择，最终凝聚成了"福州十大名片"。十大名片的评选活动，是福州人"艰难"而自豪的宣传福州、展示福州、凝聚民心的过程，它势必增强广大市民对"有福之州"的认同感和依恋感，对福州扩大影响力、提高知名度、提升文化品位，具有重要意义。

开篇之论：情感激励产生聚光效应

福州沿海外向的区域特色和渊源流长的历史底蕴，形成了它开放博大、兼容并蓄以海洋文明为显著特征的城市人文底蕴，其所孕育的闽都文化品牌也各有特色。评选出的"十大名片"，相当于为福州市文明建设寻找到了新"座标"，它既唤起了市民的责任感，也为宣传福州找到了一个"支点"。福州市采取以"名片"带动文化品牌的发展策略，一方面，可以带动实体经济发展，另一方面可以提升城市软实力，藉此打造经济、文化协调发展的宜居城市。

首先，依据"十大名片"的"聚光效应"，实现"1+1＞2"的文化品牌提升。评选活动结束后，通过加大对"十大名片"的宣传力度，并且将部分名片产业化，一方面，可以大力发展福州的城市旅游业；另一方面，可以发展创意和生态产业。总之,有了城市文化统领性的"十大名片"的"聚光效应",其他文化资源都可以在"十大名片"的辐射带动下增光添彩,以此整合相关资源,打造城市的文化资源链,实现"1+1>2"的品牌提升之效,真正塑造出福州的总体城市形象和整体城市品牌。

其次,"情感激励",凝聚民心。市民因关心而思索,由讨论而得真知,这确是自学互教的好机会。在初选出的 400 个基础项目名片选投阶段,街谈巷议,人们说的是同一话题;户争室辩,人们为坚持已见,说服对方,不惜唇舌敝焦。广大市民之所以乐此不疲地参与评选,皆因爱故乡以争胜负,为桑梓而论短长,关注背后是对家乡深深的爱。说到底,市民踊跃参与活动的内在驱动力真正来自于"谁不说俺家乡好"的"情感激励"。而打造出的这一张张金子般的具有地方特色和永久魅力的名片,无疑是提高福州城市核心竞争力的重要内容。

史镜今鉴

人性中最大的弱点是什么?是感情。中国有许多古话,如"礼轻情义重","士为知己者死,女为悦己者容"……这些都是"情感效应"的体现。领导者大都深知其中的奥妙,不失时机地对下属及其周围人给予关怀,对他们作感情投资,往往能够起到异乎寻常的激励效果。

吴起是战国时期著名的军事家,也是中国历史上战功辉煌的"战神"之一。他一生经历 77 次战役,从未有过一次败仗。最神的是,不管多么差劲的军队,只要到了他的手下,马上变成虎狼之师。这固然和他的军事才华分不开,但也得益于他特别懂得对自己的士兵作感情投资,深受士兵爱戴。有一次,有个士兵身上长了脓疮,作为统帅的吴起,竟然亲自为士兵吸吮脓血。全军上下都感动极了,唯有这个士兵的母亲却号啕大哭。大家不解:"将军亲自为你儿子吸脓疮,这是多荣耀的事呀,你哭什么呢?"这位母亲说:"你们哪里知道,当初吴将军也对孩子的父亲特别好,结果打仗时,他父亲总是冲锋在前,最终战死沙场。现在我儿子又受了这样的恩惠,肯定也会誓死效忠,看来这孩子也活不长了!"

这就是"感情投资"的激励效果！"一将功成万骨枯"，没有这些卖命的士兵，哪来的千古名将？所以，优秀的统帅都懂得激励士兵，在将士身上做感情投资。正所谓：细微之处见真情，高高在上、颐指气使，不懂得换位思考，不善于体谅他人的领导，不仅不能够赢得下属的尊重，反而会增加他们的反感，使他们产生逆反心理。相反，能有效进行心理沟通，使下属在情感上认同领导权威，则有种于和谐人际关系和团队战斗力的形式。

蒋介石也特别善于用感情投资来笼络部属。他有一个小本子，里面记载着师以上官员的字号、籍贯、亲属的信息及一般人不大注意的细节。他经常请那些高级将领们到家里吃饭，这种家宴方式让人觉得特别亲切。对于那些特别重要的爱将，蒋介石对其父母的生日也用心记得很准。雷万霆在调任他职时，蒋介石召见了他，说："令堂大人比我小两岁，快过甲子华诞了吧！"雷万霆一听，眼泪都快流出来了，激动地说："委员长日理万机，还记得家母生日！"蒋介石说："你放心地去吧！到时我会去给她老人家过生日的。"雷万霆从此对蒋介石死心塌地。

作为组织的领导者，只有赢得下属的拥戴，才能调动他们的积极性，激发他们的无限潜能。松下幸之助曾经说过："最失败的上司，就是那种员工一看见你，就像老鼠见到猫般没命地逃开的上司。"他每次看见特别辛苦的员工，都要亲自为他泡杯茶，说："太谢谢你了，你辛苦了，请喝杯茶吧！"不要小看这些小动作，它就像"毛毛细雨"一样，灌溉着员工的心灵，促使下属会像禾苗一样生机勃勃，茁壮成长。这要求领导要勤做功课，能在许多看似平凡的时刻，在细小的事情上与下属沟通感情。

三刻拍案

拍案一 "情感激励"凝聚人心

松下公司的电器产品在世界市场上早已闻名遐迩，公司创始人松下幸之助被海内外企业界誉为"经营之神"，他经过常年观察研究后发现：

第十篇 ——情感激励　凝聚人心

按时计酬的职员仅能发挥工作效能的20—30%,而如果受到充分激励则可发挥至80—90%。于是松下先生十分强调"人情味"管理,运用合理的"感情投资"和"感情激励",即拍肩膀、送红包、请吃饭。

拍肩膀。车间里、机器旁,当一个员工兢兢业业、一丝不苟操作时,常常会被前来巡视的经理、领班们发现。他们先是拿起零件仔细瞧瞧,然后会对着你的肩膀轻轻拍几下,并说上几句"不错"、"很好"之类的赏识话。

送红包。当你完成一项重大技术革新,当你的一条建议为企业带来重大效益的时候,老板会不惜代价地重赏你。他们习惯于用信封装上钱款,个别而不是当众送给你。对员工来说,这样做可以避免别人,尤其是一些"多事之徒"不必要的斤斤计较,减少因奖金多寡而滋事的可能。

请吃饭。凡是逢年过节,或是厂庆,或是职工婚嫁,厂长经理们都会慷慨解囊,请员工赴宴或上门贺喜、慰问。在餐桌上,上级和下属可尽情唠家常,谈时事,提建议,气氛和睦融洽,它的效果远比站在讲台上向员工发号施令好得多。

建立"提案奖金制度"。公司不仅积极鼓励职工随时向公司提建议,而且由职工选举成立了一个推动提供建议的委员会,在公司职员中广为号召,收到了良好的效果。公司对每一项提案都予以认真的对待,及时、全面、公正地组织专家进行评审,视其价值大小、可行性与否,给予不同形式的奖励。即使有些提案不被采纳,公司仍然要给以适当的奖赏。

更令人叫绝的是,为了消除内耗,减轻员工的精神压力,松下公司公共关系部还专门开辟了一间"出气室"。里面摆着公司大大小小行政人员与管理人员的橡皮塑像,旁边还放上几根木棒,铁棍,假如哪位职工对自己某位主管不满,心有怨气,你可以随时来这里,对着他的塑像拳脚相加棒打一顿,以解心中积郁的闷气。过后,有关人员还会找你谈心聊天,沟通思想,给你解惑指南。久而久之,在松下公司就形成了上下一心、和谐相容的"家庭式"氛围。在与国内外同行竞争中,松下公司的电器产品总是格外受人青睐。

点 评

　　一个能够取得卓越成就,并能长久保持竞争优势的企业、公司和其他组织机构,靠的究竟是什么法宝?透过"经营之神"松下幸之助及其所创办的松下电器公司的发展历史,就内部公共关系活动而言,可以带给我们这样一些有益的启示。

　　(1) 重视中基层员工的物质需求。新加入的员工,一般是处于基层,年轻而有抱负,准备结婚、买房、成家立业,经济负担比较重,对物质的需求比较高。他们重视的是有竞争力的薪酬水平及广阔明朗的职业前景,需要的是上级对他们能力的肯定。根据马斯洛的需要层次理论,人的行为动机起源于五种需要,它们形成了一个由低到高的发展过程,但这一过程并不是一种间断的阶梯式的跳跃,而是一种连续的、波浪式的演进。一般来说,当较低层次的需要相对得到满足以后,较高层次的优势需要才会出现。

　　(2) 重视高层员工的情感认同。在企业高层中,薪酬激励已经不是他们首要关心的问题,他们更看重自身价值的最大化,希望有不断超越和达成目标以后的成就感。"士为知己者死",高级管理人员基本上处于生活、事业的顶峰,物质的吸引力对他们已经不大,他们重视的是别人和社会的认同、尊重和较高的社会地位。一旦有人可以满足他们的心理、情感需求,他们就会将自己的经验与聪明才智贡献出来。同样,福州"十大名片"评选活动民众之所以能够积极回应、广泛参与,正是因为福州人对家乡深厚的文化底蕴、优越的人文自然资源怀有强烈自豪感和自信心,同时怀有展示家乡、宣传家乡的使命感和责任感使然。"谁不说俺家乡好"——福州人评福州,体现了大众参与的责任意识——让市民对城市文化进行思考和重新认识,相当于接受了一次难得的教育。评选出的"十大名片",不仅可以让福州人重新认识自己的家园,也能让外地人更好地了解榕城,造就出文化产业繁荣发展的景象。福州市民正是在这种"情感激励"之下,难怪会热烈响应、积极参与了。

拍案二 希尔顿的"微笑服务"

美国希尔顿旅馆创立于 1919 年,在 90 年的时间里,从 1 家扩展到 100 多家,遍布世界五大洲的各大城市,成为全球最大规模的旅馆之一。希尔顿订出他经营旅馆的四大信条:微笑、信心、辛勤、眼光,他要求员工照此信条实践。在工作中,员工即使非常辛劳也必须对旅客保持微笑,就连他自己都随时保持微笑的姿态。

希尔顿总公司的董事长唐纳·希尔顿在 50 多年的里,不断到他分设在各国的希尔顿饭店、旅馆考察业务。他写的《宾至如归》一书多年来被希尔顿员工视为"圣经",而书中的核心内容就是:"一流设施,一流微笑。"希尔顿的资产从 5100 万美元发展到数百亿美元。希尔顿饭店已经吞并了号称"饭店之王"的纽约华尔道夫的阿斯托利亚酒店,买下了号称为"饭店皇后"的纽约普拉萨饭店,名声显赫于全球饭店业。

1930 年是美国经济萧条最厉害的一年,全美国的饭店倒闭了 80%。希尔顿饭店也一家接着一家地亏损不堪,一度欠债达 50 万美元。希尔顿并不灰心,他召集每一家饭店的员工特别交代和呼吁:"目前正值饭店亏空靠借债度日时期,我决定强渡难关,一旦美国经济恐慌时期过去,我们希尔顿饭店很快就能出现云开见日的局面。因此,我请各位注意,万万不可把心里的愁云摆在脸上。无论饭店本身遭遇的困难如何,希尔顿饭店服务员脸上的微笑永远是属于饭店的。"事实上,在那纷纷倒闭后只剩下 20% 的饭店中,只有希尔顿饭店服务员的微笑是美好的。经济萧条刚过,希尔顿饭店系统果然领先进入了新的繁荣期。希尔顿紧接着充实了一批现代化设备。此时,他到每一家饭店召集全体员工开会时都要问:"现在我们饭店已新添了第一流设备,你觉得还必须配备一些什么第一流的东西使客人更喜欢它呢?"员工们回答以后,希尔顿笑着摇头说:"请你们想一想,如果饭店只有第一流的服务设备而没有第一流服务人员的微笑,那些客人会认为我们供应了他们全部最喜欢的东西吗?如果缺少服务员美好的微笑,正好比花园里失去了春天的太阳与春风。假若我是顾客,我宁愿住进虽然只有残旧地毯,却处处见得到微笑的饭店。我不愿去只有一流设备而见不到微笑的地方……"正是依靠"一流设施,一流微笑",希尔顿"旅馆帝国"覆盖了全美 50 个州、遍布世界五大州。也正是"一流设施,一流微笑"的经营要略,使希尔顿成功地推动了世界旅馆业的国际化、现代化的发展进程。

点 评

希尔顿旅馆生意如此之好,财富增加得如此之快,其成功的秘诀之一就是服务人员的"微笑的影响力"。在这个案例中,希尔顿旅馆正是依靠"微笑"这种简单、容易、不花钱而行之长久的办法吸引顾客,使希尔顿的事业蒸蒸日上。与案例中"微笑"的影响力有异曲同工之妙的当属福州评选出的"名片"了,通过对"城市名片"的"评"达到了对历史文化的"品"。这样,单纯的"名片"就变成了一个文化资源链,城市的整体品位和功能无形中得以大幅提升,从而达到对福州城市资源特别是文化资源的挖掘、盘整、分类、归纳、提升、包装、打造和展示。岂不妙哉!

回味隽永

在以上提到的福州城市名片评选案例中,福州市委市政府借评选出的"十大名片",通过整合资源,打造文化资源链,带动了相关产业的发展,实现了城市品牌提升之效。这个成功案例带给我们以下启发。

心理学认为,激励是指持续激发动机的心理过程。人的行为是由动机支配的,而动机又是由人的需要所引起;需要产生动机,动机驱使着人们去寻找目标。好的激励方式可以产生强大的外溢效应,使得受激励者的周围人群都感受得到这种激励所带来的温暖与感召。这种人性化的激励方式是在公关客体心理需求基础上做到以情动人,以心感人。在实际工作中,物质激励和精神激励各有侧重,应因时、因事、因人制宜,要根据这种运动变化的复杂情况,搞好两种激励的有机结合,并各有侧重,切忌

"单打一"。在福州城市名片的评选过程中,如果说那些"大礼"满足物质层面的需求,那么,情感激励措施则满足了市民心理层面的需求,二者的完美配合,才产生了凝聚民心的实际效果。

  福州十大名片,是海峡西岸省会中心城市精气神的一种凝聚。福州的自然生态、文化传承和地理定位独具特色,名片评选之后,应该加大对"十大名片"宣传力度,并且可将部分名片产业化,一方面大力发展旅游业,另一方面发展创意和生态产业,发挥其辐射和增值功能,带动相关产业发展。这样,福州能在众多城市中,闯出一条适合福州城市发展的道路,让更多的人关注福州、了解福州,藉此打造出一个经济、文化协调发展的宜居城市。

第十一篇

沟通无极限　公益易实现
——WWF"城市熄灯一小时"活动上海站公关案例

随着市场经济的发展和公民意识的觉醒，第三部门（非政府组织或者非盈利组织）也随之壮大，在社会工作中发挥着越来越大的作用，产生越来越广泛的影响。然而，第三部门不同于政府，它既没有国家强制力作为后盾，也没有相关的行政资源可以利用，缺乏权威性。在现实中，第三部门对活动的成功运作往往离不开与政府之间的沟通和合作，取得政府的信任和支持，才能获得在社会上开展大型活动的有效资源，以更具说服力的形式开展活动。

开篇导例

开篇之述：世界自然基金会"城市熄灯一小时"活动上海站公关案例

世界自然基金会（WWF）制定了一个目标，希望能够促成全球1 000座城市在2009年3月最后一个星期六晚上熄灭"不必要"的灯光，借此向即将参与新一轮气候变化大会的与会各国传递信号。为了将上海那些五彩缤纷的灯光暂时关闭一个小时，王利民主持的WWF上海项目办公室忙活了3个月。在众多公关工作中，最艰巨的部分无疑是与政府的沟通。根据以往经验，要让政府参加有非政府组织牵头的活动是具有一定难度的。尤其是像上海这样一座素以"不夜城"闻名的东方大都市，熄灯既涉及群众生活和社会秩序的方方面面，又涉及一个严密和交叉的管理系统，涉及了职能划分中包括发改委、环保、市容绿化、规划、旅游、供电和灯光控制等部门。

在此前后，WWF的全球总部和中国分部已经分头向上海市方面吹风。他们请求"一小时"项目的首发城市悉尼市市长与上海市进行官方沟通，帮助他们传递希望上海能够接纳"一小时"活动的信息。WWF与上海市高层的接触得益于他们之前已在当地打下一个稳固基础。在WWF的信件传递到上海市主管副市长的案台上之后，经过慎重考虑，副市长将信件批转到"相关负责部门"，要求各事涉"关灯"的职能部门展开调研，提供决策参考所需依据。在调研中相关部门就发生了不同意见，甚至有反对意见。举例来说，上海市旅游委就提出异议，认为景观灯光本身是旅游观光活动基本内容之一，大上海、不夜城——这几乎成为人们对于上海的重要认知，关闭景观灯不符合上海大都市的形象。

后来，WWF提出了新的观点，"你可能要把熄灯当做一个新亮点推出来，要把大上海变成浪漫城、时尚城，不能再提不夜城了。"王利民说，"我们不是要把整个上海（的灯）给灭掉，只是关掉景观灯。"考虑到"城市熄灯一小时"对政府节能减排的宣传效应以及关闭景观灯一小时的可行性,上海相关部门最终同意了方案。3月24日,上海市外事办正式给WWF上海办公室一个礼节性回函,确认上海市4天后将正式参与一小时活动。同时由上海市委宣传部面向社会公开发布消息。

开篇之论:协调沟通是关键

本案活动的最终实施,一语谓之,在于各方全面的、良好的沟通交流,达到了相互理解、相互谅解,促使各个部门相互支持配合。第三部门要推行一项全民行动是很不容易的,然而世界自然基金会却用行动告诉我们,只要方法得当,坚持不懈,完全可以使自己开展的活动得到政府的支持。

第一,协调各部。作为中国代表性的城市,上海五彩缤纷的装饰灯是其繁华的展示形式之一。要熄灯一小时就涉及许多部门,要使"一小时项目"得以实现,就必须协调与各部门的关系,让这个项目得到他们的理解。只有得到他们的理解,才有向政府递交专门文件展开进一步沟通合作的可能。假若事先没有在各部协调,即使政府主管领导同意取证研究,也会因为相关部门的不理解和异议而无法实施。

第二,沟通高层。该项目能得到政府进一步考虑的一个重要原因就是他们寻求了政府高层的帮助。在全球总部和中国分部的沟通联系下,"一小时"项目的首发城市悉尼市市长与上海市进行官方沟通。由悉尼市政府出面与上海市政府进行官方沟通显示了该项目的权威性和重要性,有利于提升上海市政府对此项目的重视程度。当然,第三部门在平时的工作中就应当注意与政府高层领导的沟通,建立其良好的互动合作关系,积累必要的人际关系和组织资源,做到有备无患。

第三,方法灵活。素有"不夜城"之称的上海市要关闭景观灯一小时是很多上海市民和旅游者所不能接受的。一个小时对于中小城市的普通民众来说也许不是很长,但是对于快节奏的整个上海来说却是一个比较漫长的。习惯生活于五彩缤纷夜景中的市民突然要面对漆黑的上海,心里肯定不适应,要使该项目能够实施就必须改变他们的观念。于是WWF(世界自然基金会)提出,在政府的节能减排政策下,不能再抱着大上海、不夜城的观念不放,"而应当做一个新亮点推出来,要把大上海变成浪漫城、时尚城,不能再提不夜城了。"

第四,化解矛盾。一个活动得不到其他部门的支持配合,往往是由于利益或观念上的冲突导致的,这时公关人员就必须找到缓解冲突、化解矛盾的方法,促使工作继续进行。比如案例中旅游部门就考虑到上海形象和旅游的效益问题,如果世界自然基金会不重视这一冲突,只提出自己的看法,那么旅游部门就不一定能被该组织说服,也就无法接受该项目。因此,第三部门与政府沟通时要考虑到政府的立场,尽量找出对双方都有利的方法,适时调整计划方案才可以使目标有实现的可能。

史镜今鉴

从上面的案例中我们认识到搞好第三部门与其他部门的公共关系是完成其组织目标的一个关键点,我们可以通过以下的案例来总结这方面的经验。

中国红十字会是从事人道主义工作的社会救助团体,自清末至今已愈百年。抗日战争至新中国成立前,中国举办过三届红十字周。这三届红十字周被正式确定为中国红十字会法定的宣传周、征募周。与纪念世界红十字日的活动相比,红十字周的宣传活动持续时间较长,宣传形式也更为多样。红十字周的目的主要有三,即扩大宣传、征求会员和募集捐款。

1946年,为使红十字周正规化,由关颂声提出的《请明定十月一日至十日为中国红十字宣传周案》在中国红十字会第一次常务理事会上通过。10月1日,各地举行了形式多样的宣传活动,以南京为例,可见当时红十字周活动情况之一斑。南京分会的征募活动于9月12日正式开始,时间为一个月。征募总队长由当时的南京市市长马超俊担任,同时聘请了各机关领导参与。10月1日至10月10日举行了丰富多彩的宣传,第一天为新闻日,第二天为广播日,第三天为教师联谊日,第四天为康乐活动日,第五天为征募日,第六天为音乐日,第七天为妇婴运动日等等。经过红十字周的扩大宣传,更多的人了解了红十字会的性质、任务和工作,扩大了红十字的影响,征募运动更加活跃,扩大征求取得了显著的效果。

为什么红十字周在战争环境和经济衰败的客观条件限制中还可以举

办得如此的成功呢?

首先,本次活动得到了中国红十字会内部人员的充分重视。为了使本次大型活动能取得成功,特将此提案在常务理事会上通过。这就使得红十字周正规化,提升了红十字周的地位,也使工作人员在思想更为重视,增加了红十字会工作人员的工作积极性。这就做好了内部的宣传工作,也就是做好了内部人员的沟通工作。

其次,本次活动做好了与民众的沟通活动。此次活动的时间长,形式多样。活动共举行10天,使红十字会有足够的时间进行各种宣传活动。在宣传方式上,利用了当时的报纸、广播等媒体来宣传红十字会的事业和活动;在活动对象上,特别针对教师、妇女和儿童举办了不同形式的宣传活动。在活动的形式上,开展了联谊会、露营活动、音乐会、健康竞赛和慰问等多种多样形式的活动。本次大型活动在与民众的沟通中运用了不同方式,针对了不同群体,做到了较好的沟通,实现了本次活动的预期效果。

再次,本次活动做好了与政府部门的沟通工作。此次活动邀请了当时的南京市市长参加,还邀请了南京市各级领导参与,这不仅完成了第三部门与政府的沟通,也无形中扩大了本次大型活动的影响力,而且对筹集资金、招募会员都起了积极的作用。第三部门的大型活动做好与政府的沟通工作是十分重要的,这是现代第三部门工作不可忽视的一个方面。

1937年中国抗战开始。抗日战争是一场艰苦卓绝的持久战。宋庆龄作为一个爱国人士,辛勤奔走,从事抗战募捐活动,寻求国人乃至世人的支持。在整个抗战过程中,宋庆龄所从事的募捐活动为中国的持久战提供了一定的物资保障,同时这种活动又在救济难民中发挥了积极的作用。

为唤起全民族对抗日的支持,宋庆龄不断发出呼吁。1937年7月23日,宋庆龄就以中国妇女抗敌后援会的名义发表《告全国妇女书》,号召"一切不愿做亡国奴的姐妹们都快快起来,有力出力,有钱出钱,能上战场的去上战场,能救护慰劳的就出来做救护慰劳的工作"。为了扩大募捐的成果,她亲自抵达香港宣传呼吁,为了团结更多的力量对抗战予以支援,在她的主持下建立了旨在援助抗战的民间组织——保卫中国同盟,并于1938年初夏,组织创刊《保卫中国同盟新闻通讯》作为其宣传的重要阵地。宋庆龄连续在通讯上发文进行抗日宣传,呼吁国人对中国的抗战给予经济支持。通过宋庆龄和保卫中国同盟的大力呼吁和组织工作,募捐活动取得了圆满成功。

为了赢得海外侨胞的支持,1938年3月16日,宋庆龄与何香凝联名发表《致海外同胞书》,号召海外侨胞给予祖国抗战军队以"鼓励援助"。她们的呼吁得到了海外侨胞的广泛响应,一些地区和国家如欧美、新加坡、菲律宾、越南、印度等相继成立华侨救国团体,并踊跃捐助支援抗战。不少华侨节衣缩食,省下血汗钱,是以捐款成绩,达数千万元。对此,宋庆龄给予很高的评价,并呼吁要争取抗战的胜利,必须"充分发挥潜在的伟大力量,贡献抗战"据统计,从"七七事变"至1941年初,各地侨胞捐款助战即达26亿元。

为了让世界人民了解并支持中国的反法西斯战争,宋庆龄呕心沥血、勤奋笔耕,通过各种渠道发表公开信及广播演讲等为中国的抗战而呼吁。1938年"三八妇女节"之际,宋庆龄在香港发表了《向世界妇女申述》一文,指出:"不要认为战争仅仅发生在世界上一个区域,昨天在西班牙,今天在中国,谁能保证明天这种死的恐怖不能降到你们身上,我向你们呼吁,援助中国。"同时她呼吁国际友人和一切爱好和平的国际人士及机构帮助中国抗战。她呼吁国际友人应给予中国人民以"真正的、持久的、建设性的和民主的救济","坚定地、不间歇地帮助"。与此同时,对于国际友人的援助活动,宋庆龄总能积极响应。1938年11月24日,她号召和领导香港妇女,积极响应法美两国"中国之友社"为帮助我国抗战所发起的义卖筹款活动。

宋庆龄卓有成效的宣传工作使各国人民和海外华侨对中国抗战的真实情况。同时也在中国人民和各国援华团体、国际友人和海外侨胞之间建立了一种新型关系,使越来越多的人把中国抗战与世界和平和自身利益联系起来,从而成为中国抗战的志愿捐赠者。他们慷慨解囊,踊跃捐赠,为中国的持久抗战做出了重要贡献。

抗日战争事关中华民族的存亡,也关乎整个世界反法西斯战争的成败。宋庆龄女士作为一个爱国人士,积极为中国的抗战事业进行公益募捐。她的募捐活动得到了全国范围甚至是全世界范围内人民的同情和支持,其重要原因在于她的大力呼吁宣传,架起了中国各族人民以及世界各国人民沟通、理解中国人民抗日战争的桥梁,使他们理解了中国人民的抗日战争不仅仅是中国人民荣辱存亡的问题,也是关乎世界全世界各国人民的伟大的凡法西斯斗争的问题,从而获得他们的共鸣和支持,为中国抗日战争、世界反法西斯战争的胜利作出了重要的贡献。

三刻拍案

从上面的例子中可以看出加强与政府的沟通是十分重要的,事实上搞好与公众的关系也同样重要,下面我们就一起分享一下"希望工程"是如何处理其与公众关系的。

拍案一　厦门绿拾字环保服务社"环境(鹭岛)关爱日 Island Care Day"

厦门市绿拾字环保志愿者中心(又称厦门绿拾字环保服务社,简称绿拾字),英文名 Xiamen Green—Cross Association(XMGCA)。绿拾字作为一个非政府、非赢利、非宗教的 ENGO 于 1999 年开始组织各种民众参与的环保活动。

Island Care Day(简称 ICD)作为绿拾字的品牌项目,是 2000 年起由马天南等人作为主要的发起人,在厦门组织志愿者们发起了一个意识倡导、公众参与行动、搭建企业与社会合作关爱环境平台的大型环保公益项目。经过多年的持续推动和运作,已经培养了大批环保人才,并由他们组成项目小组,将意识倡导转化为环保行动推动落实。2006 年 ICD 项目已经推动到全省范围(暨首届福建环境关爱目,第七届鹭岛关爱日)。

自从 2000 年成立时起,直至 2003 年,绿拾字组织志愿者持续在海边、五老蜂以及云顶岩后山推动"环境卫生我关爱"的行动,提升公众环保意识。2002 年绿拾字组织志愿者又开始清理外来物种猫爪藤依赖,这项持续 3 年的大型活动让众多百姓了解外来物种的概念和危害。此活动为本地物种多样性及公众参与环境教育提供了可参考的模式。2004 年 ICD 明确主题"关注我们的海湾",发动志愿者在大屿岛种植红树林,清理黄厝、珍珠湾、鼓浪屿港仔后等海滩垃圾,向公众宣传厦门仅有的用以保护海域的红树林日益减少,倡导公众共同关注海湾环境。2005 年 ICD 开展"节约能源、降低污染,关爱鹭岛,今日无车"的无车日主题活动,开展系列宣传活动,向公众宣传汽油资源的耗费,洗车用水资源的耗费以及排放的废气等污染源使全球变暖的温室效应危害倡导公众绿色出行。2006年ICD主题活动"推动循环社区,共建和谐家园",把垃圾分类与绿色生活概念引入社区,鼓励市民能够从小事做起,推动绿色生活方式。2007年ICD主题定位"关注气候变化——节能减排,为地球退烧",使厦门公众了解到如何参与节能减排的行动中来。2008年ICD开展"关爱鹭岛,践行生态文明"主题活动,鼓励厦门人民都站出来,共同关爱鹭岛,践行生态文明。

ICD组织的活动获得了民众的广泛支持和大力参与。2000年直接参与人数800人;2001年直接参与人数达到1 200人;2002年直接参与人数1 700人;2003年直接参与人数1 700人;2004年直接参与人数3 000人;2005年之后,每年都有上万人参与到ICD项目活动中来。

在这个活动的过程中,得到了众多媒体的广泛关注和大力宣传,厦门日报、厦门晚报、厦门商报、海峡导报、厦门电视台、厦门广播电台、福建日报、福建电视台以及当地网络媒体等媒体单位都纷纷对其进行报道宣传。此外,众多的团体单位组织也纷纷以自己的方式广泛的支持和帮助ICD项目活动的开展。厦门航空、建发集团、利胜电光源、ABB、柯达、松下、夏新等众多企业,以实物捐助方式参与活动。而厦门市科协、环境科学协会、环境卫生管理处、厦门群众艺术馆、厦门市青少年宫、小白鹭民间舞团等当地行政事业单位以及厦门市环保局、厦门市园林局、厦门市科技局等相关政府部门和集美大学绿缘协会、集美大学环保协会、厦门大学绿野协会、厦门大学蔚蓝社、厦门大学环保协会、城市大学橄榄绿协会等学生社团也纷纷参与其中。

 点　评

ICD项目活动在厦门乃至整个福建都获得了巨大的成功,引起社会巨大的反响,获得了社会的一致支持和参与。究其原因,有三点相当重要。

第一,作为一个社会公益组织,绿拾字公益组织成立及其展开活动首先与政府进行沟通交流,获得政府部门的全力支持,这是其获造成广泛的社会影响、获得巨大成功的前提条件。绿拾字于2007年8月9日正式通过厦门市民政局的审核,登记注册为民间组织——厦门市绿十字环保志愿者中心,主管部门是厦门市环保局,它由此获得了法理资格以及政府的支持,并且由政府部门作为一个依托点,获得更多其他组织的支持。

第二，ICD项目活动的自身广泛宣传，是其获得民众广泛支持并大力参与的最重要条件。从2000年成立时起，ICD项目公益活动一直持续的不间断的进行着，在进行的过程中，它持续的向社会宣扬它的公益活动理念、活动主题以及社会的环保意识，提升了公民的环保意识自觉的同时，也提升了它自身的知名度和美誉度，获得民众的广泛认可和支持。

第三，绿拾字公益组织充分利用媒体资源，全面深入的宣传报道环境保护的重要性和必要性，大力推广自己的公益环保活动行为。这些媒体资源不仅包括报纸、电视等传统的媒体介质，而且还涉及了网络等最新的媒体资源，带来广泛的深入的众多的报道数量和报道质量。由此形成了活动的"权威性"和"影响性"。此外，它还充分和企业沟通交流，获得企业资金以及实物等物资帮助，由此获得活动经费的保障，并且形成"活动链"，带动更多的企业和团体参与其中。

应该说，在中国目前的状况下，中国非政府组织以及社会公益组织等的发展都还不够完善。在某种意义上说，厦门的绿拾字组织还是相对成功的，其中的经验值得我们借鉴。

拍案二　国际公益组织志愿者宣传防艾中途被驱赶

2009年12月1日是第22个世界艾滋病日，其主题是"遏制艾滋，履行承诺"。2009年11月29日中午11点40分许，一家名为玛丽斯特普（MSC）的国际公益组织发动近30名志愿者从东莞高埗裕元鞋厂一直步行十多公里至莞城文化广场，高喊"遏制艾滋、履行承诺，消除歧视，构建和谐"的口号，沿途向路人派发安全套。随后便在广场边上，向周边的群众派发宣传单张和安全套，然而不少路人面露羞涩，不敢接纳。更糟糕的是，活动没进行多久，就有广场保安过来叫停，"没有提前预订场地是不能在这搞活动的。"不少志愿者求情，只是在广场旁边派发一下资料，不会占用太多地方的，保安仍坚持原则。随行的活动负责人多方联系未果，只好转移至附近免费的"市民广场"。该活动的相关组织者表示，"我们之前联系过莞城志愿者服务队，他们帮忙联系场地时，因广场方的领导不在，所以没订成。这事其实不大，但我希望政府部门能够通过政策、引导等方法来营造一个社会环境,让我们这些公益组织能更好地发挥作用。"

 点 评

　　志愿者宣传防艾知识在中国已经进行了好几年,也取得了一些卓有成效的成果,这原本是好事,但是为什么本次活动进行得不够顺利,而且在中途被保安叫停呢?

　　首先,群众不理解。本次活动的内容相对比较特殊,作为第三部门应加强民间宣传,而且这种宣传应当是长期持久的,才会让公众慢慢转变观念。支持艾滋病的宣传工作。没有群众的支持,活动就可能达不到预期的效果。其次,本次活动被保安叫停,就是因为缺乏事前的必要沟通和联系,而在事后临时采取补救措施显然有点力不从心。加强与群众、政府的沟通交流,取得群众信任和政府支持是第三部门办好大型活动的重要保证。

拍案三　爱德基金会与云南省艾滋病预防社区宣传教育

　　云南省艾滋病预防社区与爱德基金会合作做过艾滋病的宣传工作,我们可以将此案例与案例二对比,看看它们之间有何不同之处。

　　南京爱德基金会引资32万德国马克在云南省临沧县、凤庆县、陇川县3个县开展为期一年的艾滋病预防社区宣传教育项目。本次宣传的目的和任务是:通过骨干宣传员(培训过的乡村负责人、乡医、教师、妇女干部和积极分子)用当地熟悉的文化方式将预防艾滋病知识准确地传达到每一户家庭(逐户进行宣传)。活动主要方法有:通过电视卫星地面站、广播站等方式在农村进行宣传;培训学校教师对学生进行宣传,学校通过召开家长座谈会的方式对学生进行宣传;将预防艾滋病知识教育内容纳入农村科技扶贫及扫盲工作中;妇联对即将外出打工的青年进行宣传;在社区张贴广告、宣传画进行广泛宣传;在社区和戒毒所开展宣传教育、健康促进及行为干预活动;提供科学心理咨询及HIV抗体匿名检测工作。

点 评

本次活动涉及的几个县乡是中国境内相对落后的地区,艾滋病的宣传在当地又是比较重要的。对于如何才能得到群众的信任支持,顺利进行宣传工作,本案例有以下几点值得我们借鉴。

第一,考虑当地实际,选择合适的宣传方式。云南的这三个县只有卫星电视和广播,因此进行宣传时只要通过这两种媒介以及在社区贴广告、宣传画等方式进行广泛宣传,不需要一味寻求最新的媒介。用这些传统媒介可以以灵活的方式、百姓喜闻乐见的形式表达出宣传的内容,也不会使参与的人员反感。

第二,工作要细致、持久。要达到宣传的效果,就要将宣传内容作为一项常规议程贯穿农民的工作学习中。本次活动的策划者将宣传内容置于夜校学习中,并对教师进行培训,让他们作为一项长期的任务不断进行。

第三,抓住重点,把握人们的心理状态。吸毒是艾滋病传染的一个途径,因此戒毒所就成了宣传的一个重要对象,本次活动在戒毒所作了重要的宣传活动。对于个人隐私,则保持尊重,不仅提供科学心理咨询,而且还提供匿名的检测。尊重了他人,宣传工作就会相对比较容易开展。

从上面的分析可以看出,要搞好与民众的关系,第三部门要站在民众的角度去考虑问题,将他们分成不同的类型,并针对不同类型的人制定不同的工作方法。对于个人的隐私要尊重。比如案例二中的宣传工作场所就是热闹的广场,中国人不一定能在大众面前接受这样的宣传,而本案例是在"私底下"进行的,就相对比较容易沟通一些。

回味隽永

第三部门的发展较之过去已经日渐成熟,随着公民意识的逐渐觉醒和市民社会的逐步形成,第三部门的发展将更有空间,更加具备开展各种大型活动的能力和资源,但在发挥自身灵活性、民间性等优势时还必须注意以下几点。

第一,加强与政府沟通。在法治社会中,社会活动中的任何活动只有取得政府的允许才是合法的,才能公开有序地得以进行。同时,政府在社会中具有权威性和代表性,获得它的支持,则可以使活动更具有可信度和说服力。第三部门在日常工作中可以与政府建立常规化联系渠道,了解和熟悉政府机构的设置、结构、工作范围和运作程序等,积极配合政府的管理工作。同时,在实际活动中要发挥"船小好调头"的优势,以更具创新性、灵活性的方式与政府进行沟通、合作。

第二,加强与企业联系。由于第三部门独立于政府和企业,所以其活动资金多来源于个体和团体的捐赠,而企业雄厚的资金实力也是第三部门活动资金来源的重要途径。此外,第三部门尚还不够成熟,在宣传方法和管理方式也需要向企业学习。因此,加强与企业的联系,可以为第三部门的发展提供资金和技术的支持。比如大型公益活动可以与其合作,大型活动所需资金相对较多,如果企业能解决资金问题,第三部门来操作具体事务,并在大型活动中尽量为企业塑造良好的形象,这样的合作就可以达到各得其所、携手共赢的效果。

第三,加大对民众宣传。第三部门大多由民众自发形成,要扩大第三部门的规模,提高工作效率,就要加大对民众的宣传,才能得到民众的理解和支持。近年来,第三部门虽然有了一定的发展,民众对第三部门也有了一定的了解,但还不够深入,仅对一些比较活跃的第三部门如红十字会、希望工程等有所了解,对中小型的第三部门还知之甚少。这就需要第三部门多做宣传。此外,目前第三部门大型活动的宣传工作多数还局限于城市,对于城镇特别是偏远的山区宣传力度还显得不够,我国农村人口比例还很大,随着社会的发展,应当适当加强宣传力度。

第四,加强内部管理。要想得到政府和企业的支持、群众的理解,"内修"是关键,只有内部管理得当,才能得到外部的支持。目前我国的第三部门发展还在初级阶段,不管是大型活动中工作人员的招募管理,还是资金管理,亦或是大型活动的组织都缺乏系统性和严密性。因此,第三部门要在举办大型活动中总结经验教训,不断成熟,形成完善严密的管理体系。

第十二篇

和谐公关　理顺关系
——上海黄浦区动迁工程案例

　　公共关系是"一门寻求和谐的社会应用科学与艺术",通过公关策略,实现社会组织与公众关系的和谐、发展、合作和双方的共同受益。和谐是公共关系追求的最高境界,是发展各项公共关系事业所寻求的终极目标和历史使命。公共关系在构建社会主义和谐社会当中"大有可为",能够积极促进和谐社会的建成。在上海延安路高架工程建设中,上海黄浦区的动迁工作顺利完成是运用公共关系构建和谐社会的一个典范。

开篇导例

开篇之述：上海黄浦区动迁工程案例

上海，曾经是远东最大的国际大都市，随着中国近现代历史的沧桑巨变而历尽沉浮。在改革开放中，沉寂多年的上海，"凤凰涅槃"再次新生。上海迎来了自开埠以来的最大规模的、最快速度的城市建设浪潮。作为城市的血脉，交通是城市的生命线。没有现代化的交通就不可能有现代化的城市。上海市委、市政府充分认识到了这一点，并做出了果断的重大的决策——建设上海延安路高架工程，并且把这项工程列为1997年上海市政的头号重点工程。

俗话说，动迁难，难于上青天。延安路高架工程动迁困难重重，时间紧迫，资金缺乏，任务非常艰巨。特别是黄浦区政府面临的动迁工作最浩大、最繁重。他们经过精心谋划，把工作重点放在心理公关上，与群众深入沟通。结果，仅用两个多月就顺利完成了任务。这是难以置信的高效率。它成为上海市动迁史上最精彩、最成功、最闪亮的一个大手笔。

在上海延安路高架工程建设中，黄浦区承担了西自成都路、东至外滩的工程路段。该工程路段全长2.6公里，沿线17幅地块中需要搬迁的有2809户居民、282家单位、84户个体户，动迁量占到全部东段总量的2/3以上。并且时间非常紧迫、搬迁资金也没有完全到位。全部动迁工作要在5个月内完成。而这次动迁工作所需的资金（最少是8亿元人民币，相当于当时黄浦区政府一年的财政收入）存在巨大的缺口。

黄浦区政府深知，要顺利的完成这个艰巨的动迁任务，关键在于赢得动迁居民、单位的理解、支持和配合。政府和市民达成共识才可能克服困难，完成任务。因此，他们把工作的重点放在与民众沟通上，开展了一系列的活动和工作，赢得了民众的理解、支持、信任和配合。

在动迁之前，政府作了精心的策划和筹备，大力宣传动迁工作，对广大民众进行总动员，营造良好的动迁氛围。良好的开端是成功的一半。

宣传工作的成功与否会直接影响到后期的动迁工程实施。黄浦区政府精心安排，"双管齐下"、"软硬兼施"，硬性宣传和软性宣传两种手段配合并用，互为辅助，深入居民、单位中，全方位、多视角的进行宣传、动员工作，完成了政府与民众沟通的第一步——相互了解，为以后工作的顺利展开铺好了路子。

在硬性宣传上，弘扬"讲政治、讲大局、讲奉献"的主旋律，在动迁区域内张贴标语，悬挂横幅，让民众直接了解动迁的宗旨、政策、精神，营造了一种良好的动迁气氛。

在软性宣传上，首先是印制《动迁政策宣传手册》、《致居民的公开信》，分发到每一个家庭、每一个单位，公开动迁的房源、政策、工作纪律及举报接待等政策和措施，使动迁工作透明化；其次是设立了动迁工作咨询会。1996年8月2日，黄浦区纪委、监委、法院、检察院等多方政府机构联合组织了动迁工作咨询会，公布了"公开办事制度"等六项措施和规定，包括公开动迁政策、动迁办事程序、动迁房源、动迁工作人员上岗证号、动迁廉政规定、举报站地址和举报电话，针对民众的各种疑问、问题和咨询进行解答，让民众了解动迁的政策规定，把动迁工作的宣传推向了高潮。

动迁涉及各个方面的利益，"牵一发而动全身"，只要一个问题没有处理好，那么就会像"多米诺骨牌"一样引发层层相连、环环相扣的问题。黄浦区政府"精打细算"，推行了一系列行之有效的措施。

首先是集体大搬迁。这是黄埔搬迁工作中一个大型的、主要的做法。将众多的民众组织为一个集体，统一搬迁，同时，选择几个具有代表性的集体举行简短的搬迁仪式，事先联系好媒体，进行全面的、强势的宣传报道，扩大社会的影响。

其次，组织"红帽子"青年志愿队伍，帮助一些有困难的特殊居民完成搬迁工作。让民众体会到社会的关心和温暖，有力促进搬迁工作的顺利展开。

再次，搬迁时与居民细致沟通，反复宣传政策，帮助居民解决实际的困难。工作人员按照"耐心、细心、诚心、热心"和"便民、利民、为民"的原则进行工作，从居民的切身利益出发，帮助居民策划最佳的解决问题方案。政府用真心和实情打动了民众，民众积极的支持配合，搬迁工作按计划顺利进展。

开篇之论：和谐公关，理顺关系

城市建设、改造当中的搬迁问题如今仍然是困扰很多地方政府的"头疼"问题，也是公众最不满意的问题之一。黄浦区动迁工程是政府公关的一次大胜利，是社会关系和谐公关的一个典范。黄浦区的动迁工作能够较为顺利地予以推进，并如期完成，关键之点在于立足于形成社会共识，着力于和谐公关，处理好了搬迁中的利益关系。也正因为有充分的交流沟通，获得了共识和谅解，最终才能实现双方的合作共赢——居民利益得以保障、政府效率得以实现。

第一，科学定位促和谐。从一开始就认识到动迁工作涉及多方复杂的利益关系，将重点定位于取得民众谅解和支持上，确立了动迁的和谐前提。

第二，"阳光动迁"促和谐。动迁中的"六公开"制度和透明化，是动迁工作的重头戏，也是动迁工作的最大"得分点"，奠定了动迁的和谐基础。

第三，规范运作促和谐。动迁中的各项工作都依据既定的程序和公开的制度进行，杜绝违规违法现象的产生，赢得民众的心理认同和工作支持。

第四，良好态度促和谐，动迁中站在民众的角度上审视自己的工作，本着"便民、利民、为民"的原则，保持"耐心、细心、诚心、热心"的工作态度，从居民的切身利益出发，帮助居民策划最佳的解决问题方案，为居民的动迁提供便利性条件。

史镜今鉴

中国的和谐思想博大精深、源远流长。通过运用公共关系手段，厘清矛盾，达到社会和谐稳定发展。其人其事不乏精彩。

商朝建立时，最早的国都在亳（今河南商丘）。在以后三百年当中，由仲丁到阳甲,前后五代九王,多次发生"弟子或争相代立",史称"九世之乱"。再加上黄河下游常常闹水灾。由于地理位置的原因,都城经常被淹没。

到盘庚继立时,政治上的混乱现象仍然相当严重,自然灾害也频频发生。为了谋求商朝的稳定和发展,盘庚决定迁都。他选择了"左孟门而右漳、滏,前带河,后背山"的殷作为新都所在。但是无论贵族或平民都反对迁都。盘庚通过了解得知老百姓反对是由于他们受到官员和贵族的煽动和蒙骗,不了解迁都的真相,是"动以浮言"的结果。而官员贵族则是贪图安逸,迷恋原来荣华富贵的生活。为了规劝官员和贵族与他合作,说服老百姓支持他迁都,他分别发表了三次讲话。第一次是对群臣讲话;第二次是对老百姓讲话,第三次是迁都之后对群臣的告诫。盘庚对商王族"在位共政"的贵族说:"迁都的计划遭到了反对,是由于你们贵族当政者对公社农民众人的煽动。我要迁都是继承先王的基业,以平定四方,我将仍像先王一样任用旧人共事;同时,我还劝告你们不要欺负老成人,也不要欺侮弱小孤苦的幼年人,我警告你们,以后要做好分内的事,不要再散布流言,否则将不客气地处罚你们,悔而不及。"他对"众"即老百姓说:"你们不应该听信坏人的话;在我的朝廷中有了乱政的人,贪图横财,而我所以迁都正是为要使得你们的生活安固,并不是为了要罚你们。"他号召民众搬迁到"殷"去,去寻求安定平稳的生活。对异性贵族和地方官长,盘庚则坦诚的对他们说自己迁都并不是为了让他们受罪,而是要恢复商朝祖先的行为,安定国家。他将努力地提拔他们作助手。希望他们要怜悯民众。他们若能共同谋生,能养护人民,能图谋人民的安居,他就嘉奖他们。

这三次讲话,盘庚着重分析了迁都的原因和理由,很好的达到与群臣、贵族和老百姓的沟通交流的效果,群臣、贵族和老百姓与盘庚形成了统一的思想和共识。他们认识到了迁都的合理性,必要性和紧急性。在群臣、贵族和老百姓的一致团结努力,盘庚终于成功的迁都了。盘庚迁殷后,结束了"九世之乱"的局面,保证了王朝和社会的稳定。一直到商末都从未出现过争夺王位的斗争。正是由于王室内部的政治纠纷的解决,商王能够加强其内政方面的统治,社会生产有了显著的发展。盘庚以后的商王国也就有了长足的发展。这也就是"百姓思盘庚"的根本原因。

放眼世界,美国罗斯福总统施行的"新政"运用了公共关系手段,维护社会稳定,恢复发展美国的经济,对于当今中国的和谐公关仍有借鉴意义。

1929年美国金融界崩溃。美国经济陷入了经济危机的泥淖。企业破产,银行倒闭,商店关门,失业人数剧增。临危受命的富兰克林·罗斯福总统针对当时的实际,顺应广大人民群众的意志,大刀阔斧地实施了一系列旨在克服危机的政策措施,历史上被称为"新政"。新政的内容当中有一条非常重要的措施,即救济(Relief)工作。

　　首先是敦促国会通过联邦紧急救济法,成立联邦紧急救济署,将各种救济款物迅速拨往各州,后来又把单纯救济改为"以工代赈",给失业者提供从事公共事业的机会,维护了失业者的自尊心。其次,罗斯福采取的措施就是促请国会通过民间资源保护队计划。该计划专门吸收年龄在18岁到25岁,身强力壮而失业率偏高的青年人从事植树护林、防治水患、水土保持、道路建筑、开辟森林防火线和设置森林望塔等工作,按照劳动时间,分发工资薪水作赡家费,这样扩大了整个社会的救济面。对于千千万万依赖州、市养活的人们,罗斯福合理划分联邦政府和各州之间的使用比例,制定优惠政策鼓励地方政府用来直接救济贫民和失业者。新政期间,全美国设有众多的工赈机关,主要是以从事长期目标的工程计划为主的公共工程署和民用工程署,后者在全国范围内兴建了数以万计的小型工程项目,包括校舍、桥梁、堤坝、下水道系统及邮局和行政机关等公共建筑物,先后吸引了上百万人工作,为广大非熟练失业工人找到了用武之地。后来又继续建立了几个新的工赈机构。不仅为工匠、非熟练工人和建筑业师创造了就业机会,还给成千上万的失业艺术家提供了各种各样的工作,是历史上美国政府承担执行的最宏大、最成功的救济计划。

　　第二期"新政"是在第一阶段的基础上,着重通过社会保险法案、全国劳工关系法案、公用事业法案等法规,以立法的形式巩固新政成果。罗斯福认为,一个政府"如果对老者和病人不能照顾,不能为壮者提供工作,不能把年青人注入工业体系之中,听任无保障的阴影笼罩每个家庭,那就不是一个能够存在下去,或是应该存在下去的政府",为此,制定了《社会保险法》,法律规定,凡年满65岁退休的工资劳动者,根据不同的工资水平,每月可得10—85美元的养老金。这个社会保险法反映了广大劳动人民的强烈愿望,受到美国绝大多数人的欢迎和赞许。1937年5月24日,罗斯福向国会提交了受到广泛关注的关于最低工资最高工时立法的咨文。咨文要求社会关注生活水平低下的群体,"我们必须铭记我们的目标是要改善而不是降低那些现在营养不良、穿得不好、住得很糟的那些人的生活水平。"1938年6月14日美国国会通过了《公平劳动标准法》,规定了每周工时、最低工资以及禁止使用16

岁以下童工、在危险性工业中禁止使用18岁以下工人等条例。为了解决社会保险制度的联邦经费来源问题，罗斯福实行了按收入和资产的多寡而征收的累进税。

罗斯福还发明了"炉边谈话"，以浅显易懂的语言向国家民众讲述国家的政策与方针，鼓舞了美国人民，号召大家积极向前看，团结一致向前走。对于美国走出经济危机、重建家园起到了巨大的推动作用。

罗斯福总统实施的新政取得了巨大的成功。"新政"号准了美国经济和社会生活的脉搏，"使人们能够重返工作，使我们的企业重新活跃起来"的口号，符合广大劳动人民的利益，充分调动了他们的积极性。罗斯福以工代赈的形式修建的一大批工程项目，大大缓解了失业困难，保持了社会的稳定。同时制定颁布社会保障、劳动保障等法律制度，保护了广大民众的根本利益，解决了社会矛盾，理顺了各种关系，坚定了民众的信心，赢得了人民的热烈拥护。美国的社会也迅速的安定平稳下来，为经济社会的恢复、发展营造了良好的环境。

三刻拍案

拍案一 "泉城义工"：济南市的新品牌

2005年8月4日，济南市文明办、共青团济南、《济南时报》联合起来，共同发起"泉城义工在行动"的倡议，并于8月21日正式启动。在"展我所长、尽我所能、倾我热情、回报社会"的理念指引下，泉城义工不断创新活动内容和活动形式。如今，"泉城义工"已发展成为济南市精神文明建设的一个响亮品牌，是济南市一张闪亮的城市和谐名片。济南的"泉城义工"活动的形式、内容逐步发展和完善，如今活动的运作系统化、项目化。

一、服务活动主题化、常规化

无论严寒酷暑,还是刮风下雨,泉城义工始终坚持每周日9点至11点在社区、广场、学校等公共场所开展环保行动、法律援助、心理咨询和健康普查等主题活动,这已经成为泉城义工与济南市民的不变约定。

二、服务活动长期化、项目化

在坚持每周日开展主题服务的同时,积极拓宽义工服务渠道,创新服务形式,如放心吧、亲情拥抱福宝宝、到十几所老年公寓开展敬老服务、暑期儿童托管、为民工子女设立爱心艺术课堂等新型的模式。

三、服务活动专题化、节日化

每逢母亲节、重阳节、六一儿童节、中秋节等重大节日,泉城义工都要开展相应的活动。"关爱父亲母亲"专题月、"呵护孩子"专题月等系列活动,都在社会上引起强烈反响。

四、服务活动主题特色化

泉城义工围绕扶贫、支教、关爱父母、关爱孩子、服务社会、保护环境、维护社会和谐稳定等特色主题开展志愿服务活动。并且,根据民众的意见和建议,不断的改进和完善自己的服务机制,从实际出发,添加符合社会需要的服务内容专题。

"泉城义工在行动"自2005年8月21日正式启动,坚持每周日开展的集中主题服务活动,有数十万多市民直接受益。泉城义工队伍由第一次活动现场报名的146人发展到注册人员8万多人,并且正在迅速增加着,"泉城义工"活动由原来零散的活动发展成为规模化的公益行动。到目前,"泉城义工"已包含了医生、律师、大学生、公务员、私企员工、记者、主持人、下岗职工和离退休专家等各行各业的人员,有很多由于一人参加带动而成为义工家庭、义工班级、义工单位。"泉城义工"细化为医疗保健服务团、法律服务团、家电维修服务团、关爱父亲母亲服务团、艺术团、助残服务团和少年团等32支专业服务队伍,从7岁的少年义工到90多岁的老年义工,他们都在"泉城义工在行动"这个公益平台上找到了自己的位置。

"泉城义工在行动"从发起到2008年短短的三年时间里迅速成为济南市的品牌形象,是中国建设社会主义和谐社会的一个典范,引来了众多媒体、专家学者、领导层的关注和赞扬。《人民日报》曾刊登了题目为《泉城义工在行动》的长篇通讯,盛赞"泉城义工像星星之火,温暖着济南这座古老的城市;像涓涓细流,滋润着泉城几百万市民的心。"新华社也曾播发了《泉城义工:让社会充满温情》的长篇通讯。文章评价"泉城义工使城市变得更加和谐,社会变得更加美好"。不少的国外专家学者友人也注意到了泉城的义工行动。济南市的"泉城义工"活动以"传递爱心、传播文明、关爱他人、回报社会"为己任,充分体现了社会主义的核心价值取向,体现了追求"真、善、美"与"诚信、创新、和谐"的社会主义和谐社会建设的精神内涵和本质要求。在国内外引起了巨大的反响。

点 评

济南的"泉城义工在行动"活动,其成功在于五个方面。

第一是平民化人员构成。"泉城义工"行动是一个非常开放的平台。不同年龄、不同职业、不同背景的各个阶层的市民都可以参与其中,最大限度的激发了民众的热情,贡献他们"点点滴滴"力量,进而汇聚成汹涌壮观的"大河"。

第二是广泛的服务对象。"泉城义工"来自于市民,服务于市民,以"关爱他人、回报社会"为己任。义工服务的对象包括社会的方方面面,是无所不包的。义工服务的地点包括泉城的大街小巷,是无处不在的。

第三是贴近生活的服务内容。"泉城义工"的服务力求在贴近实际、贴近生活、贴近群众上"做文章"。他们通过向社会征求意见,了解市民的难处、亟需帮忙之处,进而为他们提供最实际、最需要的服务。同时积极倾听社会的意见和建议,不断的改进服务的内容和方式,保持"需要"是服务的第一位。

第四是长期的坚持不断的服务。"泉城义工"行动不是"面子工程"、"政绩工程",而是实实在在的"为民"、"便民"、"利民"工程。从开始至今,服务行动从来都没有放松、松懈过,更没有中断过,渗透融合到市民的生活当中,成为日常生活的一部分。

第五是搭建先进的服务平台。现在传媒为其搭建了一个良好的服务平台。《济南时报》一直作为"泉城义工"的展开平台,并且一直不变的宣传它、监督它、改进它。同时,结合义工群体的自愿性、草根性等特点,引进了网络媒体这个新的平台。设立了"泉城义工"QQ群、建立了"泉城义工网"。这些举措为义工的发展注入了新的活力,创造了更加便利的条件。

拍案二　以民为本的和谐城管

"南船北马、九省通衢"是苏北古城淮安的历史写照。而今,"天蓝、地绿、水清、景美"是这座人文名城的现实写照。城市秩序井然,道路整洁宽阔,小区环境优美,人民安居乐业。秉承"我们做任何事情,老百姓满意是第一标准,也是最高标准"的理念,淮安市委、市政府恪守"以民为本"的思想,践行"百姓是天"的宗旨,着力在和谐城管上下工夫,城市建设与管理取得了骄人的成绩。

首先,全力改善居民的生活环境。

淮安市政府改善环境是"多管齐下"、"全面出击"。政府在改善居民自身居住的"私"环境的同时,还大力改善城市公共环境,改造城市排水系统,清理城市的垃圾,提高城市的卫生程度。淮安市每年城市建设费用的90%都用于改造、改善与市民生活密切关联的城市环境。该市每年投入5000多万元,实施"双百"工程:每年综合治理100条街巷、100个生活大院,还相继新建和续建了樱花园、中洲公园、古黄河生态民俗园等10多个景区公园,建成了一品梅广场、楚秀广场等多个市民休闲广场,建成了馨园、清韵园等80多个城市小游园。

其次,优化城市管理。

淮安市城市管理实施城市美化亮化工程,再造数字城管流程,将城市管理流程扁平化。淮安市按照便民、利民、疏堵结合的原则,分类疏导、分级服务、定时经营的方式,合理规划设置摊点群,把流动摊点、沿街洗车点等进行相对集中到指定地点,实行统一管理、保洁经营。同时,实现城管人员与被管理者"一一对应"模式。管理者在执法过程中主动为责任单位分忧解难,与被管理者形成了相互理解、相互支持的"亲人般"的和谐氛围。

最后,为市民提供周到服务。

在城市管理中,淮安市将城市执法由管理型向服务型转变。城市管理的方法一变,局面大变:城管人员的态度柔和了,市场秩序井然了,也极大地方便市民生活,取得了商贩满意、市民满意、政府满意的效果。淮安市在全国地级市中率先开通了城市管理广播,搭建对话平台,通过媒体开展"我心中的城管"、"我为城市管理献一策"、"城管自愿者"等活动,引导市民参与管理、参与监督。以"温馨告知卡"提示违反管理规定的人,以"跟踪问效卡"了解提出的服务项目是否到位,通过"二卡"联动,把"人性化"管理理念传递给市民。

2006年,"市民对城市管理与综合整治满意度的调查"结果显示,97%的市民认为城市管理与综合整治整体工作成效显著,对市容市貌表示满意,在苏北的城市中率先通过了国家卫生城市的验收,这也是对淮安城市管理多年来不懈探索的一个肯定,淮安打造城市和谐管理的经验也受到了来自全国各地100多个城市和专家的认同。

 点 评

良好的城市基础设施需要有效的管理与维护,才能发挥它的功效,真正满足市民生活的需求。为了让市民满意,就必须畅通政府与市民之间的沟通渠道,使社会关系和谐化,使城市管理更加贴近市民,营造出双向互动的浓厚氛围。淮安城市管理的成功点在于,定位于社会公关关系的和谐,在城市管理中探索出"亲情化"管理之路,以"疏"代"堵"走出了一条和谐互动的新路子。

拍案三 地级市的和谐标本——泉州

2006年,泉州在《中国经济周刊》的亮相,汇聚了满身的华光异彩,博得了满堂喝彩。泉州被评为成为"中国十大和谐城市"之一。评语是"地级市和谐标本"。它涵盖了泉州发展两大主题:经济又好又快,社会和谐幸福。同年,泉州跨入国家环保模范城市的行列,摘下"中国人居环境奖"。

伴随经济快速发展,泉州社会保障体系同步跟进,并率先把农民工纳入医疗互助对象。泉州现有外来务工人员100万人,凡企事业单位和社会团体所有职工,只需年缴费50元,一年最高可享受3万元互助金;企业职工、外来工、农民工年缴36元,一年最高可享受2万元互助金,住院每天有30元补贴。这种为民着想、为民服务的举措成了泉州构建和谐城市的色调。

医疗互助只是泉州努力构建和谐泉州的一个缩影。泉州一直在强调"幸福的GDP",轻重产业平衡走,发展循环型、环保型经济。靠内涵提升

突破传统产业,靠降耗减量突破绿色空间,靠多维拓展突破发展后劲,努力实现又好又快的发展。近年来,泉州开始发展"节约型"、"高产出、低耗能"、"循环型"的人与人、人与自然生态、人与社会和谐共处、共同发展的可持续发展的经济路子。2006年前11个月,泉州GDP增长10%以上,而亿元工业产值耗电量同比下降16万千瓦。泉州的水资源相对贫乏,为兼顾各行政区域在流域保护中的不同利益和责任,促进生态保护和经济发展相互协调,2005年泉州市出台规定,按下游受益地区用水比例,5年统筹1亿元用于上游环保基础设施建设,以促进经济、生态协调发展。

成功的发展源自于科学的定位,泉州发展两大主题的"经济又好又快,社会和谐幸福"实现,很大程度上依赖于泉州市委、市政府对"和谐"关系的定位和实践,通过一系列政策"公关",取得了人与自然、人与社会、政府与市民之间的多重关系的和谐,为经济社会的发展提供了不竭动力。

回味隽永

从实质上看,公共关系就是要处理好社会关系与人际关系,协调好内部公众和外部公众的关系,使社会公共关系和谐化。本篇的所有案例都体现了政府公共关系在理顺社会发展矛盾中不可替代的作用。政府要营造和顺、和睦、和好的社会公共关系,必须理顺政府与社会组织以及社会公众的关系。

第一,政府要充分发挥公共关系的协调社会发展作用。在实践中,政府的每一项政策措施不可能"面面俱到",照顾到每一个个体、团体的具体利益,为每一个个体、团体带来均等的利益,甚至有时还要以牺牲某些个体、团体的利益为代价。因此,政府必须要开展适当适时的公关活动,顺利调节各利益主体之间的矛盾冲突,理顺各方关系,促进多元利益主体之间的谅解与互动。上海市黄浦区政府的搬迁动员活动就是一个政府和谐公关、厘清矛盾、促进发展的典型。

第二,政府公共关系要善于整合资源。作为和谐社会建设的主体,政府掌握比较充分的社会资源,其展开的公共关系具有独特且巨大的优势。公关关系作为一种"攻关"手段,发挥作用大小依赖于其传播的广度和深度。政府公共关系应该在完全充分地把握和发挥自身优势的基础上,树立为公众服务和负责的形象,整合各种公关传播方式、手段和渠道,不仅要注意融合电视、报纸、杂志等传统媒体介质的传播途径,同时要注意对新型网络媒体的利用,多视角、全方位、深层度的宣传报道政府的工作计划、安排以及措施等,打造一个"我知你,你知我"的公开的透明的社会局面。

第三,政府和谐社会公共关系要了解社会实情,注重民众需求。和谐社会的中心内容就是"和谐",就是在各方利益保障基础上的关系和谐。民众也是公共关系中的主体,构建和谐公共关系必须充分地调动和发挥民众的积极性和创造性,打造顺畅的沟通交流渠道,认真倾听民情民意,有效把握公众的利益需求。

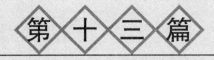

大型活动塑城市品牌

——南通市城市旅游名片打造案例

产品有品牌，企业有品牌，城市也得有品牌。市场经济时代，城市无可避免地要卷入开放、竞争的商业环境中，在经济浪潮中搏击。如果一座城市不甘落后、不想被遗忘，就必须像经营企业、营销产品一样，打造自己独具特色的城市品牌。当城市品牌化之后，城市的形象就更加生动、具体、丰富，更具有竞争力和生命力。近年来许多城市通过大型活动来打造有自身优势和地域特色的城市名片，走品牌化道路，提升城市文化内涵和品位。

开篇导例

开篇之述：航空运动会带给你别样的精彩

2005年10月22日,南通市人民政府与中国航空运动协会共同举办的2005年全国航空运动会在南通兴东机场正式拉开帷幕。来自全国各地的超轻型飞机、初教六飞机、滑翔机、热气球、动力伞、动力悬挂滑翔机、运五飞机近100具航空器和航空航天模型,以及700多名教练、运动员、机务人员、裁判员相聚全国著名的"体育之乡"南通参加为期6天的比赛。

我国航空运动始于20世纪50年代。随着我国经济的迅速发展、人民生活水平的逐步提高,人们参与航空体育运动的热情越来越高。"据江海之会、扼南北之喉",与中国经济最发达的上海及苏南地区隔江相依,被誉为"北上海"的全国首批沿海开放城市、十大港口城市之一的南通此次主动请缨举办这次运动会,并将不少参赛项目专门放在人口相对集中的市区,旨在推动体育事业发展,以文会友,提高当地知名度,推动经济文化的全面发展。此次比赛是我国举办的首次全国性航空运动盛会,它实现了我国航空体育界人士多年的愿望,在中国航空运动史上写下了新的光辉篇章。

开篇之论：展示与传播——大型活动中城市形象的打造

这一案例只是南通市在2005年举办的大型活动之一,在此前后南通市还举办了一系列的大型活动,如2005中国南通港口经济洽谈会、长三角城市经济协调会第六次年会和第二届世界大城市带发展高层论坛等。大型活动汇集了城市生态、物质、精神和社会等层面的元素,是展示与传播城市形象的极好平台。南通组织的一系列大型活动,十分注重以多侧面展示、多层次传播为主要手段,着力打造城市新形象。南通市在通过举办大型活动来打造城市形象的过程中的另一亮点就是多层次的传播。所谓多层次传播,主要是借助国内外媒体努力扩大受众面及城市影响。活动前着力升温造势,主要通过召开新闻发布会,在媒体上播放宣传片,发布活动的筹备信息,展示活动亮点;在城市的显要位置设立倒计时牌,吸引市民和社会的关注;围绕有关活动主题公开征集徽标、征文,营造浓厚的舆论氛围。活动中形成传播强势。每次大型活动期间,《人民日报》、新华社、中央电视台、凤凰卫视、新浪网和搜狐网等数十家国内外媒体上百名记者都云集南通,向全世界全方位地报道活动盛况。2002中国南通港口经济洽谈会期间,中央电视台同时制作了两档节目《让世界了解你——南通》,转播了"相聚南通"大型文艺晚会实况,并制作了一系列专题节目,同期在中央电视台五个不同频道以不同方式传播南通的城市形象。活动后释放后续优势,作为主办方,整理利用好活动成果,通过有关媒体以专题等方式继续扩大传播;同时,借助参与者进行二次传播。大型活动多层次传播对于扩大城市知名度其意义不言而喻。

南通市在过去几年,逐步打造了属于自己的城市形象之后,他们的首要任务就是对接2010年上海世博会,极力打造具有"江南鱼米之乡"特色的旅游城市名片。2009年2月,江浙沪三省市旅游局在南通召开了第25次旅游市场联席会议;3月,南通参加了"迎世博400天沪苏浙皖赣大型旅游宣传咨询"活动;4月,南通在上海举办了"90公里到南通"迎世博大型旅游推介会等。

此外,南通还积极参与长三角交通标识一体化建设,将南通住宿设施的资料送入上海世博局订房中心,促进南通华东国际客运集散中心与上海黄浦区集散中心对开散客班车。实际上,早在2008年,上海闹市区就竖起了南通旅游的巨幅广告,在上海世博局公布的首批41个世博体验之旅名单中,南通包装申请上报的3个精品线路,即城乡互动——和谐宜游的南黄海风情之旅,体验城市多元文化的中国近代第一城之旅,如皋如歌——常来长寿的长寿体验之旅,已全部入围。目前,南通的启东、海安、通州和海门等县(市)区又对各自的旅游资源进行了认真的梳理,新包装了更多的特色线路,迎接国内外游客。

近几年来,南通通过大型活动鼎力推进城市形象塑造的成效已在经济社会发展过程中渐次显现,已经逐步塑造了"依托江海、崛起苏中、融入苏南、接轨上海、走向世界、全面小康"的城市形象,并打造了一张具有"江风海韵"的旅游城市名片。随着南通综合实力的与日俱增也必将使南通城市形象进一步大放异彩。

史镜今鉴

历经几千年的历史文化积淀,如今,中国许多的历史文化名城具有其独特的品牌形象和特色内涵。在古代,各个城市的政府并没有像现在一样利用现代传媒技术来展示文化内涵,但是它们也能通过集会或祭祀等大型活动中不断提升自己的品牌内涵。

"悠悠鉴湖水,浓浓古越情"。绍兴是一座地方色彩很浓厚的著名水城,以其人文景观丰富、水乡风光秀丽、风土人情诱人而著称于世,自古即为游客向往的游览胜地。绍兴历史悠久,名人辈出,景色秀丽,物产丰富,素称"文物之邦、鱼米之乡",是我国历史文化名城之一。相传4000多年前的夏朝,大禹为治水曾两次躬临绍兴,治平了水土,故至今尚存禹陵胜迹。春秋战国,越王勾践建都绍兴,卧薪尝胆,"越池"一度成为我国东部政治文化中心。汉代置都稽州,隋朝改称吴州,唐朝又改称越州,南宋时改为绍兴府,沿袭至今。绍兴人杰地灵,历史上涌现出许多著名的政治家、革命家、文学家,如周恩来、秋瑾、鲁迅、蔡元培等。

悠悠古纤道上,绿水晶莹,石桥飞架,轻舟穿梭,有大小河流1900公里,桥梁4000余座,构成典型的江南水乡景色。东湖洞桥相映,水碧于天;五泄溪泉飞成瀑,五折方下;柯岩石景,鬼斧神工;沈园则因陆游、唐琬的爱情悲剧使后来者嗟叹不已;此外还有唐代纤道,南宋六陵,明清石拱桥以及与此相关联的绍兴风土人情,以乌蓬船、乌毡帽、乌干菜为代表,在数千年的历史演变中,沉淀了丰富的文化内涵并呈现独特的地方风采,令人仰慕神往。

兰亭因为王羲之的《兰亭集序》而闻名于世,而王羲之创作《兰亭集序》则源于一些名流高士在兰亭的风雅集会,兰亭雅集的主要内容是"修禊",这是我国古老的流传民间的一种习俗。人们于农历三月上旬的巳日(上巳日)到水边举行被祭仪式,用香薰草蘸水洒身上,或沐浴洗涤污垢,感受春意,祈求消除病灾与不祥。后世士大夫们都乐于响应这一活动,到了唐宋,禊日的活动还受到朝廷的重视,皇帝经常在这一天赐宴、赐钱给文武百官,并且官修游船画舫,以助游兴。这些习俗在当时所起的作用相当于现在的大型活动,起到了宣传的作用。在某种意义上说,"修禊"这一活动造就了兰亭今天的声誉,使更多的人尤其是中学生通过《兰亭集序》了解到这一旅游胜地,也为赋有"文物之邦、鱼米之乡"美誉的绍兴增添了一份美色。

在西方,古希腊时期就出现了最早的城市品牌。古希腊是由数百个小城市组成的奴隶制城邦国家。这其中最著名的要数古雅典与古斯巴达,二者在政治、经济、文化和军事诸方面各树一帜,成为古代希腊两种主要城邦类型的典型代表:古雅典——文化繁荣、教育先进、政治民主、物质富有;古斯巴达——实行严酷的国民军事教育制度,全民皆兵,令敌人胆寒、是不可战胜的集体化军事城邦。

古希腊有各种各样的活动,如祭礼活动、宗教节日以及一些庆祝活动。公民积极参与这些既能够展示自身能力,又能为城邦获得荣誉的活动。古希腊进行的四大国家性运动会,其中以奥林匹克运动会最为重要。奥林匹克运动会每四年举行一次,以此纪念并表彰神之父宙斯。另外的三大运动会是指在特尔斐附近举办纪念太阳神阿波罗的皮迪恩运动会;由科林斯人每三年举行一次的纪念海神波塞冬的伊斯泰弥运动会;纪念报应女神涅墨西斯的尼密阿运动会。这些运动会汇合在一起,使古希腊每年都有重大的体育运动会,奥林匹克运动会创立最早,因在伯罗奔尼撒半岛西北部的奥林匹亚举办而得名,据说是希腊的大力士赫拉克里斯为祭祀宙斯而创办。奥运会是古希腊各个城邦共同的节日。为保证奥运会的顺利进行,各个城邦签订和约,保证运动员和观众能够顺利通过。在运动会上运动员围绕许多项目进行竞赛。尽管竞争非常激烈,但是获胜者的奖品却是只象征性的橄榄枝花冠,其他三个运动会的奖品分别是松枝桂冠、桂枝桂冠和野生芹科植物桂冠。另外的奖品还有青铜器、彩陶和橄榄油等。

在古希腊所有的运动会中,没有一个比奥运会更受到希腊人的重视,也没有一个运动会的参加范围比奥运会更广泛,奥运会在古希腊人心目中是整个希腊民族精神的象征,其延续时间之长,影响之深远,在人类历史上是罕见的。以奥林匹克运动会为主的一系列的运动会成了人民生活的一部分,人们热情地参与其中,促成了城邦的团结,展示了城邦的价值观,并培育了民主、平等、竞争的精神。

随着时间的推移,奥林匹克运动会也从古希腊城邦性的活动渐渐的发展为世界性的运动,是全世界人民的体育盛会。通过奥运会,古希腊也把自己的那种"民主、平等、竞争"的精神传达给全世界,并向世人展示了自身形象。距离雅典二百公里的奥林匹亚也因奥林匹克运动会而举世闻名。

三刻拍案

如今,许多城市也都根据自己的的特色通过一系列的大型活动来塑造自己的城市形象,向世人展示属于自己城市特有的风采。

拍案一 "贵阳避暑季"打造"中国避暑之都"

被誉为"高原明珠"的贵阳位于西南云贵高原东部,是重要的旅游中心城市之一,更是贵州省政治、经济、文化、科教、交通中心和西南地区的交通枢纽、工业基地及商贸旅游服务中心,因位于境内贵山之南而得名,有"避暑之都"、"森林之城"之称。近年来,贵阳结合贵州省委省政府推出的"多彩贵州"系列宣传活动,大力推广"森林之城·避暑之都"城市形象品牌,取得明显的成效,在海内外的知名度、美誉度快速攀升。

2009年5月5日,以营销城市为目的,在践行"知行合一,协力争先"的贵阳精神指引下,市旅游局着力打造"避暑旅游文化",提升宜居、宜业、宜游的城市内涵和品质,拉开了2009年度避暑季暨第四届国际阳明文化节的序幕,向全世界发出最盛情的邀请,来自海内外的6000余名嘉宾和游客参加开幕式。"避暑季"系列活动中,"走出去"是贵阳旅游资源进行促销"叫卖"的重要活动之一。从2008年首届避暑季活动举办以来,通过"走出去"和"请进来"的方式,"避暑季"这块金字招牌,不但为筑城增添亮彩,还成为拉动全市经济发展增长的"拉力器"。

"南江大峡谷"就是在"避暑季"中受到中外媒体及游客热捧,迅速脱颖而出的典范。据统计,在2009年避暑季期间,几十项精彩活动也接连推出。主要活动包括开幕式、闭幕式、第四届国际阳明文化节、贵阳市第三届旅游产业发展大会、生态文明贵阳峰会、第七届中国舞蹈荷花奖舞蹈大赛、第五届医药博览会暨中国民族医药交易会等,以"黔茶飘香品茗健康"展示活动、"清镇药王谷之夏"麦格生态民俗文化节等为主的系列生态旅游活动更是好戏连台,乌当阿栗杨梅节、清镇红枫葡萄节、修文六广河水果节的乡村观光采摘体验游活动使整个避暑季花香、果香不断。

其实早在2007年6月到9月,贵阳市举办了"森林之城·魅力贵阳——2007首届中国(贵阳)避暑节"发掘了贵阳在生态和气候方面的独有资源优势,树立起贵阳"绿色环保"的城市形象,凸显了贵阳"宜居宜业"城市功能。活动期间,在北京、重庆、深圳和贵阳等地举办了大型的避暑旅游推介会,中国(贵阳)避暑旅游经济论坛,贵阳避暑之都文化展以及旅游文化电视展播,邀请国内外专家及各界人士体验避暑之都的清凉之夏。避暑节活动的内容精彩纷呈,陆续推出"中国·贵阳宜居体验暨避暑旅游活动"和"中国·贵阳避暑体验游DV大赛"、"中国·贵阳乡村体验游"、"贵阳美食博览会"和"清镇红枫湖旅游节"等几十项缤纷主题活动。全天候、全方位向广大游客展现一个清凉美丽、舒适怡人的夏日贵阳。

首届"中国(贵阳)避暑节"还优化整合和深入打造了全市及周边多个核心避暑旅游资源、名牌避暑旅游景点、系列避暑观光度假休闲产品,开辟了包括将红枫湖、百花湖、花溪、天河潭、青岩古镇、甲秀楼、黔灵公园、文昌阁、阳明祠、南江峡谷和六广河等七线穿珠的重点旅游线;以省城为中心辐射省内各条避暑生态旅游线路。

同时,贵阳还陆续推出"相约林城·避暑欢歌"歌曲征集推广大赛、南明"一杯清茶、清凉一夏"茶文化节、乌当阿栗杨梅节、云岩少儿艺术节、修文桃源漂流节,白云"六月六"菠萝戈布依歌会、小河火炭杨梅节以及"我爱黔灵猴"系列活动、"贵阳城市记忆·美术文献展"等活动。这些寓地方特色文化于其中的旅游活动,与城市形象推广活动中评出的"八大风景名胜"、"十大珍稀植物"、"贵阳十八彩"等一起增添了贵阳旅游文化的内涵,使国内外游客的贵阳之旅不仅是"避暑之旅",更成为"文化之旅"。

"避暑季"的闭幕式不仅是"避暑季"的"收官"落幕,也是"温泉月"的闪亮揭帷,是整个"避暑季"的又一个亮点。"温泉月"的登场与"避暑季"紧密结合起来,不仅弥补了贵阳冬季旅游热点空白,更彰显出贵阳四季都有旅游品牌、四季都有旅游策划的旅游发展新格局。市政府将会展经济、"黔茶飘香"活动、亚洲青年动漫大赛,房产交易会等纳入避暑经济总体框架之中,力争五年内把"贵阳避暑季"打造成具有国际影响力的旅游产品,实现贵阳最美的"城市名片"远景目标。

点评

贵阳引进了公关的先进理念,主动追求内涵式发展,致力于通过开展大型活动来加强与外界的沟通,增强理解和交流。尤其是针对贵阳的人文地理特点,结合现代传媒手段和宣传形式,使得贵阳的优美自然风光和深厚文化底蕴展现出现代魅力。一系列环环相扣的大型活动更是让其城市形象在打造旅游品牌中得到升华和认可。

拍案二 2009天津商旅嘉年华——打造商贸旅游名城

2009年4月10日至5月10日,天津市结合第十六届津洽会的召开和五一国际劳动节的来临,以搞活流通、促进消费、活跃市场、繁荣发展为目标,在全市范围内,组织举办"津彩纷呈——2009天津商旅嘉年华"大型活动,大力开展主题鲜明,形式多样的商旅文促销活动,进一步聚集商气、聚拢人气,促进天津商贸旅游市场的繁荣繁华。

"津彩纷呈——2009天津商旅嘉年华"大型活动将分为两个阶段进行。

第一阶段从4月10日至4月25日,针对津洽会期间各地宾客来津相对集中,有利于营造人气聚集氛围的良好时机,以"聚焦津洽会,商旅嘉年华"为主题,组织开展10多项系列市场营销活动。

首先,以"聚焦津洽会,商旅嘉年华"启动仪式拉开序幕,天津市指挥部在和平路、滨江道交口设置特装舞台,举办启动仪式并组织文艺演出。同时,配合启动仪式开展街景文艺演出、广场艺术、舞狮和服装秀等活动,形成浓厚热烈的活动氛围。

其次,以形式多样的各种活动相对接。饮食系列的有"津门秀餐"、"津门小吃展销月"、"老板娘"杯第六届全国烹饪技能竞赛等相关活动,推出了具有天津特色的名品、名菜,开展天津地方特色小吃品种联展热卖,聚集人气,为来津参加津洽会的国内客商和市民百姓提供优质服务。购物系列有"津洽会购物嘉年华"、"出口商品大联展"、"珠宝首饰节"、"时尚服装节"、"化妆品展销"、"名车展示"、"家电促销"和"时尚数码盛宴",市政府及商务委组织本市内外贸出口企业与大型商场、超市进行对接,在各大卖场共享空间,开展外贸出口商品展销展卖,以"名品联展联销"和"优惠让利促销活动"吸引本市和外地消费者购物消费。

而后,市文化局组织"相约环渤海中外艺术精品系列演出",邀请美国、韩国、加拿大和波兰等国家的文艺团体汇集津城,展示风采,此外,启动"中外艺术经典电影季"活动,组织各大电影院开展主题展演、经典展演、大片展演等系列活动。市旅游局则接力开展"百万游客春游天津"活动,利用津洽会平台,集中推出海河水上风光游、五大道欧陆风貌建筑游、名人故居游、生态休闲游和民俗文化游等系列旅游活动,启动敞篷旅游观光车,积极推动京津冀"一卡通",组织去北京回访专列和在北京的宣传推介促销工作。

第二阶段从5月1日至5月10日,利用"五一"假日消费旺季,以"激情五一欢乐节"主题,在延续第一阶段各项主题商贸旅游文化活动的同时,启动"五一"节庆活动,开展多区域"激情广场秀"、"意式风情旅游节"、"海河风光游"等特色活动,丰富假日生活。各县区还根据自身特色举办"金街美食节"、"迎五一婚礼产业大型推广活动"、"小白楼广场音乐演出季"、"大悲院商业街庙会"、"花卉生态旅游节"、"设施农业生态休闲节"、"首届蓟县梨花节"和"团泊洼生态温泉旅游节"等商贸旅游活动,让市民及游客的假日商贸旅游生活更加丰富多彩。

点 评

"津彩纷呈——2009天津商旅嘉年华"这一大型活动是天津市根据自身的特点量身定做的,旨在打造一个全新的商贸文化名城。近年来,天津商贸旅游服务业发展迅速,大型设施相继建成,特色商圈不断涌现,商旅活动此起彼伏。以"津彩纷呈——2009天津商旅嘉年华"为主题而举办的一系列活动,吸引了人气,凝聚了商气,聚拢了财气,更提升了名气,受到了社会各界的广泛赞誉,有效促进了全市商贸旅游服务业的繁荣发展。

拍案三　魅力赛事打造旅游城市品牌

近年来,众多的节庆、赛事活动在三亚成功举办,推动与旅游产业相关的经济迅猛发展,从 2000 年 9 月份起,先后有新丝路中国模特大赛、中国南山长寿文化节、亚洲高尔夫球巡回公开赛、首届中国青年欢乐节暨第五届海南欢乐节闭幕式、首届海峡两岸热带兰花(三亚)博览会、世界小姐总决赛、世界家庭峰会和中国三亚天涯海角国际婚庆节等一系列的大型活动相继在三亚隆重举办,把世人的眼球都吸引到三亚来,三亚以其美丽、健康、时尚和浪漫吸引着全球海内外游客。这些活动的成功举办将为三亚举办大型活动积累丰富经验,练就一批组织大型活动的优秀人才。

在举办了一系列的大型活动的基础上,为了在更高的层面上实现从"让世界知道三亚"到"让世界了解三亚"的转变和提升,三亚市委市政府不失时机推出了"三亚城市名片"的征集评选活动。而此项活动具有鲜明的三亚特色。从征集的范围上看,大大超过了其他城市局限于本省本市本地区的限制,而是面向全国和海外主要客源地国家与地区,征集范围既涉及本省本市,还跨越了国界。从城市名片的内容上看,三亚征集的是高度浓缩和概括三亚精神与价值取向的语言概念,而不是具体实物。三亚城市名片的征集评选活动不仅可以有效塑造三亚的城市新形象,还大幅度地提升三亚的文化品位,体现城市较高的价值取向,为三亚的发展注入精神动力。

在"年年有国际影响活动,月月有国内影响活动"的思路指引下,三亚在近几年还举办了世界第一大力士冠军赛、世界先生总决赛、2007 快乐中国超级震撼跨年演唱会和三亚国际音乐节等大型国际文化活动等活动,通过这一系列活动来提高三亚的知名度和美誉度。

点　评

三亚正是借助各种大型节庆和赛事活动,扩大城市影响,打造城市品牌,吸引世人的眼球,吸引消费者进入到三亚,达到发展旅游经济的目的。作为建设中的国际滨海旅游城市,三亚需要借大型活动来提高知名度。在城市现有基础和知名度上,三亚应该从更高层次,以"目的地形象"为目标,打造具有本土特色的活动品牌,使之成为城市识标。

回味隽永

当今世界的许多城市为了打造属于自己的品牌形象,而将大型活动作为它们首选的公关策略。大型活动之所以受到各个城市的青睐,这和大型活动本身的特点有密切的关系。大型活动最突出的优势就是直接进入主题,在瞬间产生巨大"引力",引人入胜。不论是古希腊的奥林匹克,还是贵阳的避暑季,以及三亚举办的世界小姐总决赛都吸引了来自世界各地的人们。另外,大型活动的范围非常广泛。特别是近年来涌现出的文化节、旅游节、美食节、服装节和啤酒节等,虽然各具不同内容和形式,但都能以其特色内涵和个性品质吸引游客。

首先,举办大型活动应确立主题,并以其为"灵魂"来策划宣传方案,定位公关目标,选择活动形式。尤其要围绕主题形式特色内容来吸引眼球。

其次政府大型活动的操作要严密。大型活动不同于拍电影、电视,有重新编辑的机会,大型活动每一次都是现场直播,一旦出现失误就无法弥补。在这方面有不少深刻的教训,对于大型活动的策划与实施的周密性绝对不能掉以轻心,细节把握好了才能使大型活动成功举办,产生良好效果。

最后,大型活动具有高投资的特点。大型活动要有大笔的资金来维持运转,没有高额资金的注入,大型活动容易搁浅,甚至半途而废。因此,在选择以大型活动为公关方式时,一定要考虑必要性和经济上的承受力。只有在充分调研和科学论证的基础上,有的放矢地针对现实需求来开展大型活动公关,才能丰厚回报。

第十四篇

搭台唱戏　主动公关

——Swatch表2003新品华南媒体发表会案例

新闻发布会是企业及各种组织使用频率较高的一种公关方式，也是公众系统了解企业产品和重大事件的主要窗口。掌握好新闻发布会这一手段，架起组织企业与公众之间的桥梁，才能更好地实现公关目标。

开篇导例

开篇之述：用感受探测时间的流逝——Swatch 表 2003 新品华南媒体发表会

面对着铺天盖地的新产品上市新闻发布会，如何使自己的新品上市新闻发布会从中脱颖而出吸引受众是企业组织面临的一个严峻考验。2003 年 7 月，瑞士钟表制造公司斯沃琪公司在中国广州举行了一场名为"用感受探测时间的流逝——Swatch 表 2003 新品华南媒体发表会"的新品上市新闻发布会。凭借其全新的活动形式、创新的环节设置和奇特的环境布局，斯沃琪公司成功的将其新产品——Swatch2003 金属系列新款腕表的特色演绎得淋漓尽致。该新产品短时间内就倍受众人瞩目和追捧。

瑞士钟表制造公司斯沃琪公司于 1983 年推出第一只 Swatch 手表。到现在，Swatch 手表已经成为全球销售只数最多的手表品牌。Swatch 手表被认为是瑞士表中最具个性的品牌，它代表时尚生活、自主时间、轻松随性、形象新鲜和大胆有趣。系列产品既充满高科技的魅力，又拥有创新的奕奕神采，因此，虽然它在中国"涉世未深"，但已以迅雷不及掩耳之势俘获了年轻时尚一族的心。但中国的手表市场竞争极为激烈，斯沃琪公司的系列产品也面临着巨大的压力和挑战。为了增强自己的竞争力，保持自己的优势和"乘胜追击"扩大市场占有率，斯沃琪公司在 2003 年面向中国市场推出了 Swatch2003 金属系列新款腕表。

为了发布 Swatch2003 金属系列新款腕表上市的信息，加强产品和品牌的夏季宣传攻势，让喜爱 Swatch 品牌手表的消费者们了解到产品和品牌的最新动向，同时提高媒体对 Swatch 品牌手表关注和好感，发展和巩固斯沃琪公司与中国华南地区媒体的相互支持合作的良好关系,斯沃琪公司于 2003 年 7 月在广州举行了"用感受探测时间的流逝——Swatch 表 2003 新品华南媒体发表会"新产品上市新闻发布会。

  此次活动在广州海洋馆的海底世界举行。活动紧紧围绕着"用感受探测时间的流逝"这一主题展开,从主题活动流程的安排到细节的把握。媒体在精心设计的 Swatch 的世界里,发现时间的藏身之处,感受时间的流逝和心情的触动。美丽的人鱼身披轻纱、悠然入水,在珊瑚萦绕的海底世界里托出藏有 Swatch2003 金属系列新款腕表的巨型贝壳,象征新款表浮出水面,正式上市。斯沃琪公司中国及香港地区的副总裁亲自为嘉宾介绍了斯沃琪公司金属腕表系列 2003 年的靓丽新款,以及 Swatch 系列品牌手表充满创意的设计内涵。模特儿动感的台步、变幻的服装,把媒体对时间的感受从神秘的海底带回到活力十足的世界时尚之巅。不同款式的手表与风格各异的服装相互辉映,渲染了分秒不同、顷刻闪现的万种风情。

  活动的创意让媒体惊叹不已,对品牌的认知度、喜好度进一步增加。本次活动共邀请 40 家媒体参与。媒体出席率 100%,现场反映非常好,媒体印象最深刻的是本次活动的创意点。本次活动得到媒体广泛报道,经销商反应热烈。客户赞叹该活动是斯沃琪公司 2003 年度公关活动中最出彩的一个项目之一,无论从活动创意到执行细节都与品牌精神及品牌理念紧紧相扣,活动非常成功。

开篇之论:策略决定结果,创意造就成功

  企业新品上市新闻发布会的目的是为了将企业新上市产品的信息和品牌精神内涵通过媒介准确有效地传递给公众,获取公共的关注,提高产品和品牌的知名度。在活动过程中,对目标受众心理的研究、发布会的创意设计、现场环境的布置、记者现场心理的体验至关重要,直接影响着产品信息发布的效果。斯沃琪公司的 Swatch2003 金属系列新款腕表华南媒体发布会主题的选择,活动形式的创意、执行细节的把握都与品牌精神及品牌理念紧紧相扣。别出心裁的活动地点,独具创意的发布形式给整个发布会注入了"新鲜"、"新奇"、"心动"等的体验元素,整个发布会的活动过程亮点频现、精彩不断,让人隽永回味。活动中所体现的公关手段、公关技巧也令人为之"侧目"。

一、传播策略准确,有针对性

首先,产品信息传播策略——点面结合。由于Swatch品牌手表款式繁多,难以一一展示,活动主办方根据不同的风格采取了亮点展示与系列展示相结合的策略进行产品展示。在亮点展示环节,邀请斯沃琪公司中国及香港地区的副总裁亲自为嘉宾介绍Swatch品牌金属腕表系列2003年的靓丽新款以及斯沃琪公司系列品牌手表充满创意的设计内涵,提升了媒体对产品和品牌的关注度。在系列展示环节,将精选产品分为三大系列,突出不同风格进行主题展示。"美人鱼"及其在水里与模特互动使系列展示的过程更加生动,更好地向媒体和公众传递了产品信息。

其次,品牌信息传播策略——立体化传播。本次发布会不仅采用宣传单的宣传、产品的展示、专员的描述等形式对品牌信息进行信息发布传播,而且将品牌信息融入到活动现场的环境布置和活动流程执行的每一个细节安排中,多层次、全方位地展示品牌信息及理念。

最后,媒体选择与沟通策略——有的放矢。一方面根据Swatch产品时尚、创新和"可负担的奢华"的品牌特征和活动的目的,把媒体的选择定位为带有时尚版面和有关于品牌报道版面的40多家中国华南地区媒体。另一方面,根据不同媒体的风格和要求,提供不同的信息,将媒体对本次活动的聚焦可能放到最大。

二、活动的设计和安排彰显创意,突出体验,注重细节

创意理念贯穿于活动的全过程。活动的创意从别出心裁的场地选择开始,选择广州动物园海洋馆内的海底世界,其五彩斑斓和充满神秘色彩的环境不仅与Swatch品牌金属系列手表的外表视觉相吻合,而且也为活动内容的设计和场景的布置提供了跨越平面的创意空间;活动场景布置和活动内容的创意、新颖为千篇一律的新品新闻发布会注入了"新鲜、新奇、行动"的体验元素,让媒体和嘉宾的心情体验从签到开始,就能够通过身体感官的跳动感受,亲自体验时间的奥妙,在体验中感受产品的尊贵魅力,从而提高新品发布会的新闻价值,增强传播效果。

史镜今鉴

产品新闻发布会是企业发布产品信息、吸引公众、扩大产品市场份额、树立企业品牌和形象的一种公关策略和手段。古今中外的历史一直都在演绎着许许多多这样的故事,并且不乏精彩。

早在宋元时代,中国信息发布就广泛运用于勾栏舍瓦的文艺演出当中,出现了文艺演出信息发布以及剧场信息发布,出现了一些专门发布信息的"说话人"。宋代的"说书"、元代的杂剧等表演在演出之前都要悬挂、张贴"纸榜子"。这可谓产品信息发布会的雏形。我国的"说书"以及说唱艺术源远流长。在唐代就出现了早期的不太成熟、不太完善的"说故事"的"俗讲"说书模式。到了宋代,由于商品经济的发展,城市日趋繁荣发达,形成市民阶层。为了满足市民阶层文化娱乐消费的需要,"说话"、"话本"等说书论评的活动便"应时而生"、"应运而生"、"应势而生"。勾栏、舍瓦中出现了许多以"说书"为职业谋求生活的"职业说话人"。这些"职业说话人"为了吸引听众,在说书之前,往往预先发布了众多关于即将进行的"说书"活动的信息。包括"说书"的题目、部分精彩的内容。这些信息有时写在纸上张贴出来,更多时候是通过吆喝着说故事、唱歌曲的方式,配合以一些快板或者银乐器鼓吹演奏出来。这样能够吸引更多的民众前来围观,达到了传播信息、吸引观众前来听"说书"的效果。《水浒传》第51回《插翅虎枷打白秀英》有这么一段描写:"(白秀英)参拜四方,拈起锣棒,如撒豆般点动。拍下一声界方,念了四句七言诗……那白秀英道:'今日秀英招牌上明写着这场话本,是一段风流蕴藉的格范。唤作《豫章城双渐赶苏卿》。'说了开话又唱,唱了又说。合棚价喝彩不断。"这可为明证,"职业说话人"为了招揽听众,不仅在演出剧目单上写上剧目的名称,而且还加上了介绍内容的"风流蕴藉"的说明词。洪迈的《夷坚志》也有类似的记载:"四人同出嘉会门外茶肆中坐,见幅纸用绯贴尾云:'今晚讲说《汉书》'。"这也是活动之前的信息发布,让听众了解"说书"的内容。

宋元的"说书人"颇具智慧:通过发布信息宣传自己的"说书"活动以吸引听众,同时还巧妙地借助乐器来打造声势、营造氛围、扩大影响。实乃一场充满精彩创意的"古代"产品新闻发布会。

中国历史的车轮在重农抑商的浪潮中滚滚驶过,几经沧桑,历尽沉浮。在近代史的路口上,终于出现了一位著名的实业家——张謇,开创了中国近代实业救国的风气之先。

张謇是清末状元,他是当时最著名的实业家,又是江苏省教育会长,掌握着全省的教育大权,故其非常重视各种教科书的出版和发行,高瞻远瞩地把它列为业务工作的重中之重。当时的社会有些"跟潮流而上"的风气,很多人、很多学校并没有很好的了解新式教育以及新式的教科书。有些名为新式学校,但是教科书仍是以前的"四书五经"之类的"老古董",有些新式学校不知道应该使用哪些教科书,有的学校则是找不到适应新教育的教科书。这些都大大影响了新式教育的推进和发展普及,延缓了中国教育制度的改革步伐。而由"中国图书有限公司"出版发行的诸多的新式小学教科书却不为各方所关注,仍是"默默无闻"、"无人问津"、倍受冷落。有鉴于此,1908年4月,"中国图书有限公司"大张旗鼓地推出一张招贴信息单,向社会介绍了自己出版发行的大量教科用书。其中有初等小学修身课本、国文课本、算术课本、手工教授课本、唱歌课本、高等小学历史、地理格致、几何学、植物学、政治学、法律学、经济学、乐理概论、教育学、心理学、小学各种教授法、初等分析几何学、化学理论解说、明治教育史、小学劣等生救济法、通俗教育谈、卫生新论、商品学、电报学、经济原论、家事课本和幼儿保育法等教科书。信息单上介绍的这些新教科书,最显著的特点是完全顺应时代潮流的发展和社会的强烈需求。社会各界、学校以及相关的教育人士由此对"中国图书有限公司"出版的小学教科书有了新的认识,其公司以及所出版发行的新式小学教科书也因此"名声大振"、"扬名天下"。自此,"中国图书有限公司"出版发行的新式小学教科书行销全国,风靡一时。广大的学生也获得了更为优质的教育。

"中国图书有限公司"为中国清末新教育制度的迅速发展推进做出了巨大的贡献。其声誉也日隆,为世人、为历史所铭记。

张謇生活的时代恰恰也是外国的商品开始能够自由流通于中国并且广泛为中国民众所接受的时代。享誉当今世界的著名手表品牌——欧米茄手表也是在那个时候开始进入中国市场。

欧米茄手表是生产于瑞士的世界名表。1848年,路易·勃兰特在山城秀德峰创建了瑞士第一家机械化钟表厂。这家钟表厂利用蒸汽作为动力精制手表机芯和零件,装配成各种样式的怀表,销往英国、法国、德国和奥地利等欧洲国家。1877年,路易·勃兰特正式注册了名为路易·勃兰特的手表生产公司。1894年,公司的工程师们成功研制出了"19链"走时准确的机芯,并为由这种机芯装配的手表设计了一个由英文名称"OMEGA"和希腊字母"Ω"相结合的品牌标志。该标志象征着完美、巅峰和卓著。"OMEGA"手表一问世,就以瑞士走时最准的钟表而饮誉于世,获得了瑞士天文台精确计时的官方证书。公司于1894年更名为"OMEGA"钟表公司。1900年"OMEGA"手表在巴黎国际博览会上荣获金奖,此后又在不同的钟表计时评比中屡获桂冠。1932年洛杉矶奥运会又指定"OMEGA"手表为其比赛专用计时器。自此以后,"OMEGA"扬名天下,畅销世界100多个国家和地区,成为世界钟表业的骄子。

1895年,"OMEGA"手表正式进入中国市场,中文译名为"亚米茄"(现译为欧米茄)。它以清新隽永的创意、精湛的制作工艺、精确的计时功能而率先被中国铁路部门所采用。当时也有一些钟表仿制亚米茄手表,有些甚至公然冒名亚米茄手表,有些消费者也上了当。销售"亚米茄"的满海洋行深谙经营之道,及时发布消息说:"'亚米茄'表为瑞士名厂亚米茄之出品,其机器之特殊与守时之准确万非他表所能及,种类繁多金银镍皆备,其通常所用之三号镍制火车表,价既公道而尤合社会人士之需要。该火车表因中国各大铁路以其准确超群,选用该表有年,故有火车表之嘉名。凡向市上购火车表诸君,必指名亚米茄火车表方不致有误,盖亦有某种钟表而冒称火车表,是须特别注意者。"宝信洋行则统计了亚米茄手表的一些使用情况,对外发布信息称:"亚米茄表,世界准确记录之创举者,亚米茄表新出之87周年表(即新式亚米茄火车表),机器坚固、计时准确、样式美观。自1923年12月发售以来风行全国各铁路业,购经用者计:京沪沪杭甬铁路2800只,京沪路常州站机务处60只,北宁铁路车务处260只,浙赣铁路250只,江南铁路40只。亚米茄火车表每只售29元半。"这些信息通过报纸、杂志、传单等媒介向全社会传播开去,时人由此清楚了解、掌握了亚米茄手表的相关信息。同时,亚米茄手表还聘请了当时中国家喻户晓的电影、戏曲明星陈云裳、童月娟、胡蝶、黎莉莉、王人美、梁赛珍、顾兰君、陈玉梅和王熙春等人为亚米茄手表代言,宣传亚米茄手表。

亚米茄公司通过报纸、杂志、传单发布传播自己产品的相关信息,包括产品的产地、特点、价格以及市场消费使用情况等,获得了良好的宣传效果。尽管当时中国的市场上各类手表琳琅满目,各个生产商竞出奇计,千方百计扩大、占领中国更大的手表市场份额。亚米茄手表依然"稳坐泰山",销售量始终位于同类产品的首位。如今,一百多年过去了,虽然中国的历史已是沧海桑田、万千变幻,但是在岁月的磨砺中,亚米茄依然如故。其精确的计时、完美的造型、精心的创意,为中国消费者所仰慕、所青睐。

三刻拍案

随着现代传媒技术的不断发展,当今社会企业产品新闻发布的形式更加多样化、内容更加丰富化,传播手段更加多元化。随着各行业、各企业的新产品不断涌现,种类繁多、形式多样的新产品新闻发布会也层出不穷、百花齐放。经典比比皆是。

拍案一　随时随地,无缝沟通——中国移动飞信正式商用新闻发布会

中国移动通信集团公司是中国国有重要骨干企业,其网络规模和客户规模均为全球第一。从 2006 年 9 月开始,中国移动通信集团公司的综合通信服务产品——飞信在中国江苏等 9 省市进行试商用,用户突破了 2000 万,并在这些地区获得了较高的知名度和美誉度,而在其他地区的知名度也在不断提升。2007 年上半年,飞信已经相对稳定、成熟,支持飞信的终端日益增多,媒体界也进行了较多的报道。这些优势为飞信正式商用的新闻传播和营销传播奠定了良好的基础。

但是,面对群雄并起、强者林立的即时通讯市场,作为后起者的飞信,如何体现差异性,以确保其不会引起 QQ、MSN 等同类产品的过分敏感?如何才能引起新闻媒体的关注和好评,甚至一炮打响,引发客户的追捧?带着这样的问题,经过一个多月的酝酿和筹备,2007 年 6 月 5 日,"飞信沟通无限"中国移动飞信正式商用新闻发布会在中国北京 798 工厂俱乐部召开。发布会邀请了超过 150 位嘉宾,其中包括中国移动集团公司嘉宾 30 人,北京移动分公司嘉宾 20 人,终端厂商代表 10 人,媒体 100 人。

此次活动确定"科技"、"时尚"、"娱乐"、"互动"四个关键点为活动理念并紧紧围绕着"随时随地无缝沟通"这一主题展开。通过活动内容和形式等方面的创新,此次活动赢得广泛关注和好评,飞信的知名度和美誉度也随之有了很大的提高。

本次发布会对活动的形式和内容作了如下的安排。

活动形式的设计:第一,场地选择。将场地选择在象征着时尚文化和前卫艺术的北京798工厂,与飞信品牌具有很高的切合点。第二,场景设置。首先,在进入会场的通道入口设置"飞信世界通道",嘉宾将从入口处手机形状的大门进入飞信世界,然后从巨大的电脑显示屏形状的出口出来,以此寓意飞信的多终端登录、无缝沟通。通道绘有大量飞信图案,增强了现场效果。其次,体验区分为四个分区,每个区域实现一个场景再现,可以使嘉宾对飞信的特色功能一览无余:体验区一为办公场所,体验飞信PC端功能;体验区二为地铁中,体验飞信手机端功能;体验区三为休闲场所,体验飞信防盗号功能;体验区四为电梯中,体验飞信多人语音聊天功能。再次,嘉宾穿越"飞信世界通道",将进入发布会会场。会场饰以灯光、声音、布景等营造出"科技"、"时尚"的会议理念。从舞台、嘉宾和媒体区域设计等环节上凸现飞信的视觉表现。第三,签到环节。嘉宾签到时工作人员将嘉宾的手机号码录入计算机,使到场的所有嘉宾在发布会现场组成飞信好友群,能够在第一时间接收到飞信正式商用的信息及互动游戏信息。本次活动还将印有不同飞信表情的胸章作为嘉宾证及媒体证。第四,仪式启动。利用飞信产品PC端与手机端的即时互通特点,中国移动通信集团公司领导按动设置好的启动装置,向现场参会人员发送正式商用后的第一条飞信,标志飞信的正式商用。启动仪式不落窠臼,再一次体现了活动与产品的巧妙结合。

活动内容的安排:第一,视频短片播放。本次活动播放了两个视频短片。一个是街头采访,从用户角度谈对即时通信的认知,引出飞信的话题讨论;另一个是飞信业务介绍,从中国移动的角度阐释飞信,使到场媒体、嘉宾能够加深对飞信的了解。两个短片对于活跃现场氛围,增加观众对产品的了解起到了很好的作用。第二,高端对话。主持人现场邀请一些产业专家、市场营销专家及终端厂商代表,以对话的形式,引导专家及终端厂商代表发起对即时通信和飞信的话题讨论,从专家及终端厂商的角度进一步探讨飞信,使人们对飞信有了更加理性的了解。第三,明星现场互动。著名歌星周杰伦的出场是本次活动的一个亮点。他当场体验产品,并现场讲述了使用飞信的心得,同时公布了自己的飞信号,号召大家

大型活动公关

一起使用飞信,引发了活动的一个小高潮。活动最后,从本次发布会的媒体好友群里挑选7名媒体代表进行语音群聊,被呼叫到的媒体代表当即可以得到摩托罗拉(MOTO)公司的飞信定制手机一部,由周杰伦现场颁奖。

活动当天,活动主办方邀请了43家媒体参与其中,媒体到会率为100%。他们饶有兴趣地追踪会议的进程和情况,直至发布会圆满结束。活动结束后,媒体进行了广泛和深入的报道。监测结果显示,在全国和北京媒体中,有40多家报刊、电视和广播对这一活动进行了报道。此外还有几十家网站对这一活动的报道进行了转载,媒体报告字数超过11万字。本次活动对于飞信商用起到了很好的传播效应。活动的效果立竿见影。从2007年6月5日开始,中国移动通信集团公司的飞信用户数量增长迅速。飞信产品的推出使得中国移动通信集团公司的增值服务向多元、综合、多功能的方向迈进了一大步,这一综合移动通信服务得到了市场的肯定。

点 评

中国移动通信集团公司举办的"随时随地,无缝沟通——中国移动飞信正式商用新闻发布会"收到了良好的传播效果。回顾整个活动的开展过程,有以下几点令人回味。

首先,活动发布主题寓意深刻,活动内容紧扣主题。"随时随地,无缝沟通"的主题蕴涵着飞信可以在手机和电脑多终端登录,用户可以随时随地与好友保持联络的产品特征和优势。整个新闻发布会无论是现场规划、场景布置,还是现场的视频短篇、嘉宾互动,无一不体现了飞信元素,无一不紧扣和凸显"随时随地无缝沟通"这一活动主题。活动与产品结合巧妙完美。

其次,目标受众定位准确,媒介选择有针对性。根据中国移动通信集团公司飞信产品的定位——提供综合通信服务以及对各类人群特点的分析,发布会将活动的主要目标受众锁定在学生用户和活跃的白领一族。因为这两大群体容量基础大,对互联网的依赖性高,对IT新事物的接受能力强,对手机和移动电脑的使用率高。而在传播媒介的选择方面,本次发布会将目光锁定在与目标受众密切相关的媒体,主要选择了大众类、时尚类和高端性的媒体,并且采用了以报纸为主,兼顾期刊、广播、电视和网络媒体的传播策略。

第十四篇　搭台唱戏　主动公关

最后，活动策划充满创意，活动执行力强。本次新闻发布会无论在活动内容还是活动形式上都包含创新因子。首先，发布会场地选在象征着时尚文化和前卫艺术的北京798工厂，既能吸引目标受众，又能彰显飞信品牌的高端理念；其次，在场景的设置上，无论是工作人员的服装、活动场所的通道，还是主会场、业务体验区，处处体现飞信元素，让与会者感觉到飞信无处不在；再次，用四个体验分区实现场景再现，使嘉宾对飞信的特色功能一览无余。活动创意好，再辅以强而有效的执行力做保障，本次活动大获成功是意料之中的事。在本次发新闻发布会活动中，各项安排、工作执行细致、到位，精密周全地考虑到了每个活动环节的具体措施及应有效果，每个活动内容环环相扣，层层铺开，井然有序，保证了本次活动的成功举办。

拍案二　凤聚财源　卡行天下——北京农村商业银行凤凰卡首发发布会

2005年，经中国国务院批准，前身为中国北京市农村信用合作社的北京农村商业银行（以下简称农商行）组建全国首家省级股份制农村商业银行。在金融服务产品同质化问题越来越严重、金融服务企业之间的竞争越来越激烈、消费者对金融服务的需求日趋多元化以及提出更多服务要求的背景下，农商行正式推出了该行的第一张借记卡——凤凰卡。凤凰卡上市对于农商行来说不仅仅是简单地推出一项金融产品，而且是农商行转型商业银行后通过金融产品营销树立形象的最佳契机。通过大量调查分析，农商行发现凤凰卡虽有自己明显的优势，但有的优势鲜为人知，甚至是不为人知。凤凰卡首先面临的是如何迅速提高知名度的问题。为此，2006年3月3日，农商行以凤凰卡满足持卡客户的服务需求为主题，在北京民族饭店举办了"凤聚财源·卡行天下——北京农村商业银行凤凰卡首发发布会"的信息发布会。北京市委市政府、中国银联等各级单位的相关负责人以及来自北京城68家媒体及百余名农商行中高层领导出席了本次信息发布会。

活动主办方通过精心的策划和安排，将会议的高潮定在"凤凰裂茧，共舞天下"的活动环节。在这个环节中，主办方设计四个迷人的场景。场景一：随着悠扬音乐声的响起，金光闪闪、富贵之极的凤凰翱翔于天，盘旋飞舞着，款款扭动凤翎，随乐飘飘，旁若无人地演绎着舞蹈大家的骄矜……场景二：就在人们还在翘首凝望、还沉醉于凤凰迷人舞姿的时候，它却缓缓俯下高贵的头颈，向着人们，向着天外深深一揖。场景三：当凤凰清鸣一声，第二次点头的时候，熠熠生辉的金蛋呈现在大家面前。场景四：当凤凰第三次点头时，凤凰嘴部触及了金蛋上部边缘。突然之间，出乎所有人意料，金蛋一分为两半，巨大的凤凰卡耀眼生辉（此时凤凰翩然而起，一路向上，仿佛破空而去）。顷刻间，所有的灯光、烟花同时追逐着场内这唯一的焦点——凤凰卡。硕大的凤凰卡闪动着金灿的贵气，闪耀出世，全场气氛达到了最高潮。

本次发布会所邀请的政府、金融界负责人和行业代表悉数出席。68家媒体出席率也是100％。该次活动取得良好的公关传播效果，农商行经营业绩大幅提升，品牌形象和市场竞争力显著增强。凭借其强大的实力和优质的服务，农商行成为北京社会主义新农村建设的金融主力军。

点评

综观"凤聚财源·卡行天下——北京农村商业银行凤凰卡首发发布会"的整个活动过程，完善的整体规划、细致到位的准备和执行是凤凰卡推广活动取得成功的保证。在活动环节的设置和内容的安排上，抓重放轻，去繁留简，抓住重点和关键环节，进行重点突破、重点创意是本次活动成功的一个关键因素。把活动的高潮和亮点定在"凤凰裂茧，共舞天下"环节，以栩栩如生的三维凤凰三点头动画和熠熠生辉的凤凰卡从金蛋中破壳而出的创意方式亮相凤凰卡，给公众留下了深刻的印象。

拍案三　品味·科技——TCL电脑虚拟产品发布会

中国TCL集团为TCL锐翔A系列产品上市召开的新闻发布会，独辟蹊径，运用高科技手段，大胆创意求新，在众多的产品新闻发布会中"鹤立鸡群"，广受关注。

TCL锐翔A系列电脑产品是中国TCL集团推出的新产品。其时尚的ID设计和功能强大的独立AV中心（视听设备控制中心）及人性化、个性化操作界面为消费者带来了真正简单、多功能的应用体验。借助TCL锐翔A系列新品新上市的机会，TCL集团在坚持"品味·科技"的品牌理念下，结合新卖点，提出了"惟美智慧，视听灵感"的宣传口号，整合出全方位的产品信息传播方案——除TVC（电视商业广告）外，配合以公关、活动、报纸、杂志、户外等其他传媒介质进行三百六十度的全方位渗透传播。但就在锐翔A系列产品推出的半个月之前，竞争对手的新品率先上市亮相，一年一度的寒假促销大战近在眼前、不可避免。如何突破重围，把这一款体现消费导向的高科技产品推向市场，让媒体、经销商和公众眼前一亮？于是，一场酝酿良久、最终吸引了全国各地30多家媒体的虚拟产品发布会隆重召开。

本次新品发布会选择在广州一家高品位私人会所——红馆举行。红馆室外500多平方米的庭院，雪白的布幔搭建了一个半封闭的区域，TCL彩电事业部提供的8台等离子电视和一块背投主屏幕构成了一个高科技影音虚拟发布会的信息输出终端。场地两侧，竖立着两个装满彩色流沙的一人多高的玻璃四方体装饰艺术品，流光溢彩；红馆上层沙龙式别墅则稍加改装，注入了与TCL锐翔A系列产品般配的品味内涵，每一台锐翔A系列电脑的液晶屏、主机箱、功放和音响等都和谐完美地融入环境，和着吧台、流水池壁炉甚至窄木楼梯交响着，绽放出艺术的魅力。

一条美轮美奂的30秒钟片头导语（飞翔/从来是人类的梦想/所以/我们塑造翅膀/更想获得飞翔的动力/从每一根骨架、每一缕羽毛、每一块肌肉……/寻找飞翔的精微细致 直到……/一切感知的劲头/就是灵感起飞的时候/数码智慧，锐意飞翔/……）开启了本次新闻发布活动。导语之后，现场影音设备播放的是一段早已经准备好的30分钟产品专题介绍视频。相关TCL电脑产品研发人员，通过这个虚拟座谈会与现场的媒体记者交流，把TCL集团对市场的研究、判断和产品内在的文化内涵以及外观的设计理念层层揭示出来。本次活动借助声、光、电演绎了产品的迷人魅力：轻薄的工业造型液晶显示器、人体工学的弧形键盘、10升超小机箱和独立的AV中心，这款集电视、功放、录像和收音等众多功能于一身的

PC机看上去,就是一件不折不扣的美妙艺术杰作。

当与会者怀着好奇的心情轻轻踏入红馆、面对美丽奇妙的场地布景时,当现场屏幕同时播放出绚烂的影音画面时,当会场中看似装饰的幻影流沙柱中沙流突然倾泻而变幻出锐翔A系列新产品时,所有的与会人员都陶醉了,他们禁不住流露出惊讶的表情,继而发出啧啧赞叹声。长达半个多小时的虚拟影音发布会结束许久之后,大家仍沉浸在刚才的震撼场景中。

本次产品信息发布会没有主持人主持、没有负责人介绍、没有明星代言,而是以一个虚拟发布会的创新模式、巧妙完美的展示传播了自己的产品品牌,在社会上取得良好的传播效果。据不完全市场销售统计,在TCL锐翔A系列PC机上市仅一个半月,离预定期限还有一个月,其销售量已经达到了原定寒假促销总量的216%。

点评

这次小规模的新品发布会不逊于一次声势浩大的公关活动,它的成功归结于"以正合,以奇胜"的策略选择。"正合"主要体现在TCL锐翔A系列新品的设计上。TCL锐翔A系列新品遵从"品味·科技"的全新品牌理念宗旨,展示了自己产品时尚的ID设计和功能强大的独立AV中心及个性化、人性化操作界面,契合了公众对时尚品味和高新科技的追求。"奇胜"策略主要体现在活动形式的选择、场景的布置、活动环节的安排中。本次发布会打破以往找明星代言的陈规,通过对场景设置和环境营造,让消费者亲自观看产品,让消费者亲自聆听产品,让消费者亲自感受产品,让消费者在体验中认识、认可产品和品牌。虚拟发布会场景布置所营造出的神秘氛围使到场的媒体记者产生好奇悬念心理,引起他们的最大关注;活动过程中所营造出来的优雅浪漫的气氛和锐翔唯美智慧的试听体验相称相容,成功将TCL锐翔A系列新品"品味·科技"的全新品牌理念表现的淋漓尽致,使产品和品牌、精神与活动达到了完美的融合,产品和品牌信息因此有效地被传递给媒体和公众。

回味隽永

新闻发布会这类公关活动必须准确把握客体（包括产品、客户）信息，做出最准确、最有利的选择和决定，然后依靠精心而富有创意的策划、周密细致的执行才能保证活动的成功，才能获得新闻发布会传播效果值的最大化。

第一，权衡举办新闻发布会的必要性。与其他的新闻传播方式相比，举办一场新闻发布会需要消耗更多的人力、物力和财力，而且，不是所有的信息传播都适合召开新闻发布会，召开新闻发布会之前须确认两点：一是须确认该信息是否具有专门召集记者前来予以报道的新闻价值；二是必须确认新闻发布会的紧迫性和最佳时机。

第二，选择好举办新闻发布会的时间和地点。选择新闻发布会举办的适当时间和恰当地点是新闻发布会最终成功与否的重要制约因素。在时间选择上，要注意避免与重要节日和社会重大活动等具有重大影响力的事件冲突（有需在重要节日和社会活动期间举办的除外），这样既能避免新闻发布会的信息被其他的信息覆盖，又可以避免公众关注点的分散，从而提高社会公众对本次新闻发布会的关注度，确保新闻发布会的传播效果。在地点的选择上，一方面要方便媒体记者的出行，以保证媒体记者的出席率；另一方面要符合新闻发布会的主题与内容，以便更好地传递举办主题所要发布的信息。

第三，明确新闻发布会要邀请的媒体记者。媒体记者的选择要根据产品的目标客户和本次新闻发布的目标受众进行，主要要考虑媒体定位、媒体地域和传播方式三个方面，根据不同媒体记者的报道风格和报道视角，提供适合其需求的信息，以满足媒体记者和公众的心理期待，提高传播的有效性。

第四，新闻发布会活动设计与安排要具有创意性和新颖性。活动的创意与新颖源于开拓创新、独辟蹊径。富有创意的活动能突破摆脱枯燥乏味、千篇一律的新闻发布会形式,能产生与众不同的新奇感,能够将媒体和嘉宾等目标受众的关注提到最高。

第五,活动的执行力要强,细节把控要到位。执行决定效果,细节关系到成败。新意的策划唯有依靠有效的执行力才能转化为现实的结果,活动的整体效果取决于每个细节的把握。

第十五篇

大胆创意　小心实施

——IBM 公司的Think战略

　　创意是公关活动的灵魂，一个成功的公关战略首先需要不同凡响的创意。有效的创意能激发公众的好奇心，吸引公众的注意力，使企业公关活动获得事半功倍的效果。创意越来越成为众多大型活动前提性要件，是企业脱颖而出的公关要素。在大型活动的策划上大胆创意，勇于创新，才能突破陈规，取得轰动效应，而在活动实施方面谨小慎微，做到滴水不漏，则可以与创意相辅相成、相得益彰，促使创意目的的实现。

开篇导例

开篇之述：IBM 公司的 Think 战略

企业要想在信息繁杂的市场环境中提高企业品牌的知名度和美誉度，大型活动是一个首要的选择。如何让公众关注企业所举办的大型活动，从而对其品牌一见钟情，除了活动本身要有声势浩大的宣传之外，大型活动诉求的重点是其通过怎样的方式表现出来，也就是活动形式，从策划到实施的全过程是否具有创意性，这是一个大型活动成败的关键。IBM ThinkPad T40 无线新品上市时的活动案例给了我们作了一个很好的演示，让我们看到大型活动中创意的重要性。

2002 年 11 月，IBM 推出全球 PC 战略——Think 战略，明确了"为商业优势而创新"的战略核心。该公司在 2003 年 3 月推出的 ThinkPad T40 笔记本电脑，作为 IBM 全面支持 Intel Centrino 芯片的产品，是最具革新性的无线应用产品，它的上市将是 Think 战略发布以来 IBM 个人电脑事业部最重要的市场动作。为充分彰显 IBM ThinkPad 笔记本的非凡魅力，特别是把 ThinkPad 推出的划时代意义凸显出来，把此次活动做得隆重盛大，IBM 公司从活动阶段设计、活动形式设计、信息设计，到场地选择、传播途径都作了精心的策划。

在活动阶段的设计方面，整个活动分为预热、新闻发布会及后续部分三个阶段：预热阶段是长达三周的预热文稿撰写和发布以及其预热活动；第二阶段为在中华世纪坛举行的新闻发布会暨捐赠仪式；后续阶段为"ThinkDay——跨越心中的珠穆朗玛"——欢迎珠峰勇士归来暨 IBM PC 产品用户座谈会活动。这三个活动阶段以 Think 战略为主线索，以珠峰攀登为副线索，不但将 ThinkPad T40 产品的优越特性充分展示出来，而且对 ThinkPad T40 的深厚历史意义进行了深刻阐释，整个活动实施连贯，内容丰富，是一个有逻辑联系的、动态的有机整体。这些为保证良好的传播效果，起到了重要的基础性作用。整个活动设计新颖，整体传播活动显得错落有致、高潮不断。

在活动形式上,每一个阶段的活动都是精心设计、极富创新性。预热阶段中,除了例行的预热文章的撰写和发布外,还在新闻发布会召开前三天,在搜狐网站的显著位置设置网络直播节目预告的链接,鼓励网友留下感兴趣的问题。在新闻发布会阶段,通过登山队现场捐赠仪式、极富震撼力的 IBM ThinkPad T40 出场 Flash 以及两个精彩的视频短片,将不到两个小时的发布会做得有声有色。在后续阶段中,"ThinkDay——跨越心中的珠穆朗玛"——IBM PC 产品用户座谈会活动一改以往发布会主要由厂商一方发言的模式,而是邀请 IBM ThinkPad 产品比较有影响力的用户,畅谈自己的独特人生经历中 ThinkPad 产品为自己带来的稳健、快乐和感动,让大家更为深刻地感受到了 ThinkPad 的"我思考我体验"、"我思考我成功"、"我思考我超越"的独特品牌感召力。

传播渠道方面,IBM 公司在媒体的选择上制定了以 IT 专业媒体为主,大众媒体为辅,兼顾时尚媒体的方案。同时此次新闻发布会采取了网络同步直播的形式,将新闻发布会的进程和信息,通过网络第一时间传送给广大网民。这次活动在依靠传统媒体传播渠道之外,还充分利用了网络传播这一工具,不但注重信息传播的广泛性,也充分注意了信息传播的及时性。

开篇之论:创意是制胜法宝

这是一个策划很精致的案例,它的成功恰如其分地说明了创意是大型活动制胜的法宝。其创意性主要表现为以下几点。

第一是活动流程设计的创意性。IBM 公司设计的整个活动过程,首先通过各类新闻媒体进行活动信息的发布传播,为活动预热,为活动造势,借以引起公众消费者的关注。然后通过比较正规严肃的新闻发布会正式发布 ThinkPad 品牌产品的相关信息,让公众和消费者对产品有比较深刻正确的认识。最后还加上了一个后续的活动阶段,邀请一些比较知名的品牌用户结合自己的实际使用情况畅谈 ThinkPad 品牌产品的特点特性,证明了 ThinkPad 品牌产品的功能和优点,进一步加深和巩固公众和消费者对 ThinkPad 品牌产品的印象和认可。整个活动过程符合循序渐进、稳步提高、加深认识的人的认知心理过程。

第二是活动内容展示的创意性。这主要体现在新闻发布会的活动展示以及后续阶段的活动方式上。活动以 ThinkPad 品牌产品在太空里、大漠中、北极上、峡谷间等人类生存极限的空间依旧"挥洒自如"、"如鱼得水"地运作着的视频纪录片开场，之后过渡到中国登山队"纪念人类攀登珠峰成功50周年"再登珠峰IBM捐赠仪式现场，每一个环节都是一个极具创意的活动，融合、体现、展示了ThinkPad品牌产品挑战极限的设计内涵和功能特性，那些震撼人心的画面使观众印象深刻，ThinkPad品牌产品的性能更为观众所惊叹。这些创意性的活动展示内容，扩大、加深了产品品牌信息传播的效果。至于后续活动中邀请知名的品牌用户者谈论品牌产品的使用体验，一方面了论证了产品的高性能、可信度，同时也借助名人的效应传播了产品品牌信息，扩大了产品品牌的知名度和美誉度，吸引了更多的公众和消费者。真可谓一举两得、"一石两鸟"。

总而言之，在这个案例中，我们看到，IBM公司一方面很精准地抓住高科技产品能够有效依靠、提供密集"轰炸"传播的公关活动这一特点，制作了如新闻、巡展、研讨等各种策略性的传播工作；另一方面，IBM公司成功地一改以往千篇一律的活动模式惯例，别出心裁，针对不同的受众对象（用户、媒体、舆论）设计不同的活动形式和内容，每一阶段的活动设计都新颖独特，整个活动新样百出，结果整个活动广受关注，达到了活动宣传的目的。

史镜今鉴

创意从本质上来讲就是一种创造性的思维，发现前人所未发现的，做前人所未做的，就是一种创造性的思维。这种有创造性的思维并非今人独创，在中国历史中已不乏运用创造性思维成事的案例，下面我们就来看一下古人的智慧与创新之举。

秦朝末年，政治腐败，此时天下群雄并起，逐鹿中原。刘邦的部队首先进入关中，攻进秦朝都城咸阳。势力强大的项羽进入关中后，逼迫刘邦退出关中。鸿门宴上，刘邦险些丧命。刘邦脱险后，率部退驻汉中。为了麻痹项羽，刘邦退走时，将汉中通往关中的栈道全部烧毁，表示不再返回

第十五篇 —— 大胆创意 小心实施

关中。其实刘邦一天也没有忘记要击败项羽,争夺天下。公元前206年,已逐步强大起来的刘邦派大将军韩信出兵东征。出征之前,韩信派了许多士兵去修复已被烧毁的栈道,摆出要从原路杀回的架势。关中项羽守军闻讯,密切关注修复栈道的进展情况,并派主力部队在这条路线各个关口要塞加紧防范,阻拦汉军进攻。韩信"明修栈道"的行为果然奏效,紧紧吸引了项羽军队的注意力。由于项羽军队的主力被引诱到了栈道一线,韩信抓住时期,派大军绕道到陈仓(今陕西宝鸡县东)发动对项羽军队的突然袭击,一举打败章邯,平定三秦,为刘邦统一中原迈出了决定性的一步。

这是《史记·高祖本纪》中记载的一段史实,也是《三十六计》中的"暗渡陈仓"之计的由来。暗渡陈仓,意思就是采取正面佯攻,当敌军被我牵制而集结固守时,我军悄悄派出一支部队迂回到敌后,乘虚而入,出其不意进行突袭。所谓"奇出于正,无正则不能出奇,不明修栈道,则不能暗渡陈仓",也就是说奇袭作战是相对正规作战而言的,没有正规战也就无所谓奇袭战,如果不去佯修栈道,也就暗渡不了陈仓。三国时,邓艾率领魏国的军队驻扎在白水的北岸,蜀国的姜维则派遣廖化率部在白水的南岸安营扎寨。邓艾对部下几位将领说:"姜维的军队突然到来,我们的部队人数少,按常理他应该急速过江进攻而来不及架设桥梁,现在我看他们不急不动,这肯定是姜维想利用廖化把我们拖住,使我们离开不得,姜维他自己必定率领大部队向东袭取洮城了。"众将表示赞同,邓艾当机立断,连夜从小路回军洮城。果然,姜维正率部在那里渡河。由于邓艾领兵先到,得以进城守备,所以洮城才没有被姜维攻破。这便是姜维不善于运用"暗渡陈仓"的计谋,而邓艾则能察觉"声东击西"的计谋。

商场如战场,在竞争激烈的今天更是如此。出奇,历来是古今中外兵家制胜之道,我们可以从以上的两个案例中深刻地体会到出奇制胜这一法宝。我们说创意就是指创造性的思维,"不走寻常路"就是它的真实写照。想别人意想不到的,做别人未曾做过的,就是创意的表现。当然,在创意上要大胆,然而在实施过程中必须小心谨慎,否则就会像姜维那样,因实行不当,使创意被人识破而落空,落得个以失败告终的下场。

再看国外一个很经典的案例,其独特的创意令人拍案叫绝。违反常规的作法独具新意,十分大胆,巧妙地迎合了大众的消费心理,赢得了广大消费者的青睐,从而使它在市场中立于不败之地。

在美国马萨诸塞州波士顿市中心有一座引人注目的高楼,楼顶高悬着巨幅招牌"法林联合百货公司",而更引人注目的是大楼的下两层,门口写着"法林地下自动降价商店"。"自动降价"是该店一种独特的促销方法。该店规定,出售的每一种商品在摆到售货架上时,除了要标明售价以外,还要标明第一次上架时间,以后按上架陈列的天数实行自动降价,比如上架第13天这件商品还没有出售,就自动降价20%;又过去6天,还没有卖出的商品则降价50%;再过6天仍未出售,则降价75%;再过6天还是无人问津的话,这件商品就从售货架上取下,送给慈善机构,不再在该店出售。这家商品店销售的商品大多是中层次的商品,品种繁多,价格各异,有童装、鞋袜、旅游用品、体育用品等,主要是人们的日常生活用品。当然,商店自降价商品并不是产品质量不好的处理品,而是保质保量产品。顾客买走后,若不满意,只要不脏就可以退换。这种独特的做法很快在波士顿市广为流传,人们从不同的地方来这家商店,购置一些自己需要的、物美价廉的产品。正是由于这种独特的降价方式,该店一直顾客盈门,销售量直线上升。由于该店陈列在店中的商品都是有社会需求的,价格本身也比较适中,顾客看到自己喜欢的东西一般会当机立断买走,所以真正降到最低价的商品很少,该店非但没有因为降价而赔本,反而还因吸引了大量的顾客而更大地营利了。

三刻拍案

值得注意的是,大型公关活动中的创意需要以企业的宣传定位、广告策略、品牌的市场竞争情况和目标消费者的需要为依据的,并不是像纯艺术创作那样"天马行空"地构思。创意的关键在于这个"创"字,也就是说要有独创性。别人未曾使用过的主意和新颖的活动形式才能更加吸引公众的注意,给人留下深刻的印象,从而产生广泛的影响,达到企业大型活动的宣传目的。下面我们再来看几个很有创意的企业大型公关活动的案例。

拍案一　中华挑战世界之最——联合利华大型公益巡展活动

联合利华日化有限公司是世界上生产快速消费品的主要企业之一,其产品年销售额高达 460 亿美元,年盈利额高达 68 亿美元。长期以来,联合利华公司一直位于全球财富排行榜 500 强前列。随着产品生产线的不断完善,产品配方的升级和包装的更新,联合利华公司的"中华"这一品牌形象需要对专业性和时尚感、国际化、年轻化等方面的诉求进行充分提升,以更好地适应市场需求。但由于每一种产品都有自己的特色,因此如何将这些产品特色有针对性地推介给用户,是一个大挑战。特别是在 2001 年 5 月联合利华公司更换了中华牙膏的标识并推出"让生活更具有活力"的大品牌理念使消费群体向年轻化转变之后,如何通过新颖独特的方式向受众展现联合利华公司中华品牌的专业实力,同时传递品牌时尚、创新、新鲜的形象,成为联合利华所面临的重大挑战。

联合利华公司举办的这一次的大型活动主要目标有:① 提升中华牙膏"专业化、国际化"的品牌特性,突出年轻化、充满活力的形象;② 加强同相关政府、行业组织的关系,在消费者中塑造行业领导的形象;③ 与全国各地的消费者充分互动,突出关注消费者健康、积极沟通的企业形象;④ 传播新推出的产品"中华本草五珍"的知识和信心,拉动终端购买;⑤ 搭建品牌与媒体之间良好沟通的桥梁,提高媒体对中华品牌的好感和品牌忠诚度。

针对以上的公关目标,联合利华制定了相应的活动策略。在 2005 年 9 月 20 日即第 17 个世界爱牙日,联合利华公司在上海向世人展示高度 3 米、直径 0.8 米、重量达到 2.8 吨的中华牙膏,并以此向吉尼斯"世界之最"纪录发起冲击。与此同时,"中华挑战世界之最"2005 全国 9 市 1 县大型公益巡展活动也正式拉开了帷幕。此次活动从中国上海启动,途经武汉、长沙、凤凰、重庆、西安、太原、石家庄和济南,最终到达首都北京。然后在北京朝阳公园举行"中华挑战世界之最"2005 中华大型公益巡展活动的闭幕仪式。活动当天悬挂"万人支持中华挑战世界之最"的百米条幅,现场揭晓"中华"大牙膏挑战吉尼斯世界纪录的审批结果,并将这支具有特殊意义的"中华"牙膏捐赠给中华口腔医学会。

信息传播是公关活动中极为重要的部分,联合利华公司在这次大型活动中采取的传播策略主要是借助强势媒体,构建整合传播平台,配合地面活动。将平面、电视、网络和特种载体(包括明信片、短信互动、签名条幅、网络游戏)等各种传播介质有机结合，采用立体化、全方位、多角度的传播方式，形成"海陆空"全覆盖传播局面，使事件效用最大化发散给受众，在最短的时间内形成公众对事件的强记忆。电视媒体方面，联合利华公司与中央电视台、上海东方卫视、湖南卫视等中国国内最为知名和强势的电视媒体建立深度合作，在栏目中采用植入式的全新传播方式传递和散播中华产品、中华品牌以及此次活动相关的信息，引起受众尤其是年轻消费者对品牌的关注。在报纸等平面媒体上发布了"中华挑战世界之最"等相关主题信息。在网络媒体上，活动的启动仪式在新浪网站进行现场直播，启动仪式和闭幕式则在新浪网页提供首页首屏文字链接，另外在新浪网站的固定位置还以其他多种方式传播相关信息，其内容根据活动的推进而每日更新。

在项目执行方面，联合利华公司格外注重细节，谨慎循序渐进。"吉尼斯世界纪录"对于申请对象的制作有着严格的要求，此次活动的"中华本草五珍大牙膏"模型重达780公斤，但必须与一支普通牙膏在包装材料和膏体方面完全一样。联合利华公司的技术人员经过一个多月的多次尝试，攻克了膏体自重压破包装、牙膏外壳制作、外观喷绘、牙膏口盖密封、膏体充填方式等各方面的众多技术难题。最终成功制成吉尼斯世界纪录的大牙膏。另一方面，在现场活动中注重各个细节的实施。从启动仪式和巡展开场的视频短片、互动游戏和抽奖环节，到巡展专用车、明信片载体、知名主持人的挑选到深入中国湖南凤凰少数民族地区、万人签名百米条幅、极限运动展现挑战，甚至到预警系统及灵活应变方面，都进行了细密的考量，并且为了避免因某一站天气和场地因素延误活动而可能导致巡展活动全面瘫痪，联合利华公司提前两个月派两组人员对选定城市的活动场地进行实地勘察，并了解当地巡展时段往年的天气情况。根据调研结果，准备两套方案，以备执行时按需调整，在这几点上充分体现了联合利华在项目实施上的"谨小慎微"。

"中华挑战世界之最"活动从启动仪式开始，经过巡展到闭幕仪式，无论从整体还是从细节都为到场的来宾与观众营造了一个热烈、欢愉的氛围，让大家充分感受到了联合利华公司作为一个跨国公司的雄厚实力。通过立体传播覆盖，使大众对联合利华公司的中华新品牙膏——"本草五珍"有了直观的、比较全面的认识，中华大牙膏成功获得吉尼斯世界纪录更为本次"中华挑战世界之旅"画上了完美的句号。

 点评

"中华挑战世界之最"这一行动广泛传播了"中华牙膏"年轻、健康、公益的形象和"本草五珍"新品的卖点与亮点。此案例有几点特别值得称道。

第一,活动目标明确。活动组织者从一开始就明确活动的五个目标,切中要害,并围绕目标制订详细可行的方案,为活动成功奠定良好基础。

第二,亮点突出,冲击力强。"中华挑战世界之最"既体现了浓厚的中华民族气息,又显示了一种豪气与霸气,与企业的身份、活动的目的、诉求的信息等相吻合。然而最重要的还在于,这是一个非常有创意的主题,它使人产生一种悬念,从而吸引了公众的注意力。另外其挑战世界吉尼斯纪录也是这个案例的一大亮点,使一活动产生极大的噱头,让人难以忽视。

第三,活动方案完整,项目执行到位。活动方案对这个活动所涉及的方方面面都作了详细的计划,做到保证活动的实施有一个完整的指导。而在实施的过程中更是谨小慎微,面面俱到,每一个环节都把握得很准确,使这一场声势浩大的大型活动没有丝毫纰漏。

拍案二 品质家庭·和谐社区乐颂——顶秀青溪房地产公关活动

营销界有这样一句话:"广告让客户知道、购买你,公关则会让客户爱上你。"相对于广告的广而告之而言,公关作为一种精确的公众营销方式有着自身非常大的优势。在传统行业,广告和公关携手并进,为企业品牌做出卓越贡献的案例可以说是数不胜数。而在房地产行业,随着公众营销趋势的日益明显,公关的价值也空前凸显,因而越来越多的开发商开始运用公关手段为项目造势,顶秀青溪房地产公司就是一个很好的例子。

顶秀青溪房地产公司举办的"品质家庭、和谐社区"社会倡议活动的内容并不是非常复杂,主要是在顶秀青溪召开了"《多美的一天》首发式暨顶秀青溪2005和谐论坛"活动,现场邀请了诸多专家学者及嘉宾,与在场

近200位始终关心与支持顶秀青溪项目的客户共同见证顶秀青溪这一光辉时刻。众多专家学者和领导的到场成为这次活动的亮点。但就是这一普通的形式却掀起了一场和谐建设的热潮,也使其一举成为和谐社区建设的典范。为什么呢?因为其把握住了创建和谐社会的大旋律,巧妙地将和谐社会与品质家庭、和谐社区等因素整合为一个整体,使顶秀青溪在推广的过程中获得了良好的项目形象定位与社会反响,而第一首社区主题歌的创作更为项目增加了亲和度。从现场的发言可以了解到,作为"品质家庭 和谐社区"倡导者的顶秀青溪,其产品是有着丰富的文化内涵的。通过两个多小时的现场互动,专家与嘉宾们各抒己见,为顶秀青溪构建和谐社区提出了希望和合理建议。这次活动通过各网络媒体进行现场直播,从而成为京城地产界的热门话题。

点 评

除了表现在形式上,创意还体现在活动的内容、内涵上。顶秀青溪房地产公司正是把握住人们追求和谐,向往与社会和谐对话这一特点,顺应社会发展潮流,率先响应政府的号召,积极倡导构建和谐社会和谐社区,认真地将其付诸于实践,在创意上别具一格,在实施上却又脚踏实地,踏踏实实地实践其目标,从而赢得广泛好评。

拍案三　公关巧施力,枯木又逢春——泉州诺林商城尾盘公关活动

泉州诺林建材商城是诺林地产进军著名"建材之乡"——中国福建泉州市的第一个项目,项目位于泉州市的迎宾道边,是泉州经济技术开发区的形象项目。自2002年开盘以来,泉州诺林建材商城以出色的建筑品质和富有潜力的地段吸引了众多福建省内及温州等地的投资商。至2003年底商城交付经营前,项目已经售出70%店面。但是,从2003年正式营业开始,定位建材批发大市场的商城经营状况却出人意料的惨淡,各方关系恶化,信心大降,项目形象受损,诺林20年的诚信品牌受质疑,店面销售也成死水一潭,投入大量的广告却不见成效。在这样的情况下,如何力挽狂澜成为一个难题。

第十五篇 ——大胆创意 小心实施

诺林地产选择在诺林建材展示中心休闲广场举行"2005 闽南家居建材文化节"现场活动，以"新家、新生活"为主题，围绕家的主题，营造家的温馨，倡导以环保的家装建材和科学的家居设计理念打造绿色自然"新家"，营造健康快乐时尚的"新生活"。其活动内容主要包括中秋状元争霸赛、热心公益、倡导环保、"禽流感"时事焦点引发对乐观、健康生活的关注三个方面。2005 年 9 月期间在每个周末举行两天的"中秋状元争霸赛"，以中国闽南特有的中秋习俗结合超级啤酒肚挑战赛、一元建材拍卖、闽南特色美食欣赏等充满闽南文化气息的趣味活动，最大程度聚集人气，改善与商家、老业主的关系，传播诺林新形象。面向社会征集废物利用 DIY、建材 DIY，以及配合以"体验式"学习为主题的"家装施工工艺流程实景解剖样板间"展厅的推出而开展的"健康家装"知识系列讲座，契合了环保家装日渐成为时尚焦点的大趋势及诺林一贯重视公益、重视教育的企业形象。"禽流感"这一时事焦点使健康再次成为社会关注热点，诺林建材展示中心特别举办了一系列以保持身心健康为主题的活动，如绿色行为艺术、户外攀岩、千人长跑、集体婚礼等，将活动提升到社会人文的高度，更有效地吸引媒体关注报道，向公众传播项目新形象，以及展示项目周边地块升值前景。

对在错综复杂的利益矛盾中岌岌可危的诺林商城，这一公关活动的高明之处在于能跳出传统的纯粹从信息沟通和关系协调角度解决问题的藩篱，高屋建瓴地找到了化解危机的关键点——"体验"式"高端"建材销售市场的定位。结合当地特色的"中秋状元争霸赛"；以"体验式"学习为主题而提出的热心公益，倡导环保的观念；根据"禽流感"时事焦点引发的对乐观、健康生活的关注，无一不是一种创新式的作法，把传统的装修建材卖场由单纯的展示变为互动的体验，并贯穿于公关活动的始终，使之成为诺林商城品牌的独特个性。

点 评

一个好的创意实施有时能收到良好的成果，甚至还能使企业起死回生。采用新的"体验"营销理念，既满足了现代消费者的"体验"需求，更是解决了经营管理公司与业主之间的冲突，同时吸引更多的商家入驻，推动了项目的进展，化解危机，提升了诺林商城的形象，达到了真正意义上的"共赢"。

回味隽永

创意是在寻求如何以新鲜生动的表现方式来表述企业或产品的形象或理念。它不能因循守旧、墨守成规，而要勇于善于创新、独辟蹊径。独创性的活动创意具有最大强度的心理突破效果。与众不同的新奇感是引人注目的关键，其鲜明的魅力会触发人们浓烈的兴趣，能够在受众脑海中留下深刻的印象，这就达到了活动的目的。在这样"创意"概念的基础上，针对以上所列举的各种案例，我们做一详细总结。

首先，创意是大型活动的灵魂。千篇一律的活动形式、千篇一律的活动内容以及千篇一律的活动策略只会失去公众的注意力。出奇才能制胜，IBM公司ThinkPad T40无线新品上市时的活动案例就是一个很贴切的说明。其不论在活动阶段设计、活动形式设计、信息设计，还是在场地选择、传播途径方面，都作了精心的考虑，每一阶段的设计都新颖独特，从而使活动广受关注，很好地达到了活动的宣传目的。因而我们说创意是大型公关活动的灵魂，有创意的公关活动才能获得更大的成功。

其次，创意必须大胆。越是新鲜的东西越容易引人注意，因而在做活动策划时务必做一些大胆的尝试，我们要有"一切皆有可能"的信念。大胆的创意可以使活动的影响力达到颠峰，如联合利华公司的"中华挑战世界之最"，豪情万丈的口号极具感染力，挑战吉尼斯纪录的作法也极其大胆，也正因此才使它赢得了活动的最终圆满成功。同时，创意也可以做到化腐朽为神奇，在这一点上泉州诺林商城尾盘公关活动是一个很好的说明，其前卫、富有创意的"体验"式营销吸引了更多商家的参与和投资，同时"体验"定位要求商家必须思考：如何将以往的商家展示和消费者观看变成了消费者主动参与、选择和布置，为消费者提供一种创造性、愉悦的家装消费方式；考虑如何创造性地通过不同的产品组合展示，创造性地运用"体验式展厅"，创造性地推出新的消费体验模式等。这时的商家已成为商城品牌形象的打造者,成为引导、推动"体验"消费创意的引擎,创意带来了巨大的收获。

再次,在活动实施上要小心谨慎。在这一点上联合利华公司的"中华挑战世界之最"的活动树立了一个典型,联合利华公司在实施的现场活动中对各个活动地点、活动场景、活动环节都作了精心的安排、周到的考虑和多重的准备。在巡展活动中,为了避免可能出现以外情况,联合利华公司提前两个月派两组人员对选定城市的活动场地进行实地勘察,并了解当地巡展时段往年的天气情况。根据调研结果,准备两套方案,以备执行时按需调整,如在案例中已提过的那样,在这几点上充分体现了联合利华在项目实施上的谨小慎微。

最后,我们要说明的,创意并不是简单、单一的,而应该是一个综合体。创意不仅可以从活动的形式上入手,还可以从传播方式、活动举行的主题、活动表现的手法上等方面进行大胆的尝试。顶秀青溪房地产的"品质家庭·和谐社区乐颂"的公关活动之所以能成为"中国最佳公共关系案例大赛大奖"房地产界的首个获奖案例,其活动举办形式并不具特色,但活动的内涵却颇具新意,从而引起关注,最终达到活动目的。因而我们要意识到,创意的表现形式应该是多样的,而不是唯一的。

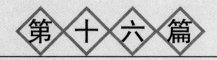

第十六篇

天时　地利　人和

——"伊利"奥运健康中国行大型推广活动案例

  兵家云:"得天时、地利、人和者,胜也。"商场如战场,在当今剧烈竞争、复杂多变的市场环境中如何立于不败之地是企业家们关心的根本问题。他们无时无刻不在想着借助"天时、地利、人和"来实现为自己的产品造势冲关,大型活动就成为他们借以实现这一目的的最佳手段。瞄准"天时",选对"地利",利用大型活动凝聚人心,提升形象,推广产品,可以说是商场上屡试不爽的好招数。2008年的北京奥运会可以说成就了许多品牌,有许多品牌借此机会崭露头角,也有许多品牌借此机会重新奠定了行业领导地位。

开篇导例

开篇之述：伊利奥运健康中国行大型推广活动

众所周知，2005年11月伊利击败所有竞争对手成为2008年北京奥运会正式乳制品的提供商之后，其奥运宣传活动就一直如火如荼地开展着，并取得了出色的效果。2007年4月，伊利启动的旨在推动全民健身的大型奥运主题推广活动——"伊利奥运健康中国行"活动非常注重互动、参与，奥运味道非常足，并努力推动全民健身运动、普及全民奥运与全民健康文化，成为了伊利奥运营销历史上的一个重要的里程碑。

伊利全力打造一场全民奥运的盛宴，以各种趣味活动对社区家庭进行"家庭总动员"，以老少咸宜的小活动拓展参与范围。与此同时，在全国范围内选拔出2008名伊利奥运健康大使候选人，决出最终的10名伊利奥运健康大使作为代言人，参加奥运宣传活动。"奥运健康中国行"活动受到了各地广大市民的热情参与。人们在参与伊利奥运健康行活动的同时感受到了奥运文化，体味到参与的乐趣，在简单的运动中快乐起来，欢声笑语不绝于耳。该活动覆盖了全国的30个省、市、自治区，660个城镇，2000多个社区，是由企业主办的，规模最大、覆盖范围最广、最贴近社区的奥运主题推广活动，其活动旨在推动"全民奥运"热潮，引领大众参与全民健身活动。据保守估计主动参加"伊利奥运健康中国行"活动的消费者达到了2000多万人次，影响范围超过了5000万人，这一活动后来也被称为伊利奥运计划的1.0版本。7个月后，伊利推出了奥运计划的2.0版本，对其1.0版本计划进行全面升级，从口号、产品、广告和公益等多方面进行了深化和延展。2.0版本计划的发布使伊利的奥运推广计划全面升级。人们在参与伊利奥运健康行活动的同时感受奥运文化，体味奥运文化。奥林匹克之父顾拜旦曾经说过："对奥林匹克运动会来说，参与比取胜更重要。"从这个意义上来看，声势浩大的"伊利奥运健康中国行"同奥运会一起显现了非常深刻的意义。

开篇之论：天时、地利、人和成就完美公关

伊利的"奥运健康中国行"曾由于其美誉度涨幅最大，知名度最高，广告创意最好而荣获2006奥运营销最成功品牌称号，然而不可否认，这也是一个极其成功的企业大型活动公关案例，其成功之处主要表现在以下三个方面。

第一，天时。这里所谓的"天时"并不仅仅是兵家所言的天气或气候，而是指时势、时机。"伊利奥运健康中国行"很好地抓住了奥运这一时机，借机喧势，从而赢在起跑线。除此之外，"伊利奥运健康中国行"是一个持续时间比较长的活动，一个活动要持续很长时间的话，往往会出现一种不良的后果，即人们的热情逐渐消失，公众很容易转移注意力而不再关注其活动进程。伊利在这一点上可以说做得很完善，他们为了防止失去公众的吸引力推出了两个不同的版本，即奥运计划的1.0版本和奥运计划的2.0版本，推陈置新，从而又一次成功地吸引公众的注意力，达到企业所想要的宣传效果。根据时间的推移而因时制宜，充分掌握天时这一条件是这一活动成功的基础。

第二，地利。从上面的案例中我们已经看到，伊利的该活动覆盖了全国的30个省、市、自治区，660个城镇，2000多个社区，是由企业主办的，规模最大、覆盖范围最广、最贴近社区的奥运主题推广活动。正因为伊利牢牢把握住了"地利"这一关键要素，才最终使得参加"伊利奥运健康中国行"活动的消费者达到了2000多万人次，影响范围超过了5000万人。

第三，人和。"伊利奥运健康中国行"活动之所以成功是因为通过这个活动，其品牌的知名度及竞争力得到大幅度的提高；之所以能有此效果则归因于有大量的公众参与；而公众之所以愿意参与除了地利的优势外，还在于其活动的主旨：推动"全民奥运"热潮，引领大众参与全民健身活动。得民心者得天下，"伊利奥运健康中国行"活动将中心放在全民健身上，是一项为民众健康而考虑的活动，也因此激发了公众的参与热忱，使活动取得了巨大的成功。

史镜今鉴

"公关"虽然是现代才发明的一个词,但公关策略却不是现代人的专利,追溯历史,不难发现许多古人早就已经炉火纯青地掌握了这门技术。

明永乐三年(公元1405年),中国第一家养生馆鹤年堂在北京宣武区菜市口大街正式创立,创始人丁鹤年家族执掌了120年(公元1405—1525年),共承袭四代;传到曹蒲飒家族,执掌230年(公元1525—1755年),共承袭七代;王圣一家族172年(公元1755—1927年),共承袭四代;刘一峰家族29年(公元1927—1956年),共承袭两代;"文化大革命"后恢复老字号品牌至今。一个能延续600年的品牌必定有它的特殊之处,那么,是什么延续了这个600年的铂金级品牌?这得从品牌刚创建时讲起。据说当年在鹤年堂刚成立时,业绩平平,并无什么过人之处,为了扩大影响力提高业绩,鹤年堂的掌柜就在店门前立了一口大缸,把他们精心调制的养生饮料"甘露饮"倒在里面,不管是谁来了都能喝,当家掌柜说:"这喝的是鹤年堂的字号,扬的是鹤年堂的名声。"由于药用效果非常好,养生茶、甘露饮等口碑立刻传扬开来。甚至传到永乐皇帝那里,朱棣下令大量配制,还由郑和在下西洋时作为国礼馈赠给所到国家的元首及其他上层人物,从此鹤年堂名扬四海。

公关是什么?就是品牌宣传战略,鹤年堂在自家门口放一大缸,免费供消费者尝试,这种活动在当时来说是既新奇又很适合养生堂的实际效用,很好地做到了因势制宜,从而吸引了大批的消费者。正如鹤年堂当家掌柜说的那样,消费者喝的是鹤年堂的字号,扬的是鹤年堂的名声。从案例中也可以看出,鹤年堂老板具有十分鲜明的公关意识。古代没有现代性的媒介传播工具,而鹤年堂老板却根据当时的情况采取由消费者直接充当媒介,以口口相传的传播途径向社会公众传播品牌信息,依靠消费者的力量提高了品牌的知名度。鹤年堂出奇制胜争取到了"人和",在人们的口口相传中立名扬声,使品牌立于不败之地,在风风雨雨中挺立了六百多年。

"天时、地利、人和"之道不仅在中国被认可、采用,也深受国外商界的器重,成为公关的致胜策略。法国的白兰地酒在国内和欧洲畅销不衰,但难以在美国市场大量销售。为了占领巨大的美国市场,白兰地公司耗资数万专门调查美国人的饮酒习惯,制定出各种推销策略,但是因促销手段单调,结果仍是收效甚微。当时有一位叫柯林斯的推销专家向白兰地公司总经理提出一个妙法:利用美国总统艾森豪威尔67岁寿辰的宴会进行白兰地的活动宣传,扩大白兰地在美国的影响,进而打开美国市场。白兰地公司总经理采纳了这个建议。公司首先向美国国务卿呈上一份礼柬,上面写道:"尊敬的国务卿阁下,法国人民为了表示对美国总统的敬意,将在艾森豪威尔总统67岁生日那天,赠送两桶窖藏67年的法国白兰地酒。请总统阁下接受我们的心意。"然后,把这一消息在法美两国的报纸上连续登载。仿佛平地一声惊雷,白兰地公司将向美国总统赠酒的新闻成为美国千百万人街谈巷议的热门话题。

赠酒那天,白宫前的草坪热闹非凡。四名英俊的法国青年身着法兰西宫廷侍卫服装,抬着礼品缓缓步入,人群中顿时欢声雷动,总统生日庆典变成了法国白兰地酒的欢迎仪式。从此以后,争购白兰地酒的热潮在美国各地掀起。一时间,国家宴会、家庭餐桌上少不了白兰地酒。

白兰地公司这一活动策划得非常精妙。首先,很好地把握住了艾森豪威尔总统67岁生日这一时机,即所谓占据了"天时",充分利用了美国总统的知名度,巧妙地使美国总统成了白兰地的宣传人。所有的产品一贴上宫廷御用的标签立马就会身价百倍广受追捧,法国白兰地公司很好地利用了这点,这是此次策划出色的起点。在给国务卿送完礼柬后,白兰地公司立刻就在法美两国的报纸上刊登了这事,进一步利用媒体宣传造势,扩大知名度。

一场公关活动要想很快取得影响力及知名度,媒体的宣传是功不可没的,只有借用媒体的力量才有可能在很短的时间内掀起热潮,引起更多人的关注,所以媒介传播的力量是所有公关活动不可忽略的部分。而也正如白兰地公司所预想的那样,当消息在法美两国的报纸上连续登载后,白兰地公司将向美国总统赠酒的新闻成为美国千百万人街谈巷议的热门话题,从而为此活动争取了"人和"。到此,白兰地公司的活动策划可以说已经成功了一半,白兰地公司已经引起了广大公众的注意,很好地提高了知名度,而这些显然对白兰地公司来说还远远不够,最精彩的部分莫过于在总统生日那天的那场赠酒仪式。这样一来似乎白兰地公司真的就代表了法国人民,白兰地公司的酒也似乎真的就成了两国之间往来的礼品,这对白兰地公司而言是莫大的荣誉,最为关键的是,白兰地公司很成功地把美国总统的生日庆典变成了法国白兰地酒的欢迎仪式,在这里可以看到,白兰地公司不仅利用了"天时"、"人和",也很好地利用了"地利",在宴会上赠酒,借别人的场宣传自己的产品,非常精妙之举。如此一来,白兰地想不在美国闻名遐迩都难了,白兰地公司利用这个活动在美国各地掀起争购白兰地酒的热潮,达到了在国家宴会、家庭餐桌上少不了白兰地酒的目标。

三刻拍案

在优胜劣汰成为市场竞争法则的今天,许多商家为脱颖而出,确立自身品牌在消费者心里的地位,纷纷以现代化的手段来争取"天时"、"地利"和"人和"。

拍案一 老字号的新辉煌——全聚德135周年店庆大型活动公关案例

作为我国餐饮业驰名中外的老字号企业,"全聚德"自清同治三年(公元1864年)创立至1999年已有145年的发展历程,经过几代人的努力,"全聚德"形成了以烤鸭为代表的系列美食精品和独特的饮食文化。"全聚德"这家百年老店已成为国家宴请国际友人的主要场所,成为国际国内朋友了解、认识北京的窗口。通过135周年店庆的大型公关活动使"全聚德"的品牌发生了历史性的巨大转折,"全聚德"的品牌在那次公关活动之后得到了前所未有的宣传效果,成为"全聚德"里程碑式的一场公关活动。

"全聚德"于1993年5月组建了以前门、和平门、王府井三家店为基础,包括50余家联营企业的大型餐饮企业集团,结束了过去长期形成的一家一店、分散经营的不利局面,全聚德集团成为"全聚德"商标的唯一持有人,从而开创了"全聚德"这一北京传统名牌集团化经营发展的新阶段。

第十六篇 ——天时 地利 人和

截至 1999 年初,全聚德集团在国内已注册 11 个商标,涵盖 25 大类 124 种商品或服务项目;同时在世界 31 个重点国家和地区注册了"全聚德"商标。1996—1998 年度"全聚德"商标连续两届被北京市工商局评为"北京市著名商标";1999 年 1 月"全聚德"品牌又被国家工商局认定为"中国驰名商标",成为我国首例服务类驰名商标。21 世纪的到来,"全聚德"老字号正演绎着它发展历史上的第二个百年。"全聚德"品牌战略的成败是决定企业在新世纪能否保持旺盛生命力的关键。面对 21 世纪,"全聚德"品牌的发展同中国的餐饮业乃至中国商业、服务业一样,面临着良好的机遇和严峻的挑战。

于是,为了抓住机遇,迎接挑战,积极参与市场竞争,创造具有中国文化底蕴、实力雄厚、品质超凡、市场表现卓越、享誉全球的餐饮业世界级名牌,"全聚德"集团以 1999 年"全聚德"建店 135 周年为契机,全年推出多层次、一系列的企业形象公关活动。以达到发扬"全而无缺,聚而不散,仁德至上"的企业精神,对外弘扬"全聚德"品牌,树立"全聚德"老字号的崭新形象,以店庆造市场,以文化兴市场,对内强化"全聚德"烤鸭美食精品意识,丰富"全聚德"企业文化内涵,激励"全聚德"集团的全体员工以百倍的信心迎接新世纪的挑战这一目标。

为了达到这一目标,他们举办了"全聚德杯"有奖征集对联、"全聚德"烤鸭美食文化节、"全聚德"品牌战略研讨三项大的活动。这些公关活动的媒体选择上主要以报纸为主,兼有电视台、电台,并辅以本公司宣传刊物。活动前期,"全聚德"集团在工作会上针对全年公关系列活动进员。针对每一活动分别成立了由总经理或副总经理牵头的、由不同业务部室有关人员组成的专门工作组负责具体实施。全年系列公关活动从序曲到高潮分为三个阶段。

第一阶段——序曲:"全聚德杯"新春有奖征联活动。在含有元旦、寒假、春节和元宵节等节假日的第一季度与《北京晚报》、北京楹联研究会联合举办"全聚德杯"新春有奖征集对联活动(以下简称征联);面向全社会(包括集团员工)开展《我与全聚德》征文,征集店史文物活动;着手整理资料,编辑、出版《全聚德今昔》一书。在《北京晚报》的五色土版刊登"全聚德"集团、北京楹联研究会联合举办"全聚德杯"新春有奖征联活动的通知,吸引了群众的眼球,酝酿了活动的良好气氛;随后又公布了"全聚德杯"新春有奖征联评委会名单,旨在突出权威性,以引起读者重视并参与。在第一阶段征联活动结束后,为更好地开展第二阶段店庆活动,"全聚德"集团及时进行总结,以书面形式正式下发《关于庆祝全聚德建店 135 周年系列活动的安排》的通知,将每项活动进一步分解落实。

第二阶段——仪式:"全聚德"建店135周年店庆暨首届"全聚德"烤鸭美食文化节在前门"全聚德"烤鸭店一楼大厅举办了隆重的开幕仪式。活动过程中举行了新编《全聚德今昔》一书首发式,传播"全聚德"历史文化;举行第135号"全聚德"冰酒珍藏仪式,展示"全聚德"品牌延伸产品;"打开老墙,重现老铺"——"全聚德"老墙揭幕仪式,向现场来宾再现历史,追溯往昔,给人留下深刻印象;进行第1亿只"全聚德"烤鸭出炉仪式和片鸭仪式,用专有的技术来吸引观众的眼球。

第三阶段——提升:"全聚德"品牌发展战略研讨会在和平门"全聚德"烤鸭店第500会议室举行,邀请中国商业经济学会、中国商业文化研究会、中国社会科学院、中国人民大学、首都经贸大学、北京工商大学、北京工业大学、北京财贸管理干部学院的专家、教授与集团全体领导及有关部室负责人到会,并就"全聚德"品牌战略进行研讨。

点 评

  "全聚德"135周年店庆大型活动取得了很好的宣传效果,不管项目策划还是具体实施上都堪称一大手笔。"全聚德"集团的形象公关活动成功地达到了预期的公关目的。

  首先,很好地利用天时,把握时机,把迎春与商业宣传融合为一,把树立"全聚德"品牌形象与中国传统楹联文化有机地结合起来,营造了"以文化树品牌"、"以文化促经营"的新闻热点,弘扬了"全聚德"饮食文化,品牌文化,在会上引起较大反响。

  其次,提高了"全聚德"品牌的知名度和美誉度。众多新闻媒体都对"全聚德建店135周年暨美食文化节"作了全面报道。媒体报道率不仅在国内形成一股"全聚德"企业形象的冲击波,而且通过海外一些媒体把"全聚德"135周年庆典活动的新闻消息传出北京,飞向世界。"全聚德"成为人们普遍谈论和关注的话题,使"全聚德"品牌的知名度和美誉度进一步提升,强化了"全聚德"品牌形象。

  再次,"全聚德"集团通过135周年店庆活动取得了良好的经济效益。最后,"全聚德"品牌发展战略研讨会明确了"全聚德"品牌战略目标,即以全聚德烤鸭为龙头、以精品餐饮为基业,通过有效的资本运营,积极审慎地向相关产业领域延伸,创造具有中国文化底蕴、实力雄厚、品质超凡、市场表现卓越、享誉全球的餐饮业世界级名牌。

拍案二　晋江第九届中国(晋江)国际鞋业博览会

晋江市地处福建东南沿海开放地区,与金门、台湾隔海相望,是福建省扩大闽东南开放,建设海峡西岸繁荣带的前沿区域。20多年前,晋江制鞋业抓住发达国家产业转移的机遇,依靠当地丰富的劳动力资源获得竞争优势,创造了一个产业高速发展的传奇,成为中国重要的鞋业制造和出口基地,被国家权威机构授予"中国鞋都"的称号,鞋业成为晋江系列产业名片中的一张"王牌"。为进一步促进鞋业发展,从1999年开始每年四月都在晋江开展中国(晋江)国际鞋业博览会。2007年的第九届中国(晋江)国际鞋业博览会以其规模化、国际化、专业化、精细化的特点赢得广大好评。2007年4月19日—22日第九届中国(晋江)国际鞋业博览会在晋江的SM国际展览中心举办,为推进产学研联合开发,实现可持续提升鞋博会内涵,打好产业品牌,促使晋江制鞋业的发展再上一个新台阶,主办方精心策划组织了一系列内容丰富、精彩纷呈的配套活动。以"健康呼唤运动,品牌相约时尚"为主题的本届博览会,吸引了意大利、美国等16个国家和地区的著名企业参展、60多个国家和地区的1500多名专业采购商到会采购洽谈,其中不乏大名鼎鼎的团组,参展产品包括鞋业产业链的大部分产品。而台湾馆依旧是展会最大亮点,30多家台湾知名企业在馆内展示台湾地区鞋业的相关产品。除了这些传统的商务洽谈外,还举办了晋江鞋文化展示、鞋模表演、首届中国鞋都(晋江)海峡两岸大学生运动鞋设计大赛、意大利时尚鞋版展示、制鞋行业"技能团体赛"及"十佳技能手"评选等系列活动,同时还邀请了阿迪达斯(Adidas)首席设计师举办讲座。这一博览会取得了很好的成绩,它利用地利的优势不仅加大了晋江市的招商工作力度,使海内外客商云集晋江,同时也加大了晋江鞋业的宣传推介力度,进一步展示了中国鞋都的魅力,使得晋江的对外影响力及美誉度都得到了极大的提高。

 点评

这个案例最大的亮点在于其地理位置的选择,很好地利用了晋江市地处福建东南沿海开放地区,与金门、台湾隔海相望的地理优势。从这个案例中也可看到,大型活动的公关形式是多种多样的,活动主体可以根据企业的特点及活动目的灵活采用不同形式,并根据企业的需求决定是采用一系列的活动还是一场声势浩大的活动。

回味隽永

大型活动是公共关系活动最常见的一种形式,因为它影响范围广、针对性强、吸引力强、沟通效果好,也是企业最容易达到其公关目标的手段,但由于是大型的活动,实施难度也较大。天时、地利、人和是大型活动公关必须注意的三个要素,它们对大型活动成功与否起着至关重要的作用,集天时、地利、人和于一身,才能活动取得预期目标。

首先,通过从上述的各个案例可以发现,大型活动是一个"名牌战略"工程,每项活动针对不同的目标,信息传播具有很强的针对性。上述的"全聚德"135周年店庆就针对不同的目标受众,巧妙地设计公关活动,并与传播手段相结合,取得了良好的公关效益,如其针对一般消费群体,采用"新春征联"、"烤鸭文化节"活动,并配以大众媒体宣传;针对重要目标公众,邀请有关领导、会名流参加"全聚德"135周年店庆暨首届"全聚德"烤鸭美食文化节开幕式;针对专业人士,采用"研讨会"形式进行沟通交流。

其次,要认识到并非每个活动都有得天独厚的条件。机遇是可遇而

不可求的，不是每个人都能得到天赐的良机，奥运会四年才一次，而如"全聚德"那样的周年庆更是许多年才一次，所以更多时候需要"人为"地借机造势，以优势的地理条件或雄厚的人脉关系来开展活动。在这一点上晋江第九届中国（晋江）国际鞋业博览会就做得非常好。不是没有"天时"么？那就充分利用"地利"与"人和"，利用地理环境或地理位置上的优越，从而达到活动的宣传效果。

最后，强调天时、地利、人和是大型活动成功的三要素，并不是意味着大型活动必须集这三要素于一身才可能成功，而也不是意味着这三个要素在任何情况下都是同等重要的。机会是留给有准备的人，应该时刻准备着，若能遇到良机保证不让它白白错过。若是遇不到，那么尽可能地创造条件，争取把握好地利与人和。而再退而次之，如在前面的"史镜今鉴"中的鹤年堂那样，既无天时也无地利，那么唯一可选择的就是人和。要记住还有句话"天时不如地利，地利不如人和"，"人和"是大型活动成功的最为关键处。

第十七篇

好风凭借力　送我上青天

——可口可乐北京2008奥运营销公关之旅

"好风凭借力，送我上青云。"无论是荀子的"君子性非异也，善假于物也"的东方典故，还是牛顿的"踩在巨人肩上"的西方哲理，都透出人类借势使力的智慧和追求。在当今"狼烟四起"、"群雄逐鹿"的商战时代，机遇与挑战并存。如何以前瞻性和战略性的眼光，审时度势、把握时机，借大型公关活动提升品牌形象，这已经成为众多企业和企业家们普遍关心的问题。可口可乐公司的北京2008奥运营销公关之旅，兼具借热点事件之势、借名人之势、借权威之势、借合作伙伴之势的特点，通过多重传播手段，形成强大的"合力"，达到极佳的宣传效果。

开篇导例

开篇之述：可口可乐的北京 2008 奥运营销公关之旅

自 1928 年荷兰阿姆斯特丹奥运会成为奥运会赞助商后，奥运大舞台的周围一直萦绕着可口可乐忠实的身影。可口可乐公司坚持不懈的投入以及出色的奥运营销战略传播手段，既使得奥运会这一世界体育盛会更加精彩辉煌，也使得赞助者可口可乐品牌声名鹊起，扶摇直上。

可口可乐公司的北京 2008 奥运战略营销公关之旅妙笔迭出，精彩不断。从 2001 年 7 月 13 日北京申奥成功的当天晚上开始，可口可乐公司先后发行了多款北京 2008 年奥运系列纪念罐，记录中国奥运史上的精彩时刻，包括"申奥成功纪念罐"、"奥运新会徽纪念罐"、"北京 2008 年奥运吉祥物纪念罐"等，可口可乐还在全国各地组织和举办了许多奥运市场推广活动，其中比较经典的大型推广活动有：（1）两大奥运 TOP 赞助商——可口可乐公司和中国联想集团结成市场战略合作伙伴关系，借助北京 2008 奥运会的营销良机，联合发动一系列大规模的品牌推广活动，其中，2006 年 4 月至 6 月，双方联合发动了名为"揭金盖，畅饮畅赢，欢享我的数码世界"的大型促销活动，双方共享各自的优质客户资源，以谋求品牌建设和市场拓展上的共赢。（2）2007 年 6 月 24 日，可口可乐公司宣布公开在中国范围内选拔 1188 名"可口可乐"火炬手、护跑手并正式启动"谁点燃我心中圣火""可口可乐"奥运火炬手选拔活动。2007 年 7 月 3 日，由姚明、赵蕊蕊、王励勤、郭晶晶、刘翔和易建联等中国体育界健将组成的可口可乐"奥运星阵容"亮相，正式启动奥运火炬手提名活动。这一历时 4 个月的全民参与奥运活动为可口可乐的奥运营销增添了浓重的一笔。（3）2007 年 8 月 8 日零时，在距北京 2008 年奥运会圣火点燃前整整一年之际，在紧邻中国国家体育场"鸟巢"的北京奥林匹克体育中心，刘翔和姚明这两位当时中国最具影响力的体育明星共同携手，在可口可乐奥运倒计时一周年庆祝仪式上举起祥云火炬，共同启动可口可乐"奥运周年倒计时战略"。这一战略包括可口可乐鸟巢钢奥运纪念章计划、北京奥运景观计划、iCoke网站激情体验计划等一系列精彩活动。这一战略计划跨越奥运开幕前最重要的一整年时间，覆盖中国的每一个地区，为所有的中国公众提供参与奥运活动、体验奥运激情的最佳机会。这些精彩缤纷的奥运营销活动不仅拉近了奥运与公众之间的距离，同时可口可乐公司也借助奥运这个载体深入到了中国的千家万户，可口可乐公司成为了颇受世人敬重的奥运赞助商，可口可乐的品牌知名度和美誉度得到了极大的提升，而且这种影响具有持久性和渗入性。

开篇之论：借势添力，事半功倍

北京2008年奥运会对中国来说是一个推广国家形象、城市形象的良好契机；对广大企业来说，更是推广企业形象和产品品牌形象的最好平台。通过搭乘奥运"飞船"，结合奥运理念来进行营销传播活动是众多企业尤其是奥运赞助企业提升自身知名度、推广企业形象和产品形象、拓展企业市场的有效路径。可口可乐公司的北京2008奥运营销公关之路，其把奥运精神、品牌内涵和消费者"三点连成一线"的奥运营销策略技巧精妙、手段高超，其善于"借势"和巧于"运势"的精彩营销传播手笔，让人啧啧惊叹。

第一，借奥运赞助商冠名权传播。可口可乐公司与奥运"联姻"，有效地将赞助的权利转化为赞助的优势，积极寻找相关的项目，把奥运相关"概念"与可口可乐品牌的"内涵"对接，并跟目标消费者紧密联系起来，建立起奥运、消费者和可口可乐三位一体的营销公关战略。

第二，与其他奥运赞助商联手营销公关，互借传播渠道。可口可乐公司与"新兵"中国联想集团"联姻"，两家公司携手开展"揭金盖，畅饮畅赢，欢享我的数码世界"的大型促销活动，共享营销传播资源、信息，完成品牌间的借势提升。此次，可口可乐与联想的"联姻"，借助联想在中国本土的金字招牌，进行有"中国特色"的营销传播，有利于获得中国公众在心理上、感情上对可口可乐品牌的认可，提高营销传播效果。

第三，借体育"名人"影响力传播。可口可乐公司与体育"名人""联姻"，借助体育"名人"的社会影响力，进行自上而下的营销公关，扩大活动的传播效果。在北京2008奥运的营销公关过程中，可口可乐公司将中国顶尖运动员及团队齐聚一堂，组成规模空前的"奥运星阵容"，这一"奥运星阵容"包括刘翔、姚明、郭晶晶和王励勤等当时中国乃至全世界最著名的运动员,此外还聚集了中国男女跳水队、中国男女体操队、中国女子排球队和中国男子篮球队等梦幻队伍。他们不断超越自我的追求精神以及在赛场上的充满活力、自信、拼搏、追求卓越的形象与可口可乐"乐观奔放、积极向上、勇于面对困难"的品牌精神相交辉映,成为可口可乐奥运精神的最佳代言人、传播者,极大地扩大了可口可乐奥运营销活动的影响力。

第四,借公众参与的草根运动传播。草根运动是一种面向广大消费者,通过打造公众参与平台吸引消费者广泛参与,以扩大互动影响力的营销运作模式。可口可乐与草根运动"联姻",通过举办"可口可乐奥运火炬手选拔活动"、"iCoke 网站激情体验计划"等活动,为中国公众提供参与奥运、体验奥运激情的机会与平台,这不仅拉近了可口可乐与消费者之间的距离,还借助公众的广泛参与,扩大营销活动的传播力,为可口可乐的奥运营销画下浓墨重彩的一笔。

第五,借奥运纪念品的纪念意义传播。北京 2008 奥运会是全球瞩目的体育盛会,对于广大的华侨华人甚至世界各国人民而言,这是中国体育走向强盛、中华民族走向振兴富强的见证,具有非常重要的意义。很多消费者希望通过收藏某个符号或产品来纪念北京 2008 奥运会。可口可乐公司很好地把握住了消费者的这一心理,推出一系列"申奥成功纪念罐"、"奥运新会徽纪念罐"、"北京 2008 年奥运吉祥物纪念罐"等产品,成功打造传播自己企业品牌的绝佳平台。

总结可口可乐的奥运营销公关策略,可以概括为,借助北京 2008 奥运平台,以引导人们对奥运精神的追求为攻略总则,以联络消费者和产品品牌为最终目的,巧借奥运之机、中国联想集团之实力优势、体育名人之巨大影响、草根运动之大众化、纪念品之非凡意义,形成"合势",把奥运精神、品牌内涵和消费者三者紧密联系起来,达到最大最广新闻效应,扩大企业的社会影响,传递品牌信息、强化品牌优势,推行社会公益,获得政府好感,共鸣公众感情,最终达到提升企业形象、拓展产品市场、获得竞争优势等多重营销目的,成就了借奥运之势营销公关的迷人"神话"。

第十七篇 —— 好风凭借力 送我上青天

史镜今鉴

"乘势而行"不是现代化的产物,古之"借风腾云"、"借力打力"、"借名钓利"、"借鸡生蛋",无不是讲究一个"借"字,讲究借助外部力量而求得发展。帆船出海,风筝上天,无不是"好风凭借力,送我上青云"。下面通过三个中外的古代小故事,让我们共同回味其在借势中体现出来的精彩。

第一个是关于"经伯乐一视一顾马价倍增"的故事。根据《战国策·燕策》中记载,有一个人有一匹骏马要卖,他牵着马在市场站了3天,没人知道他所卖的是骏马,所以也没人上来问价。这个人就去找以善相马著称的伯乐,请伯乐到市场上绕着他的马转一圈,临走时再依依不舍似地回头看看他的马,他将为此付给伯乐一定的报酬。伯乐真地按照他的要求去作了,结果那匹骏马的价钱立刻飙升。同样是一匹马,在伯乐未看之前无人理睬,经伯乐一视一顾就身价倍增。

这个故事是借势名人的经典案例。卖马人在市场上碰壁之后,通过精心的策划,请伯乐围着他的马转转,临走再回头看看,一切尽在不言中,却充满着意在言外的古典含蓄美,向消费者传递了"此乃难得的骏马"的相关信息,使得那匹骏马的身价倍增。可见,卖马人很好地把自己的产品(骏马)与伯乐的相马权威有机地联系在一起,达到了极好的宣传效果。

第二个是关于"世界初识茅台味道——1915茅台世博行"的故事。1915年的春天,巴拿马万国博览会评酒会,茅台酒的醇醇酱香飘出了国门,撒播在遥远的美洲,飘醉了全世界的人们。那枚早已成为古董如今仍闪耀着傲人光芒的奖牌,无声地宣告着茅台的光荣与梦想,铭刻着90年前的世纪震撼。"智掷酒瓶振国威,香惊四座夺金奖"的传奇应从一个世纪前说起……

茅台酒的产地茅台镇地处贵州黔北仁怀县川黔相交的赤水河畔。由于其产地远离贵州省会城市贵阳,再加上当时中国的交通不便,茅台酒一直是默默无闻,名不见经传。出产在几近蛮荒偏远之地的茅台酒是如何被选送到万里之遥的巴拿马去的呢?

事在人为,人的因素第一。这个人,就是时任天津工商陈列所所长的乐嘉藻。他深知茅台酒之美妙，可以送到国际上去参展。机不可失，时不再来。1914年，他专程拜访了时任贵州省财政司司长的乐华之鸿，而华之鸿正是生产茅台酒的"华茅"家族成员之一。恰此时，贵州督军府财政司刚接到巴拿马赛会事务局发来的行文，要求各省选取名贵精美之物送去天津备选。乐嘉藻极力鼓动，加上时任贵州省护军使的刘显世鼎力支持，遂决定将"成义烧房"的茅台回沙酒和"荣和烧房"的茅台酒一并以"中国贵州茅台造酒公司"的名义送展赴赛。

在巴拿马博览会上，评酒会已近尾声，评委会对中国送展的茅台不以为意。我国的参展人员急中生智，佯装失手把一瓶茅台酒掷于地上。这一掷，"瓶破天惊"，奇迹出现了。"东方魔水"浓郁的香味立即使在场的评委大为惊奇，他们回转身来反复品尝，无不连声叫好，拍案叫绝，一致认为茅台酒是世界顶尖的好酒。一时之间，展馆内人声鼎沸，摩肩接踵。茅台酒得到酒类评委们的重视，由高级评审委员会决定，未经初评就直接获得了金奖。从那时起，古老的茅台酒开始名甲天下，与法国科涅克白兰地、英国苏格兰威士忌共享世界三大名酒的盛誉。

100年前的中国，战乱频仍，积贫积弱。世界各国打量审视中国的目光总是饱含着轻视、蔑视和歧视。产于几近蛮荒偏远之地，从来不为世人所知、不为世人所闻的茅台酒，却能够强势崛起，跻身世界三大名酒行列，备受世人瞩目，行销世界各地。靠的就是积极、充分地把握、利用了"巴拿马博览会"这"好风势"而"平步青云"。在当时的条件下，北洋政府甚至都不愿参加这个博览会，他们没有参展的意识，同时也是迫于当时的国力、国情。当时国内动荡不安、交通不便、经费不足。但是茅台酒却能高瞻远瞩，技高一等，他们积极联系，精心安排，克服了多种障碍和困难，最终使自己成功地站在巴拿马博览会这个世界大舞台上，一展自己的惊人"风姿"。是巴拿马博览会使茅台酒步入了世界名酒之林，流入了世人的心田，树立了高耸的"丰碑"。中国代表"智掷"酒瓶固然妙不可言，但它只是一种高超的技巧手段，而能够"借势"巴拿马博览会则是一种策略，是茅台酒成功的基础。茅台酒演出了一出精彩的戏，让人感概，使人回味。

第三个是关于"'水深火热'中的LV——LV品牌形象推广"的故事。1854年，Louis Vuitton创建LV品牌于法国巴黎。早在19世纪，LV创办人Louis Vuitton的手艺已获拿破仑三世妻子欧仁妮皇后的赏识，为其御用。1854年，Louis在巴黎开设首家店铺，招徕各国皇室贵客。品牌发展至今已成为箱包和皮具领域的世界顶级品牌，并且成为上流社会的奢华指标。它的追捧者全是香奈儿夫人、印度皇后、法国总统夫人及娱乐圈

第十七篇　　好风凭借力　送我上青天

明星等名流。LV 这个古老的品牌之所以能够吸引足够多的名流"前仆后继"、"趋之若鹜",与其质量保证息息相关,也与其传播策略紧紧相连。LV 通过其质量吸引了众多知名的消费者,但是 LV 品牌也充分借助、利用这些名人在社会公众中的名气、影响,为自己的品牌做"广告",提升了自己品牌的知名度和美誉度,达到其占据更大的市场份额,在激烈的商业竞争中"圈地为王"的目的。其中,LV 品牌借助《泰坦尼克号》电影的热播、知名度来"传销"自己的案例最为值得玩味。

电影《泰坦尼克号》电影因为其经典浪漫的爱情、惊心动魄的场面而倍受全球观众的关注青睐。其在世界范围内传播之广,影响之深,在电影史上、在信息传播史上,都可以说是"史无前例"的,几乎达到了妇孺皆知的程度。

LV 品牌非常聪明地成功"搭上"、"乘坐""泰坦尼克号"这艘史上最知名豪华的邮轮驶向自己品牌形象的"巅峰"。1912 年,英国豪华游轮"泰坦尼克号"因撞上冰山沉没海底,这是一场 20 世纪最浪漫也最惨烈的海难。电影中,乘坐"泰坦尼克号"豪华客轮的许多绅士贵妇也随身携带了 LV 旅行箱,当"泰坦尼克"沉没海底后,一些物品陆续被打捞上来,其中那些从海底打捞上来的 LV 硬型皮箱居然毫发未伤,未渗进半滴水。LV 品牌趁机大做文章,宣传自己品牌的高质量。随着"泰坦尼克号"凄美的故事传遍世界,人们广泛的结识了 LV 这个品牌,为 LV 的防水、耐用等质量所惊叹不已。LV 成为了世人争相购买、竞相追逐的一个品牌。

为传递 LV 高质量、高品质的品牌信息,LV 品牌还给公众讲述了另外一个更实际的故事:LV 的一个顾客家中失火,衣物大多付之一炬,惟独一只 LV Monogram Clace 包,外表被熏黑变形了,内里物品却完整无形。LV 借助这次火灾事件恰如其分地向公众传递了 LV 高品质的防火功能。

LV 借名人,特别是借助《泰坦尼克号》电影在全球范围内的极大的关注度和知名度,把自己产品推向了全世界,实在是妙不可言的"借势借力"公关策略妙招。看似"平淡无奇",结果却是"四两拨千斤"。精彩之极矣。

三刻拍案

可口可乐的2008奥运营销公关之旅,对可口可乐品牌价值的提升无疑是"扶摇直上青云间",使得可口可乐产品更广泛、更深入、更紧密地与消费者联系起来,可口可乐公司获得了巨大成功。但毕竟奥运赞助企业的名额是有限的,根据国际奥组委的规定,每个行业只能有一家企业成为奥运会的赞助企业。面对如此重大的赛事和机遇,不能成为奥运会赞助商的企业、公司也肯定不能"袖手旁观",错过这难求的稍纵即逝的巨大商机。中国蒙牛乳业集团就能够把握时机,独辟蹊径,借助奥运之光,播洒企业品牌,提升产品知名度,拓展了市场。

拍案一 借势狂奔的草原"猛"牛

中国蒙牛乳业集团(以下简称蒙牛集团)作为中国内地最大的乳制品企业之一,虽然没有成为2008年北京奥运会赞助商,但是2006年蒙牛集团与中国国家体育总局社体中心、中国全国妇联宣传部、CCTV-5共同举办了《蒙牛城市之间》活动,借全民体育运动的概念搭建了良好的奥运营销传播平台,取得了很好的传播效果。2006年6月,由蒙牛集团倾力打造的"城市之间"全民健身活动在全国80个城市拉开了序幕,在近半年的时间里,蒙牛集团联手中国中央电视台和中国国家体育总局进行了总共320场的城市海选、20场南北区域复赛以及10场全国总决赛的全民健身嘉年华活动,大约600万中国民众参与其间,充分体验和享受了蒙牛产品与健身运动结合带来的健康与快乐。在"城市之间"的复赛和决赛期间,有近1.2亿人次通过央视五套观看了连续12天的复赛和决赛,创中国电视收视率和收视份额双双第一佳绩,蒙牛集团自然由此取得了不俗的战绩。其中,在一项调查中,蒙牛在消费者心目中被误认为奥运赞助商的比率最高。

点 评

通过气势磅礴的全民健身激情蒙牛——蒙牛"城市之间"全国大型巡回活动，蒙牛开辟了一条非奥运赞助商的创新营销路线，成为借势奥运取得成功的营销"先行者"，取得辉煌的业绩。

其一，营销公关策略。蒙牛集团在主题的选取上，确立了立足于"全民健身，与奥运同行"这个最能亲近大众的主题，用体育精神赋予蒙牛品牌新的活力和内涵。这一主题的选取不仅与蒙牛长久以来坚持走大众路线、公益路线的企业战略相吻合，也契合了国家倡导和谐社会、倡导全民参与奥运的时代理念，满足了老百姓对追求健康的需求，从而形成了各方多赢的社会局面。这种与国家体育强身兴国的期望、老百姓切实的需求和蒙牛集团的企业责任及企业战略远景完美揉合的主题实乃一种高屋建瓴的战略选择。

其二，传播理念。蒙牛集团通过与CCTV-5《城市之间》栏目的合作，将娱乐、时尚和国际等因素注入到全民健身这个曾经"老土"的项目中，给全民健身运动的内容注入了新的内涵，也给予了体育新的诠释，让所有参与的普通百姓更加感受到了体育带来的快乐和激情。

其三，营销模式。蒙牛集团的非奥运营销并非采取单一化的营销模式，而是充分整合其所擅长的事件营销、娱乐营销以及公益营销等多种营销方式后，通过体育这一核心元素作为粘合剂，形成体育与娱乐深度结合、品牌与消费者紧密接触的营销模式，从而达到了其营销效果的最大化。

其四，传播模式。蒙牛整合了媒体、终端、主管机构以及其他各种资源，通过他们之间的有机结合和搭配，形成"高举＋低就"的核心传播策略，使活动达到甚至超出了预期的效果。"高举"策略主要是媒体资源选择的高端化，抢占媒体资源的制高点。在奥运环境下，蒙牛集团选择了与在全中国最有影响力和号召力的专业体育频道CCTV-5达成全面战略合作伙伴关系，充分利用CCTV-5频道的传播力、号召力和影响力，形成全中国范围内公众广泛的关注。蒙牛的"高举"还体现在蒙牛集团与中国国家体育总局、全国妇联达成合作，取得政府层面的高端支持，为活动的搭建了一个高档次、高权威、高关注、高影响的传播平台。

蒙牛集团的"低就"妙招是其互动的平民化。蒙牛集团以其强大的终端沟通能力深入到普通消费者的日常生活中,充分创造了《城市之间》体育活动的参与条件和机会,把体育从竞技领域延伸至大众领域。全民在共享体育所带来的健康和快乐的同时,蒙牛集团也把其品牌深深根植于广大消费者的心中。

回顾蒙牛集团举办的"全民健身,激情蒙牛——蒙牛'城市之间'体育营销活动",其最成功之处在于巧妙地利用北京2008奥运会全民关注大背景,将消费者的关注点与品牌理念、品牌理念与奥运精神有机结合起来,以强大而有效的执行力作后盾,通过线下的平民化互动活动与线上的媒体资源高端化传播紧密结合,最大限度地提升了企业品牌影响力。

拍案二　扬子江药业品牌形象推广案例

可口可乐公司借助全球瞩目的北京奥运之势进行正面营销,蒙牛集团则另辟蹊径,都是精彩的大手笔。"势"在人为,商机无限。江苏扬子江药业集团(以下简称扬子江药业)则在这方面表现也不俗。

扬子江药业作为中国首屈一指的大型医药集团,自从1997年来,开展了许多丰富多彩的拥军优属活动,截至2007年,先后投入5000多万元人民币用于支持中国国防建设。在中国人民解放军成立80周年的盛大纪念日之际,为了打造扬子江药业10年拥军优属路程的新高度,进一步提升企业的知名度与美誉度,扬子江药业与中国人民解放军总装备部政治部、中国人民解放军装甲兵工程学院、搜狐军事频道联合举办了"和平年代的丰碑　护佑众生的使命——相聚国旗下,英雄母亲检阅英雄儿女"军民共建活动。扬子江药业集团有限公司在充分发挥、展示其企业使命——"护佑众生,求索进取"的理念内涵。首先,结合中国人民解放军的使命和时代精神,将"和平年代的丰碑护佑众生的使命"确定为本次活动的大主题和主诉求,以"英雄母亲检阅英雄儿女"为本次活动的主要内容和情感交织的主线。其次,结合本次活动的可利用的军队资源,分别策划了"相聚国旗下"、"英雄母亲检阅英雄儿女"、"名垂青史同植英雄林"和"同唱英雄妈妈赞歌"四大具有意义的主题活动,邀请了全国范围内80位革命英烈的母亲、优秀现役官兵的母亲以及家境贫寒的军人母亲同赴北京参加这四大主题活动。中央电视台的《新闻社区》、《中国新闻》、《整点新闻》、《午夜新闻》和《新闻》等名牌栏目都进行了相关报道,在平面媒体方面覆盖了重点销售区域,而且刊发的新闻稿件被网络媒体大面积转载,此次传播总字数577489字,其中平面媒体发布124篇报道,网络媒体发布186篇报道,千字以上文章的见报频次为242次,占此次媒体发布的78%以上,获得了高频率、大篇幅、高密集度和高质量的传播效果。此次活动将扬子江药业集团的10年拥军优属活动推向新的高度,成为2007年最具影响力的大型拥军活动之一,极大地提升了扬子江药业集团的知名度和美誉度。

点评

中国人民解放军是祖国的钢铁长城,在革命年代为中华人民共和国的建立立下了赫赫战功;在和平建设年代,则是默默的保卫着祖国的安宁,保证人民安居乐业。这是一个倍受中国人民关注和感激的团体。建军80周年的纪念活动毫无疑问意义重大并倍受世人瞩目。扬子江药业充分借助、利用这个良机,以情感诉求为载体,对战士与英雄母亲之间的真挚情感进行深度发掘,使"和平年代的丰碑 护佑众生的使命——相聚国旗下,英雄母亲检阅英雄儿女"的军民共建活动在众多拥军优属活动中脱颖而出,赢得政府、媒体和公众的广泛关注。扬子江药业此次公关活动的成功在于很好地把握住了两个关键要素。

要素一:良好的切入点和结合点。扬子江药业以建军80周年为活动的切入点,一方面是使扬子江药业10年的拥军优属历程得到延续,保证活动的延续性;另一方面是借助建军80周年这一热点事件,保证活动的有效关注度。同时,扬子江药业选择通过深入挖掘战士和英雄母亲之间的真挚情感,以感情诉求为桥梁,将品牌与事件有机地结合起来,良好的结合点,保证了企业品牌与活动的有效关联,从而实现了借机提升品牌知名度、拓展企业市场的目的。

要素二：强大而有效的执行力。这主要体现在资源整合和传播策略两个方面上。在资源整合方面，首先是整合军方资源，获取活动的"合法身份"；整合民政资源，成功组织和协调了80位英雄母亲参加此次活动；其次是整合媒体资源，全面的、有机的安排、整合、利用传统媒体和现代媒体，实现活动立体的、全方位的、多层次的、有深度的信息传播，保证并充分发挥了传播渠道的有效性。在传播策略方面，扬子江药业集团有限公司根据行业特点，通过对目标受众群体的需求和媒体关注点的分析，采取了"因地制宜"、"因'人'而异"的传播策略，有计划性、有针对性地在大中小省、市、地区开展传播攻势，通过平面媒体和网络媒体的整合传播，利用多层面、多角度的立体传播通道展现企业信息和品牌形象，引起了目标受众的广泛关注。

拍案三　机遇展现魅力"超大"：台湾水果跨海来——"超大"海交会企业形象推广

现代社会发展日新月异，全球经济、市场日益一体化，商业竞争日趋激烈，在给企业带来巨大压力的同时，也暗藏着巨大的机遇。留心处，处处皆商机。中国（福建）超大现代农业集团就能够充分地发挥自己的地域优势，很好地把握历史机遇，顺应时代发展趋势，推动中国内地和台湾海峡两岸经贸交流的发展，推广了自己的企业形象。

超大现代农业集团成立于1997年，虽然是一家年轻的企业，但却具有良好的企业口碑、雄厚的资本实力、专业的管理团队和完善的营销网络，是中国内地优质安全果蔬生产商和销售商。近年来，台湾农业面临巨大的外来竞争压力，加之岛内市场狭小，大量农产品特别是水果销售陷入困境。岛内农业界、商贸界人士希望内地帮助解决台湾农产品销售问题的呼声不断。内地相应的出台了许多政策措施，表示愿意就扩大台湾农产品在内地销售的有关问题与台湾农业界进行深入沟通与协商，并欢迎台湾有关民间机构来内地商洽两岸农业合作事宜。

超大于是紧紧把握台湾海峡两岸局势出现的新变化和新机遇，通过第七届海峡两岸经贸交易会（以下简称海交会）这一独具区位优势、独具人文特色的交流与沟通平台，利用自身综合优势，扮演台商、台农进入内地市场的桥梁角色，与台湾同业进行直接的沟通，增进理解，共同创造发展机会，打造双赢局面，积极筹划台湾水果的"跨海计划"。

为了保证台湾水果"跨海计划"顺利实施，超大成立了"海交会"筹备委员会，由集团总裁亲自挂帅，各职能部门及专业队伍统一思想、统筹分工，严格做好实施每一步的战略部署计划，精心组织台湾水果产品、果农来内地参展，主动利用自身的影响和渠道，搭建起台商、台农进入内地市场的桥梁。"超大"步步为营，多管齐下，采用多种公关策略，克服重重障碍与困难，在 2005 年 5 月 15 日成功的将第一批 44 吨"零关税"的台湾农产品运送到内地，并于 2005 年 5 月 18 日至 22 日在福州市"海交会"上集体亮相。

福州"5·18"交易会吸引了国内外 100 多家媒体的关注，近 500 名记者、近 5 万个网站进行了相关报道。其中超大承接的台湾农产品，成为"海交会"上最大的亮点。面对媒体，超大没有对自己进行过多的渲染，而是主动将媒体记者引向火爆的台湾农产品展销现场；引向一个个被内地市民抢购热潮震惊的台湾参展商；引向祖国内地为台湾农产品"登陆"开设的每一条"绿色通道"。用事实说话，反而更能打动媒体。他们盛赞超大在海峡两岸经贸交流中所起的重要作用。展会期间，有高达 5000 万人次点通过网站击游览了"福建超大"或"5·18 海交会"等关键词，众多媒体连续刊登报道的专题大大深化了超大现代农业集团活动所产生的社会效应。超大在组织此次参展活动中所付出的努力、表现出的真挚及其雄厚的实力，让台湾农业界都把超大看成开拓内地台湾农产品市场的最佳合作伙伴。

点 评

解读超大现代农业集团的"台湾水果跨海来——'超大'海交会企业形象推广"活动的公关旅程，公众被其在促进两岸经贸往来，繁荣农产品贸易市场上的良苦用心所触动，也被超大现代农业集团在活动中表现出来的拳拳之心和锲而不舍的精神所感动。其企业活动深得人心，企业品牌形象深入人心。超大现代农业集团能成功的实现此次活动的公关传播目标，有几方面的原因：

一方面,善于借势,把握"天时、地利"之势。超大现代农业集团善于抓住机遇,在两岸关系出现积极因素和内地方面扩大开放台湾水果市场准入的重要时机,以已经树立起、打响了"台湾特色"名号的福建"海峡经贸交易会"(海交会)为依托,凭借自身的地缘优势,主持"海交会"首次增设的海峡两岸农产品展示专区的组织工作,可谓占尽"天时、地利"。

另一方面,懂得运势,积极创造"人和"局面。超大现代农业集团在项目执行中,首先将目标受众锁定最重要的两个人群——有可能影响本次台湾水果跨海参展的人士和犹豫不决、采取观望态度的台湾果农,采取采取"各个击破",多管齐下多种公关手段,成功地克服了台湾水果"跨海"方式和台湾果农参展积极性不足等方面的困难,保证了台湾农产品展销会的顺利进行。

此外,在传播策略方面,超大现代农业集团采取了"此时无声胜有声"的策略。超大现代农业集团面对媒体时,不喧宾夺主,不过多渲染自己,而是用事实说话,起到了"于平地无声处打惊雷"的公关效果。超大现代农业集团的出色活动,使其成为国内外媒体共同关注的焦点,"超大"也因此成为了海峡两岸农产品合作与交流史上一个不可抹拭的名字。

回味隽永

上述案例中,无论是古代商人产品推广活动,还是现代企业品牌大型营销公关活动,都成功运用"借势传播"的公关手段,取得了良好的传播效果。无论是借热点事件之势,还是借政策之势,亦或是借名人之势,都需把握好"四性一化"。

首先,时机性,即审时度势,把握时机。对时机的选择与把握是至关重要的,可以说是每个企业"乘势"的关键。对于"势"的把握,关键在于时机性与准确性,早了没用,迟了徒然自误。势存之时就需乘势而行。中国战国时期的经济家白圭曾说过:"趋时若猛兽鸷鸟之发。"时至势存,看到这一点的人要"蹶而趋之",要如猛兽鸷鸟捕食,"唯恐不及"。

其次,关联性。关联性是活动主题与所借之"势"的相关性。它们之间的关联度越高,越有利于企业形象和产品品牌等信息的传播。对于同一热点事件,活动主题的切入点如何,直接影响着活动的传播效果。可口可乐公司与蒙牛集团正是恰当确定活动的主题与形式,将企业文化与品牌精神内涵与奥运精神有机的融为一体,因而能够有效地将企业品牌和产品品牌的相关信息传达给公众。

再次,创新性。创新性主要表现为活动形式和内容的独特性与新颖性,其创新性如何直接影响着公众对活动的关注度和参与度。蒙牛集团的《城市之间》活动将娱乐、时尚和国际等新鲜因素融入到全民健身这个"老土"项目中,就能够很好地提高公众对活动的参与度。公众在共享体育所带来的健康和快乐的同时也关注、记住了蒙牛这个品牌。

复次,互动性。在活动的组织和实施过程中,以开展的活动为载体,以互动的方式,促成品牌与目标受众的沟通,拉近品牌与目标受众的距离,从而获得良好的传播效果。例如,扬子江药业在活动的实施过程中,通过情感这一载体,以互动的方式,很好地拉近了与公众间的距离,保证了活动的传播效果。

最后,系列化。在上述案例中,无论是可口可乐的北京 2008 奥运营销公关,还是蒙牛集团的"借势狂奔的草原'猛'牛"的非奥运营销,都是通过一个主题,多个活动,系列化地进行,持续性地推进,从而保证了传播的广度和深度。

总之,这种借势传播的营销活动,要善于整合、优化配置资源,使"时"、"事"、"人"等因素相互作用、相互配合,形成一种可以达到"毕其功于一役"的合力,完成借势提升品牌的目的。

第十八篇

于细微处见卓越

——TCL高尔夫精英赛大型活动的启示

在老子的《道德经》中有一句耳熟能详的话:"天下大事,必作于细;天下难事,必成于易。"在市场竞争白热化的今天,细节决定成败的论调被人一再提起。企业大型公关活动是企业树立良好形象、提升自身品牌的有效途径,随着精细化管理时代的到来,当越来越多的企业选择采用大型活动这一公关形式时,如何组织协调好大型活动中的各个环节,如何灵活巧妙地安排布置活动细节,如何从细微处着手将小事做大、做漂亮,成为企业大型公关活动面临的突出问题。

开篇导例

开篇之述：TCL 高尔夫精英赛大型活动

市场竞争和技术变革使越来越多的家电企业意识到品牌的重要性，并促使企业将品牌管理提升到竞争战略的层面。建立品牌优势成为培育企业竞争力的关键因素。品牌的提升有赖于企业公关策略的实施，而大型活动又是企业公关策略中一种非常重要的工具和手段。如何使大型活动取得最有效的成果，"TCL 高尔夫精英赛大型活动"的举办给我们上了精彩的一课。

2002 年是中国 TCL 集团发展的重要一年。在这一年的上半年，TCL 集团正式阐明了其进军国际市场的雄心，开始了其国际化的进程。然而，要实现创建世界级企业的目标，培育国际经营能力和技术创新能力是基础。要成为世界级企业，就必须在欧美两个最大的发达国家市场站稳脚跟。从 2002 年下半年起，TCL 集团开始在欧美市场上拓展其势力。为进一步提高 TCL 品牌在国际上的影响力，TCL 集团耗资 100 万美元赞助亚太地区高尔夫球巡回赛，借高尔夫这一高贵运动，积极扩大其在国际上的影响力。

在欧美发达国家，高尔夫球作为一项高贵、时尚的运动项目，是众多富豪及中产阶级最为热衷的休闲选择，非常适合 TCL 集团将其作为 TCL 品牌国际化形象的载体。据此项活动的赛事组织方——亚洲职业高尔夫球协会（APGA）的负责人介绍，这次高尔夫球巡回赛不仅有来自美洲、欧洲、亚洲的顶级职业高尔夫球选手参加，还有许多国际知名企业 CEO 及负责人前来观看比赛。

那么，TCL 集团想借此机会达到什么效果呢？除了扩大其国际影响力外，TCL 集团的目标还在于借高尔夫这一运动形式将 TCL 与高贵、时尚的品牌形象联结起来，以这种方式向国内外名流展示其集团的实力，为其移动通讯设备打入国际市场、进入全球五强做铺垫。

在公关策略上，活动前期，TCL集团与赛事组织方APGA共同发布新闻，向国内外媒体宣布活动主要内容。正式比赛开始前又召开一次媒体吹风会，向媒体发布活动的最新动态。在正式比赛过程中，由国内外各专业媒体及大众媒体每日不停地播发大量的赛事新闻及花絮，保证传播效果。活动结束后将活动的主体部分分制成物料、宣传品、影视光盘等，在全球各售点播放、派送，以强化品牌形象。

在项目执行过程中，TCL集团除前期向各大媒体通报比赛的主要信息外，还在全国范围内进行了金杆传递活动，活动分东、中、西三条主线，整个活动历经全国12个一级城市，最后三支纯金的高尔夫球杆在广东东莞的海逸高尔夫球馆汇合。这一行为引起了许多市民的争相目睹，极大地扩大了TCL品牌的影响力。

开篇之论：从细微处着手

TCL高尔夫精英赛活动举办得相当成功。其最终结果完全达到了TCL集团公关诉求目的，完全实现TCL集团计划目标所期望达到的企业形象，将TCL品牌进一步推向全球，树立了TCL品牌的国际化形象。作为一项大型活动，TCL集团一掷百万美元的奖金令人瞩目。"三线合一"的赛事，也可堪称为大家之笔。然而此案例最出彩的地方在于，TCL集团对于活动细节的策划和把握。从细微处着手，查人所不查，注意到容易被人忽视的地方，体现活动的高明之处，为活动的成功奠下了基础。

首先，TCL集团最大的成功是在细微处大做文章。球杆是所有高尔夫运动员都十分珍视的工具，高尔夫运动员花费重金购买名牌球杆的事情也司空见惯。许多高尔夫运动员都以拥有名牌球杆为荣，且乐于用名牌球杆。但是对于中国广大公众而言，高尔夫球作为一项时尚、昂贵的运动，平时并没有太多的机会接触到此项运动，他们有着一种"临渊慕鱼"的情怀，但是又缺乏"退而结网"的经济实力和能力。他们是怀着一种向往的情趣观看高尔夫球比赛，他们渴望触摸到高尔夫运动，近距离看一看、握一握真实的高尔夫球杆，近距离参与高尔夫运动。TCL高尔夫精英赛活动的策划人TCL集团就很准确地把握住了这条信息，把它作为一个很重要的策划元素，做出了金杆传递的构思，重金打造了三支纯金的高尔夫球杆，并在全国范围内按照东、中、西三条线路进行了金杆传递活动，历经全国12个大城市。在金杆传递活动中，民众争相参加，以一睹为快，先睹为快，达到了最大限度地宣传TCL品牌形象的结果。金杆传递活动当仁不让地成为 TCL 集团这次大型活动的最大亮点。

其次,TCL 集团的大型活动的成功还得益于其对于活动形式、活动目标、活动内容等各个环节、各个细节的精心考虑、周密计划、周到组织。TCL 集团在活动举办之前,对活动项目进行了谨慎详细的评估,根据集团的品牌理念内涵以及集团的意图目标——展示 TCL 品牌高贵时尚的特性,提高品牌的形象和竞争力,开拓国际市场,恰当地选择了亚洲职业高尔夫协会合作赞助举办高尔夫球巡回赛,展示了公司集团的实力和形象魅力。在确定了活动的形式之后,TCL 集团开始对活动的每一个环节和细节进行设计和安排。召开新闻发布会、媒体吹风会,及时并且最大限度的向媒体、社会各界进行相关新闻和信息的播报,最大限度地扩展信息传播的渠道以及信息传播的社会广度,同时在比赛活动结束后,还将活动的主体部分分制成物料、宣传品、影视光盘等,在全球各售点播放、派送,以强化品牌形象。这些都完全体现了 TCL 集团对于活动的用心,对于细节的把握和设计。

史镜今鉴

从细微处着手而成大事者,从古时起就已不乏其人。《老子》一书中有言:"合抱之木,生于毫末;九层之台,起于累土;千里之行,始于足下。"这告诉我们应该当从小事做起,注重细节的积累,积小流以成大海。下面来看一个积小流而成大海的古代经典案例。

在中国唐代,有一个姓窦的大商人,是当时长安的首富。在他十五岁的时候,他想开个小店,但是他的钱太少,不足以买下平常的地皮建房子,要是花钱买了地就没有钱盖房子,要是留钱盖房子就没有办法买地,怎么办呢?长安西市南边有一处十多亩大小的低洼之地,人称小海地。此地虽靠近繁华的长安西市,却是一个倒放垃圾的地方。独具慧眼的窦×看中了这块地的潜在价值,想买下来。这块地皮的主人急于将这块烂地出手,得知窦×想买,测量都免了,只收三十贯钱(一贯等于一千文)就赶紧抛掉了这只"烫手山芋"。窦×买下小海地后,在洼地中央立了一根木杆,杆顶悬挂一面小旗。再在洼地周围搭建了六七个临时商铺,雇人制作煎饼、团子等食品。然后举办了一次别开生面的少儿游戏。游戏内容是让孩子们投掷瓦砾,击打木杆上面的小旗。击中的,奖给煎饼或团子吃。参加游戏是免费的,街坊的小孩子自然趋之若鹜、争先恐后。不出一个月,参与投掷瓦砾游戏的有上亿人次,所掷的瓦砾已将洼地填平了。游戏结束后,窦×在填平的这块地皮上建造了二十间门面。由于地处繁华闹市,这些门面每天的租金就有几贯钱,获利丰厚。后来,人们将这块地方称为窦家店。

这是一个短小精悍的例子,但却给我们带来了很大的启示。这是一个公关对象很明确的活动。窦×很细心地抓住了小孩子特有的好奇、爱玩、爱吃小零食等特点,以小孩子为参与对象,目标人群明确,孩子之间天生的共性使他们自然地聚在一起,因而活动基本上都不用组织,大大降低了实行难度。除这一活动有趣、好玩,迎合了小孩子爱玩的天性外,更重要的是它还注意了以"利"相诱,组织者也不用花费太多的成本,但就是这些小小的奖品大大地提高了公众的参与度,进一步增强了活动的影响力。

看到这个案例,我们不禁为窦×的智慧所折服。他之所以能够变废为宝,在于他平时的处处留心,不放过生活的每一个小细节。他留意到了西市秤行之南有块十多亩低下聚集污水之地,他关注到孩子的天性,这些小小的心思使他的成功成为一种必然,日积夜累的小成功最终成就了一代富商。

从细微处着手,不仅是指对待事情要从细节处做文章,它更多的是一种对待事情的态度,是一种深入脑海的意识,是一种在处世与处事过程中"自然涌现"的表现,是在面对事情时一下子就能注意到或者把握到事情关键之处的一种能力,下面我们就来看看一个将细节处理得出神入化的例子。

王炽,中国历史上的一代"钱王",他在英国《泰晤士报》评选的"19世纪初10年世界财富排行榜"中排名第四,是中国历史上唯一的一位"三代一品红顶商人"。晚清名臣李鸿章曾称其为"犹如清廷之国库也"。王炽的经商之道,对后人具有深远的启迪和借鉴意义。

光绪初年,在云南当官多年的唐炯奉命督办川盐而被任命为盐茶道员。盐茶道急需十万两白银改善川盐生产,由于当时布政司无银可拨,唐炯只得向商界筹借。然而,由于多数商贾认为发展盐务并非三五年便可见效,因而不愿担此风险,无人愿借银给官府。王炽经过反复的思量,认为此次筹银一方面可解盐茶道之急,借此结交唐炯,找到官场上的靠山,另一方面,若

"天顺祥"在十天内凑足十万两白银,则可向世人展示"天顺祥"的实力,促使人们放心来"天顺祥"存兑银两,真是一件"一箭双雕"的好事。

于是,王炽冒险应承十日之内凑足白银十万两。不出十日,王炽凑足了银两,然而,他并不是立即把钱交给官府,而是别出心裁地作了些小小的花样。他特意安排挑夫百余人,打着"天顺祥"的名号,挑着银子列队敲锣打鼓绕城游行展示数圈后才至官府送银,如此大张旗鼓的行事自然引起了轰动,一时间全城都轰动了,妇孺皆知"天顺祥"筹巨款一事。

"天顺祥"筹巨款一事,使王炽找到了唐炯作为政治靠山,更重要的是,"天顺祥"的一炮打响使王炽身价更著,并由此走上了"官之所求,商无所退"的发迹之路。王炽在唐炯的支持下,开汇号并代办盐运,生意得心应手。

王炽作为一代钱王,有其过人之处。从上述的这个案例中可见他过人的胆识和智谋,他敢为人所不敢为。在多数商贾不敢承担风险,不愿借银给官府的情况下迎难而上,他冒险应承十日之内凑足白银十万两。当然,若是鲁莽行事则只会坏事不能成事,光靠胆识也并不足于成大事,我们可以看到王炽他这过人的胆识背后是有其过人的智谋作为依托的,只有以智慧作为依靠,胆识才有用武之地。他谋人所不谋,想人所未想,认为此事一来可以结交唐炯,找到官场上的靠山;二来可向世人展示"天顺祥"的实力,促使人们放心来"天顺祥"存兑银两,可谓名利双收,何乐而不为?

这个案例的最大闪亮点还在于王炽在凑足了银两之后并未直接把钱交给官府,而是别出心裁地安排了银子的"游行展览"活动,敲锣打鼓,大张旗鼓,结果是众人皆知。这可谓一举成名,他很好地实现了宣传品牌的目的。

三刻拍案

从细微处着手,将大事精细化是一种意识、一种态度、一种理念、一种文化。细节的宝贵价值在于：它是独创的，是独树一帜的，无法复制的。细节影响品质，细节体现品位，细节显示差异，细节决定成败。细节的关键性作用是我们所一再强调的，每一场大型活动都有其极具价值的细微处。对于一个有价值的关键点，若能把握住并将其充分利用，就有可能铸造了通向成功的阶梯。

拍案一　香港理工大学建校六十五周年庆祝活动案例

香港理工大学（简称"理大"）为香港八大政府资助高等院校之一，是一所既充满活力又拥有骄人历史及卓越成绩的大学。香港理工大学于2002年庆祝建校六十五周年，为展示理大作为高等院校人才济济及关怀社会的一面，并凝聚理大师生及校友的团结力量，该校以"理大画出彩虹"作为建校六十五周年的重点大型庆祝活动。

活动分为两个阶段。在前期和中期的实施阶段，第一步首先成立了"理大画出彩虹"筹委会，成员包括有关行政部门职员、教职员协会、学生组织、校友组织代表，并由与工商界关系密切的资深校友担任筹委会主席。同时，向英国健力士世界纪录机构报名参加该类别的活动，确认有关进行活动的特定要求，在筹备过程中严格执行其所订规则。

为了让活动当日节目更丰富及更具吸引力，筹委会在拼砌彩虹活动前安排了三项不同精彩表演：广州体育学院健美体操队及艺术体操队表演；少女组合唱歌表演；香港警察乐队风笛手表演。在活动后安排了明星足球队与理大邀请队进行友谊足球赛。并邀请香港著名娱乐界人士担任司仪，在万人拼砌彩虹图案时，司仪带领制造人浪，把现场气氛推至高潮。

在中后期实施阶段理大采取的策略如下。

在召募参加者方面，在校园抢眼位置，以横幅、宣传海报、壁画及摆放摊位等广泛宣传该活动；在校园多处放置报名表格，让师生及校友容易获得有关资料；为活动特制网页，以方便成员随时通过互联网报名。通过联络学生会及研究生会协助向会员推广校庆活动；透过人力资源处代表走访各学系宣传；校友事务及拓展处及校友会联会透过互联网或会面邀请校友组织参加。

在寻找赞助方面，筹委会制定了不同金额的赞助方案，以让各机构拣选适合方案。

在媒体宣传方面，在2002年6—9月期间采取浸透式宣传，通过理大传讯及公共事务处向传媒提及理大将举办大型校庆活动，使公众对理大庆典活动产生初步印象,并跟进活动发展情况;与发行数量多的报章洽谈,作为活动的媒体赞助,在活动前后刊登大篇幅报导及报名表格,召集校外参加者(如毕业生);选择性地安排媒体与校方代表及筹委会主席进行专访,介绍活动,让读者对活动有更深入认识;在接近活动期间(9月10日)举办新闻发布会,为活动营造声势;并在活动当日安排采访工作。

为兼顾多项细节,筹委会定期进行会议,报告进度,并由传讯及公共事务处作为召集人,拟定详细计划,把安排工作详情记载于会议记录上,联络各方分头执行,各筹委在各自的岗位上完成所获委派的工作。期间利用先进资讯网络如电邮互通消息,做事更有效率。过程既重视团队精神,又能做到分工合作,事半功倍。

此次活动非常成功,成功召集了11 273名师生及校友,在香港特别行政区行政长官兼理大校监董建华先生的见证下,砌出世界上最大的彩虹图案,此项新纪录已成功列入《健力士世界纪录》,为校、为港、为国争了光,此外,还加强了师生及校友对理大归属感,成功募集二百万港元,各类报纸、电台竞相报道。

点 评

近年来,各大高校越来越重视校庆活动,以期借校庆来提高学校的知名度和良好的公众形象。香港"理大"65周年校庆活动可谓众多校庆活动中的典范。提高知名度、扩大影响力是高校举办校庆活动的基本目标,这一目标的成功实现有赖于对细节的完美把握。从执行策略上,我们不难得出是理大筹委会对每一个细节的关注,才使得活动获得了巨大的成功。筹委会在拼砌彩虹活动前安排了三项不同精彩表演,在活动后安排了明星足球队与理大邀请队进行友谊足球赛,调动所有力量招募参加者,制定不同方案寻求赞助,媒体宣传和具体工作安排方面更是精心到了每一个细节。无论从前期的准备,还是中后期的执行,筹委会力求使每个细节都得到完美演绎,正是这种追求完美、注重细节的精神演绎了完美的公关。

拍案二 "奥运史上首个艾滋火炬手"公关策划案

本项目是由中国预防性病艾滋病基金会发起,卫生部、中华慈善总会以及联合国艾滋病规划署等积极参与支持的大型慈善公益活动——"121联合行动计划"。其主要目的是积极发展与国际机构、民间组织以及中外企业和慈善人士的联系,争取获得国际艾滋病防治机构和基金的帮助。

本案例的成功之处突显在项目执行环节上。整个项目共分为三个阶段,时间跨度从2007年3月到2008年10月,共20个月。

在第一阶段,北京奥委会公布火炬手选拔标准之后,"121联合行动计划"组委会在北京召开新闻发布会,公布艾滋病感染者想成为奥运火炬手的心愿,邀请专家发表意见,同时转达北京奥组委积极的处理态度,引导舆论走向。

在第二阶段,利用媒体对火炬手进行专题报道的机会,积极接触媒体,提高艾滋病火炬手的媒体曝光率,设置"奥运历史上第一个艾滋火炬手"议程,议程由艾滋病菌携带者渴望参加奥运转向奥运历史上第一个艾滋火炬手。此阶段由开设个人博客和建立活动网站两个项目展开。

在第三阶段,全面展开全球火炬传递活动。此系列活动包括设立外国媒体专员,负责活动中有关国际传播的事项;"同一个奥运,同样的你我"高校巡讲;红衣陪跑团(邀请国际防艾机构、国内民间防艾组织及防艾人士参与)的活动宣传;在各基层艾滋病防治医院和防疫站张贴"红衣陪跑团"招募海报;电视记录艾滋火炬手传递前的最后一次检查;艾滋火炬手以及护手,以慢跑或步行的方式进行火炬传递;身穿红色服装的支持者,由国际防艾机构代表以及国内民间防艾组织代表带领,组成陪跑队伍跟随艾滋火炬手进行火炬传递;在两次火种交接过程中组织1~2名摄影艺术家,记录这一过程,并向媒体发送照片,以增加见报率;主办方组织DV爱好者记录下这一历史事件,以便放在后期到各视频网站播放;全球艾滋防治高峰论坛;"一切为了艾滋儿童"的主题慈善拍卖等等。

此案例策划得到了评委的高度评价,蓝色光标公关顾问机构CEO赵文权认为,在所有参选方案中,这是唯一一个和奥运概念完美结合的方案。智扬公关顾问机构董事总经理高鹏和万博宣伟公关有限公司中国区总裁刘希平也都做出了很高的评价,使得此案例策划最终获得首届"中国大学生公共关系策划大赛"金奖的桂冠。

点评

"奥运史上首个艾滋火炬手"公关策划案的成功固然有多方面的因素,但策划者对执行阶段的细节把握,无疑是最重要的因素。从召开新闻发布会到活动的全面展开,策划者用系统方法设计了整个执行方案,从空间上体现了项目的可行性。此外,策划者还详细策划了各个阶段的执行流程,从时间上体现了项目的可行性。尤其是在全面展开项目的第三个阶段,策划者对每个细节的把握,成为其最终脱颖而出的关键所在。

细节可以精准传播公关价值,将组织的价值诉求在每一个细节中完美演绎,能使目标团体产生强烈的共鸣。其实,对细节的把握,就是对人心理的把握,体现了人性关怀。组织美誉度最终要通过公众认同得以体现,而人有着丰富的思想感情,细节能够深深震撼人的心灵,使人产生强烈的情感波动,进而产生强烈的认同感。比如在案例执行中的"电视记录艾滋火炬手传递前的最后一次检查"这一细节安排,就能使公众产生强烈的情感波动。而"一切为了艾滋儿童"的主题慈善拍卖活动,又会激起一浪捐赠高潮。

拍案三　母婴保护120项目推广案例

据我国卫生部统计:2001年全国孕产妇死亡率48.44/10万,2001年全国婴儿死亡率16.95‰。其中又以云南、贵州等少数西部不发达地区为甚。2003年中国扶贫基金会发起的"母婴保护120"项目,是以保障贫困社区孕产妇分娩时母婴生命安全为目标,以信息化管理和分类补贴救助为特点的慈善公益项目。此项目得到了西门子公司的全力赞助。

"母婴保护120"项目的成功与否首先取决于是否有一个精心而又务实的策划,来吸引公众的注意,引起共鸣,筹集到更多的捐赠。为此,策划者策划了环环紧扣的四个环节,历经10个月的持续宣传,使得此项活动成为年内的新闻焦点。

在第一环节的前期准备工作中,西门子家电(中国)公司的中国区销售总监与全国市场总监在扶贫基金会相关人员的陪同下,亲自到云南丽江进行项目考察,以深入了解当地母婴安全问题。随行媒体包括CCTV-4、人民日报海外版、新华社、经济参考报等。

在第二环节的慈善活动创作阶段中,以冰箱为载体的艺术创作,花了近一个月时间的实验和摸索,最终确定了颜料。知名艺术家和评论人的受邀,不仅使得活动备受关注,还使冰箱成为具有收藏价值的艺术品。此外,与《北京晚报》和上海《申江服务导报》合作,开辟了"我最喜欢的艺术冰箱作品"专栏,逐一介绍艺术家及艺术冰箱,以推广介绍"母婴保护120"项目内容。

在第三环节的慈善活动展示阶段中,选取北京、上海、南京三地为活动地点,采取现场展示和新闻发布会的形式。现场展示包括了现场视频播放,悬挂四台液晶显示器播放宣传片;特地请北京歌舞团创作了高格调主题舞蹈,进行现场表演;展示现场媒体宣传工作,在展示前的两周,组办方已经充分作好了递达信息的工作,精美的31台艺术冰箱图片、艺术家对其作品的创作阐述及艺术评论家对作品的评价、活动简介等资料均刻制成精美的光盘连同宣传片、画册传递到记者手中;现场募捐将活动推向了高潮。安排筹备的新闻发布会,再一次向记者展现了活动的全貌。

在第四环节的慈善活动义卖阶段中,邀请了参加此次创作活动的艺术家、艺术收藏家、各界领导、商界成功人士、时尚类媒体的负责人等社会名流参加。现场以自助餐的形式自由交流,营造了一个轻松时尚的晚宴氛围。名模身穿盛装穿梭于人群中,前卫而又古典的晚礼服吸引了与会人员的目光,她们与艺术冰箱相得益彰,成功地烘托了现场气氛。而媒体对于艺术冰箱的归属格外感兴趣,每一个购买者都受到多家媒体的关注,成为后续报道的又一个热点。

整个项目经历了十个月,虽然有"非典"突发事件的出现,但由于策划巧妙,构思新颖,准备充分,活动远远超出了预期的效果。整个项目在家电业、广告界引起强烈反响,也成为媒体长时间讨论的焦点。彩绘冰箱的图片更作为时尚的标志,在报纸、电视、杂志和网络等媒体的覆盖率达到95%以上。通过此次活动引起了更广泛的人群对母婴生存状况的帮助和对中国扶贫基金会的了解,同时也拉近了西门子这一国际品牌与中国消费者之间的距离,为西门子的企业形象增添了更多的亲和力。

点　评

"母婴保护120项目"的成功运作,一方面在于其出色的创意,策划了彩绘冰箱在北京、上海、南京三地的巡展、拍卖和捐赠,吸引了众多媒体的关注和公众的眼球。另一方面还在于策划者对活动细节的把握,在第二环节开辟"我最喜欢的艺术冰箱作品"专栏;在第三环节现场展示中策划了现场视频,现场演出,现场募捐和展示现场媒体宣传工作,可谓环环相扣;在第四环节设计了自助餐的交流形式,现场名模前卫而又古典的晚礼服与艺术冰箱相得益彰。一个项目的成功实施,在于其精心的策划和完美的执行,而这又有赖于对每个细节的成功把握。"母婴保护120项目"的策划者成功做到了这一点。

回味隽永

当今时代是一个竞争异常激烈的时代,信息微妙,气象万千,稍有不慎,就会失去有利时机,与成功失之交臂。要想成功,就需要努力追求卓越,而追求卓越的关键就是注重细节,精益求精。大型公关活动是一个实践性非常强的活动,注重细节的要求在这一领域显得尤为关键。以上案例都在细节上下足了功夫,将公关价值完美地体现在活动的每一个细节,收到了超乎预想的公关效果,成功地实现了目标。通过对以上古今经典公关案例的解读,我们可以得到以下一些有益的结论。

首先,重视细节策划的公关价值。公关是组织价值的传播,其目的是提高组织的美誉度及其在公众中的形象。因此,整个策划应围绕着组织价值理念的传播展开,每一个活动,每一个细节都是为赢得目标团体的认同而设计的。由于目标受众有着不同的背景、不同的文化和不同的经历，因此他们对于活动的感知是不同的。一场大型活动，仅以大规模的视觉冲击，不一定能起到很好的效果。而将公关价值在每一个细节中都得以体现，却会收到意想不到的效果。细节足可以震撼人心，让人产生强烈的共鸣。

其次，对目标受众的精准分析。细节的精准把握有赖于对目标受众的精准分析，细节的策划不是可有可无的，没有价值的细节亦没必要花费时间和精力。要想使每一个细节都发挥出传播公关价值的功效，对受众目标的精准分析就非常必要了。TCL高尔夫精英赛大型活动注意到了高尔夫球员对球杆的重视这一微妙心理，使得活动取得了良好的收益。

再次，细节与活动环节的完美结合。所谓"针尖上打擂台，拼的就是精细"，差距始于细节，也就是于细微处才能更见卓越。追求卓越的过程，就是不断追求细节的完善直到过程的完美。任何细小的东西都可能通过系统无限放大，可以"成大事"，也可能"乱大谋"。实际上任何大型活动都是由一些环节组成的，每一环节都包含细节，关注细节使每一个环节都能透出一丝不苟的严谨，真正做到了环环相扣、疏而不漏。

最后，寻找有影响力的亮点、热点。在大型活动中，运用有影响力的热点、亮点，尽可能多地制造新闻及话题历来是一个普遍使用的公关策略。创新活动因其"新"而无经验可鉴，故对其执行的细节把握就更显重要。创新的活动亦即亮点事件，这是吸引公众眼球，提升组织形象的关键一笔，因此在策划和执行上都要精确到每一步，并备有预案，力求做到万无一失。

第十九篇

情感公关助推事业发展

——阿拉善SEE生态协会社会影响力传播项目

公共关系是以公众为对象,以沟通为手段的一门科学和艺术。情感上的共鸣和心理上的认同可以使公关目标的实现获得更为广泛的支持。情感公关的策略在古今中外都演绎出经典的案例,展现出独特的魅力。

开篇导例

开篇之述：阿拉善SEE生态协会社会影响力传播项目

2004年6月5日，中国首家由近100名企业家发起成立的生态环境保护组织"阿拉善SEE生态协会"成立，此协会旨在改善和恢复内蒙古阿拉善地区的生态环境，减少乃至遏制沙尘暴的发生，并推动中国企业家承担更多的社会责任。为了迅速提升协会的社会影响力，打造协会的品牌知名度，协会委托北京动力飞扬公关沟通机构策划了"SEE守望家园行动"之"SEE生态奖"颁奖暨"SEE生态基金启动仪式"。此次活动充分展示了以情动人的公关策略。在背景音乐的选择上，开场以意大利音乐家撒拉撒帝苍凉的《流浪者》为配乐，强烈冲击人们听觉，唤醒人们保护环境的意识；进场音乐以电影无间道凄婉的《警察再见》音乐映衬环境遭到破坏的凄凉画面；高潮音乐以腾格尔的歌曲《天堂》激起人们对美好生态环境的憧憬；结束片配乐以轻快的小提琴演奏结合优美的画面激励人们展望美好未来。进场播放的PPT选取阿拉善当地著名摄影家哈丝巴根拍摄的阿拉善图片，营造浓烈的环保氛围。在视频与音频的完美配合中拍摄的颁奖片饱满地呈现了动人的真情，并作为贯穿整个颁奖活动的主线和灵魂，促使与会者的情绪随活动一同起伏。

整个活动以"责任"为关键词，向参与者传递了两大主要信息，第一，保护我们赖以生存的家园是每个人义不容辞的责任，越来越多的环境问题更深切地呼唤全社会的环境责任意识；第二，呼唤企业家参与到环保领域中来，期望他们承担更多的生态责任和社会责任，贡献出自己的力量。此次活动在环保界引起强烈反响，会后很多NGO及公益组织的代表都对本次活动给予了高度的认可。同时多家媒体争相报道，截止到2005年5月，共收集到来自网络媒体的报道四万余篇。本次活动圆满成功，达到并超出预期的策划效果。

开篇之论：以情动人铸成功

如何取得满意的公关效果，不同的组织又有着不同的公关策略。对于 NGO 来说，公关的目的就是为了塑造组织的良好形象，赢得公众认可，从而更好地执行组织的宗旨。作为中国首家由企业家发起的纯民间的非营利组织，在成立之初即受到社会各界的广泛关注。协会不仅要面对来自环保组织及环保人士对协会作为企业家"富人"组织的质疑所形成的舆论压力，还要面对来自媒体的舆论监督。

其实，一个由百位企业家成立的协会，并不缺少运营协会的资本，但资本并不是打造良好形象的关键要素。SEE 生态协会是一个环保组织，而不是富人的俱乐部。百位企业家联手创办纯民间的非营利组织，并非为了树立企业家的良好形象，而是中国企业家承担社会责任，走向成熟的标志。但这些行为并非一开始就为公众所认同，正是针对 SEE 生态协会所面临的这些问题，北京动力飞扬策划了一系列亮点事件，以"以情动人"为主要策略，强烈地震撼了每一位与会者，引起了公众的强烈反响。与会者与公众感受到的是企业家们悲天悯人的社会责任感，感受到的是企业家们为了保护人类家园而奔走呼号，感受到的是保护环境是每一个人义不容辞的责任。

公关是特定的人与人之间的关系，而人是情感动物，每一个人的内心深处都是向善的。感动有时能将坚硬的磐石融化，化干戈为玉帛。动力飞扬敏锐地抓住了人的心理基点，通过选择感人的配乐，制作感动的宣传片，使与会者的情绪跟随活动一同达到高潮。

细微处体现真情，感激、感受、感动，这些由公共关系人员创造的情感激发更多的企业和人士参与的环保事业中来，著名经济学家家、国务院发展研究中心研究员吴敬琏指出"守望家园行动让我看到了企业家在成熟"。以情动人铸成功！环保人士不再怀疑企业家的动机，企业家也树立了承担社会责任的榜样，公众亦看到了中国的希望。阿拉善 SEE 生态协会阿拉善已经在政府、NGO 组织、环保界、企业家、公众中树立了良好的品牌形象，品牌知名度急剧攀升。

史镜今鉴

以情感公关的案例古今中外举不胜举,下面就以李密辞官报效祖母,诸葛亮七擒孟获,林肯击败道格拉斯成功竞选总统为例,看看他们是如何以情感人,从而达到自己的公关目的的。

李密,字令伯,其父早逝,其母在他四岁时被迫离开李家改嫁。此后,李密由其祖母抚养。李密的祖母强忍着子亡媳嫁、孙儿幼小离开母亲的不幸,对李密"躬亲抚养"。在祖母的教育下,李密体格健壮,聪明伶俐,能写一手好字,也能做得一手好文章。这使饱经沧桑的奶奶倍感欣慰。后来李密在诸葛亮手下当了外交官,经常出使吴国。他凭着超人的机敏和口才,为蜀汉联吴抗曹做出了不朽的贡献,为天下人所景仰。

司马炎篡位立晋时,招贤纳士,曾下诏令,任命李密为太子洗马。但李密看到日渐衰老、已是耄耋之年的祖母,丝毫不为高官厚禄所动,专心奉养祖母,即使朝廷多次催迫,也决心不变。又过了一段时间,朝廷一再催逼李密入朝。在这种情况下,李密给晋武帝写了一封信,表达了自己"终养祖母,然后报效国家"的心情与愿望,倾诉了自己当前的最大愿望是陪伴96岁的祖母,让她颐养天年。李密的信得到了皇帝的赏识,他的要求得到了恩准。于是,晋武帝下昭赠李密奴婢二人和许多金银布匹,并下令让地方财政供其俸禄。这封信就是名传千古的《陈情表》。

在陈情表中,为了唤起武帝的怜悯心,作者不是直陈其事,而是凄切婉转地表明心意,围绕着"情"、"孝"二字反复陈述自己家庭不幸,和祖母相依为命的苦况亲情,表达对新朝宠遇的感激涕零,以及孝顺祖母的哀哀衷情,最后才提出陈情的目的"愿乞终养",先尽孝后尽忠。李密以最恰当的抒情方式来表达苦衷,打动了晋武帝。

与李密以情感动晋武帝有异曲同工之妙的是诸葛亮七擒孟获的故事。蜀丞相诸葛亮受昭烈帝刘备托孤遗诏,立志北伐,以重兴汉室。就在这时,蜀南方少数民族又来犯蜀,诸葛亮当即点兵南征。到了南蛮之地,双方首战,诸葛亮就大获全胜,擒住了南蛮的首领孟获。但孟获却很不服气。孔明得知一笑,下令放了孟获。放走孟获后,孔明找来他的副将,故意说孟获将此次叛乱的罪名都推到了他的头上。副将听了十分生气,大声喊冤,于是孔明将他也放了回去。副将回营后,心里一直愤愤不平。一天,他将孟获请入自己帐内,将孟获捆绑后送至了汉营。孔明用计二次擒获了孟获,孟获却还是不服,诸葛亮便又放了他。这次,蜀营大将们都有些想不通。他们认为大家远涉而来,这么轻易地放走敌人简直是像开玩笑一样。孔明却自有道理:只有以德服人才能真的让人心服;以力服人必有后患。孟获再次回到洞中,他的弟弟孟优给他献了个计谋。半夜时分,孟优带人来到汉营诈降,孔明一眼就识破了他,于是下令赏了大量的美酒给南蛮之兵,使孟优带来的人喝得酩酊大醉。这时孟获按计划前来劫营,却不料自投罗网,被再次擒获。这回孟获却仍是不甘心,孔明便第三次放了他。孟获回到大营,立即着手整顿军队,待机而发。一天,忽有探子来报:孔明正独自在阵前察看地形。孟获听后大喜,立即带了人赶去捉拿诸葛亮。不料这次他又中了诸葛亮的圈套,第四次成了瓮中之鳖。孔明知他这次肯定还是不会服气,再次放了他。孟获带兵回到营中。他营中一员大将带来洞主杨峰,因跟随孟获亦数次被擒数次被放,心里十分感激诸葛亮。为了报恩,他与夫人一起将孟获灌醉后押到汉营。孟获五次被擒仍是不服,大呼是内贼陷害。孔明便第五次放了他,命他再来战。这次,孟获回去后不敢大意,他去投奔了木鹿大王。这木鹿大王之营极为偏僻,孔明带兵前往,一路历尽艰险,加上蛮兵使用了野兽入战,使蜀兵败下阵来。这之后蜀兵又在行军途中碰上了几处毒泉,情况变得更为不妙。幸亏不久孔明得到伏波将军及孟获兄长孟节指点,他们才安全回到大营。回营后,孔明造了大于真兽几倍的假兽。当他们再次与木鹿大王交战时,木鹿大王的人马见了假兽十分害怕不战自退了。这次孟获心里虽仍有不服,但再没理由开口了,孔明看出他的心思,仍旧放了他。孟获被释后又去投奔了乌戈国,这乌戈国国王兀突骨拥有一支英勇善战的藤甲兵,所装备的藤甲刀枪不入。孔明对此却早有所备,他用火攻将乌戈国兵士皆烧死于一山谷中。孟获第七次被擒,孔明故意要再放了他。孟获忙跪下起誓:以后决不再谋反。孔明见他已心悦诚服,觉得可以利用,于是便委派他掌管南蛮之地,孟获等听后不禁深受感动。从此孔明便不再为南蛮担心而专心对付魏国去了。

接下来一个外国的以情动人的案例。1860年,坚决主张"为争取自由和废除奴隶制而斗争"的"乡巴佬"林肯,被共和党提名为总统候选人。然而,大选前的形势对林肯十分不利,他的竞选对手——民主党候选人道格拉斯有权有势,财大气粗,根本没把林肯放在眼里。几乎没有人相信林肯会获胜。

在各地巡回开展竞选活动时,道格拉斯租用了一辆豪华列车,在最后一节车上安置礼炮一尊,每到一站就鸣礼炮32响,然后乐队奏乐,排场十足;每到一地,他都要乘一辆六轮马车去市镇中心发表演说,前面有彪形大汉骑骏马开道,后面则是许多马车,满载着红男绿女,吆五喝六,不可一世。道格拉斯叫嚷:"我要让林肯这个乡巴佬闻闻我的贵族气味。"与之形成鲜明对比的是,林肯连马车都没有,更不用说专列。他买票乘车,每到一站,坐的都是从朋友那里借来的耕田用的马拉车。在演说中,林肯常说:"道格拉斯参议员是一位大人物。他有钱有势,当过邮政官、土地官、内阁官、外交官等等。有人写信给我,问我有多少财产。我只有一位妻子和一个儿子。此外,还租用了一间破旧的办公室,室内只有桌子1张,价值2.5美元,椅子3把,价值1美元。我本人既穷又瘦。我实在没有什么可依靠的,惟一可依靠的就是你们。"选举结束了,结果出人意料,林肯击败道格拉斯,成为美国第16任总统。

从根本上说,虽然林肯的获胜,是其政治主张的胜利。他废除奴隶制的政治主张顺民心、合民意,代表了社会发展的大趋势,也是广大民众的切身利益所在。但林肯的成功也与他的真情诚意分不开。林肯站在群众的角度,诚心诚意地维护他们的利益,以真情撼动人心,最终得到了广大民众的拥护和支持。林肯出身于伐木工人家庭,只上过一年学,后来经过自学成为一个出色的律师。他没有显赫的地位,也没有丰厚的资财,与有权有势的道格拉斯相比,更是相形见绌。但林肯并不以自己的平民出身和窘迫的经济状况为耻,而是诚实地把自己的真实情况告诉民众。正是因为诚实坦白,拉近了自己与广大民众之间的距离,林肯赢得了广大民众的信赖和支持。与道格拉斯极尽张扬与炫耀的贵族气派相比,林肯实在没有多少可资利用的竞选资本。他态度诚恳地对民众说:"我实在没有什么可依靠的,唯一可依靠的就是你们。"或许正是这句话,叩开了千千万万选民的心扉,最终使林肯走进了白宫的大门。林肯深知权力、金钱和地位并非政治的全部资本,民众才是力量的源泉,惟有把自己当做民众的一分子,扎根于群众之中,获得民众支持才会有所作为。以真情撼动人心,想群众之所想,急群众之所急,才能站在历史舞台上。

第十九篇 情感公关助推事业发展

三刻拍案

回眸现实,以情动人的公关策略获得成功的案例还有许多,在"拍案"环节,以近年来的三个国内案例为例,看其是怎样运用以情动人的策略的。

拍案一 《爱的奉献》——2008抗震救灾大型募捐活动

2008年5月12日汶川大地震之后,全国各地迅速行动,纷纷支援灾区人民。由中宣部、文化部、国家广电总局、新闻出版总署、解放军总政治部、中国文联、中国作协共同发起,由中央电视台承办的《爱的奉献》——2008抗震救灾大型募捐活动,从筹备到举行,只有短短的4天,但却创造了一项纪录,成为新中国成立以来我国宣传文化界最大的一次募捐活动。

晚会采用文艺表演与播出抗震救灾宣传短片穿插进行的方式,并进行多次捐款,开通了包括英语、法语等六种语言的捐款热线。募捐活动在有限的筹备时间内,集结到宣传文化界的一流阵容,内地及港澳台地区不少演艺界人士积极参加募捐活动,央视、新华社等众多媒体单位,房地产、金融、制造业等众多企事业单位以及社会团体也在晚会中捐款,让人深切地感受到万众一心的巨大力量。本次晚会筹划时间总共只有4天,而召集演职人员的时间也仅仅用了2天。参加演出的人数达500多人,这是央视举办的晚会中参演人数最多的一次,超过春节联欢晚会。活动汇聚了文学艺术界、新闻出版界、体育界、文化企业界等文化宣传系统的知名人士及部队和体育界知名人士。

央视倾力而为——媒介传情。这次的募捐活动由央视一套、三套、四套并机直播。活动主持人包括罗京、李瑞英、董卿、朱军、白岩松、周涛、张泽群、朱迅八位主持人,分别来自央视新闻中心和文艺中心,两大中心的当家主持共同联手也是首次,央视为了这次募捐活动倾尽全力。

整个活动开始前,主持人白岩松首先心情沉重地请全体起立,为地震中遇难的同胞默哀一分钟。中央电视台在现场不仅捐赠5000万元,所有主持人还合唱了《世界需要热心肠》。沈冰、白岩松、罗京、鞠萍、刘纯燕、撒贝宁、崔永元等众多主持人站在一起,"一句亲切的呼唤,能有起死回生的力量"、"为了一切更美好,世界需要热心肠"……他们用声音表达了对灾区人民以及所有国人的呼唤。

残疾人艺术团捐款260万——凸显大爱。《千手观音》中演员邰丽华也来到现场,她通过手语翻译说:"在2005年的春晚上我说过,爱是我们共同的语言。"她说,在地震发生第二天,残疾人艺术团就从以往演出收入中拿出了100万元捐助给灾区。这天站在台上,她坚定地表示残疾人艺术团将继续捐助灾区。"三天后,我们将去英国7个城市商业巡演。今天,我们把商业巡演的160万元再次捐给灾区。我很高兴地获悉,英国邀请方也决定把活动收益捐赠灾区。"

演艺界云集联合奉献爱心——万众一心。《爱的奉献》、《姐妹兄弟》、《世界需要热心肠》、《我们与你同在》、《人在青山在》、《祖国在召唤》、《祝你平安》、《我们是人民子弟兵》……十几个节目中,有歌曲、有诗朗诵,虽然云集众多演艺界人士,但没有人单独表演节目。因为要为灾区奉献爱心的演员太多,他们都希望能尽自己的一份力,希望能为灾区人民做点什么。

晚会还向观众展示了很多感人至深的新闻影像资料,以最真实的画面给观众带来特别的感动。现场更连线了还在抗震救灾一线直击救灾实况的记者张泉灵,她不但带来了又有人获救的好消息,还委托现场的主持人白岩松捐款1万元。来自四川彭州的民警蒋敏在地震中失去了自己的母亲和女儿,当她坚强地出现在全国观众面前时,每个人都不禁从心底发出一声呼喊:加油,蒋敏!加油,四川!

此次大型募捐活动非常成功,当晚就募集到了15.14亿元,成为中华人民共和国成立以来我国宣传文化界最大的募捐活动。

点 评

从整个募捐活动的运转环节来看,其成功首先得益于爱的主题的确立和贯穿,就是为灾区人民募集资金,帮助灾区人民度过灾难恢复家园。围绕这一核心目标,央视充分发挥自身的优势,仅仅用了两天的时间就召集了500多知名人士。其次,公关的效果依赖于精心的项目策划和完美的执行,而这又基于主体战略的成功运作。此次募捐活动,从开始到结束都贯穿着以情动人的核心战略。央视精英主持全体到场,并合唱《世界需要热心肠》；残疾人代表邰丽华发自肺腑的心灵呼唤，让人为之震颤；现场穿插的新闻影像资料，各界知名人士用各种方式表达着对灾区人民的深切关怀，深深地震撼着观众的心灵；身在灾区前线的张泉灵委托主持人白岩松替自己捐款的细节，更是催人泪下；蒋敏坚强的面容，让观众的心弦扣的更紧。这些细节用真情传递着众志成城的信念，最终使活动达到了超乎预期的效果。

拍案二 "希望工程"推广活动

"希望工程"是团中央、中国青少年发展基金会以救助贫困地区失学少年儿童为目的，于1989年发起的一项公益事业。为了扩大影响，让更多的人参加到希望工程的捐助中来，中国青少年基金会的发起者和组织者推出了一系列"希望工程"的公关宣传计划。其主要宣传策略就是以情动人。

1989年的宣传广告语深深震撼着每一个人，其广告语是这样的：陕西省镇安县贫困地区有一名12岁的女孩卿远香，她是一个品学兼优的好学生。父亲去世了，母亲带着她和不足4岁的妹妹过着艰难的生活。她失学了，白天喂猪、砍柴，晚上拿出珍藏的课本自学。期末考试到了，她匆匆干完活，跑到学校，在剩下的半堂课里认真答完卷。在试卷末尾，她含泪写下了四个字："我想上学!"这是多么震撼人心的广告，它不仅激起了公众的同情心，还让公众感知了希望工程的神圣使命。

而1991年的一张宣传照片，亦强化了人们对希望工程的了解。这是年仅7岁的苏明娟正在上课的一张照片，她一个手握铅笔头，两只大眼睛直视前方对求知充满渴望，照片以"我要上学"发表后，很快被国内各大报纸杂志争相转载，成为中国希望工程的宣传标志，苏明娟也随之成为希望工程的形象代表。

之后在1992年4月15日，中国青少年发展基金会推出了"希望工程——百万爱心行动"计划。人人奉献一片爱心，携手共筑希望工程的行动蓬勃展开。新华社、《人民日报》社、中央电视台、中央人民广播电台、《中国青年报》社等15家新闻单位以及海外新闻机构，均以头条新闻报道了这一消息。《人民日报》还发表了邓小平、江泽民、李鹏为希望工程的题词。"希望工程——百万爱心行动"在海内外产生了强烈影响，一笔笔汇款单如雪片般飞向中国青少年发展基金会。这一年救助失学儿童的基金规模由前一年的4万猛增至32万。

在"1994国际家庭年"到来之际,青少年发展基金会又推出了"希望工程——1(家)+1助学行动"。助学行动的宗旨是"您的爱心,您孩子的爱心,您一家人的爱心加失学儿童对知识的渴求等于人人有书读。""挽救一个流失生,就是挽救一个未来;保住一个在校生,就是保住一个希望。"多么震撼人心的标语!

"希望工程"发出的深情呼唤,得到了国内外同胞的热忱回应。从全国各地、从海外汇来的一封封信函、一笔笔汇款,源源不断地涌向中国青少年发展基金会所在地。

点 评

"希望工程"由团中央发起,能得到政府的大力支持,但如何引起社会各界的广泛关注,如何唤起公众的同情心,以得到各界对贫困地区失学儿童的关怀,却是此项目成败的关键所在。媒介宣传是"希望工程"公关的重点,在此案例中,青少年发展基金会通过震撼人心的广告宣传语和宣传照片,激起了公众的高度关注,初步传播了"希望工程"的价值理念。而之后推出的"百万爱心行动计划"更是得到了高层的题词,各媒体竞相报道,使救助失学儿童的规模由前一年的4万猛增至32万。真情能撼动山,真情可以融化任何坚硬之石,"希望工程"以真情凝结了不息的力量。

拍案三 江西卫视首届"中国红歌会"大型活动

"希望工程"成功运用以情动人的策略获得了巨大成功,江西卫视推出的"红歌会"亦有异曲同工之妙。"中国红歌会"是江西电视台2006年为纪念红军长征胜利70周年首创推出的大型电视活动。首届红歌会分为三大主题:1. 前期飙歌,2. 主场晚会,3. 后期巡演,而作为前期飙歌的"红歌总动员"是红歌会的鸣锣开金之作,对整个活动起到预热和导入的作用。

首届中国红歌会之"红歌总动员"于2006年10月1—7日在革命摇

篮井冈山举行。众所周知,井冈山是革命老区,选择井冈山作为"红歌总动员"的场所,将红歌与革命老区紧密结合起来,可以激起参与者强烈的情感。国庆七天长假是红色旅游最旺的时候,全国成千上万的游客奔赴各红色景区,接受革命历史传统教育、领略大好河山。"总动员"评审团每天邀请一位著名歌唱家,以及在年轻人中有号召力的著名影视演员担任评委。江西卫视对此进行七天的现场直播,以短信和网络投票支持,不以选人为主,而是以选歌为主。在户外直播现场制作有透明的"练歌房"和"红歌房"加大与观众互动力度,提升公众参与激情。

首届中国红歌会之主场晚会于10月15日在雄伟的江西八一广场隆重举行。晚会以"红色"为主题,分为"红色长征"、"红色江西"、"红色国际"、"红色浪漫"、"红色中国"五大部分,以演唱会为总体构架,以大型综艺节目为重点节目表现手段,以情感故事铺渲整场,充分调动现场观众的激情,营造了一个主题向上、气势磅礴、形式新颖、红味十足的"红色晚会"。"红色"与观众的情感诉求是一致的,对革命时代的追忆,通过红歌达到了情感高潮。

"中国红歌会"取得了巨大成功,数以万计的人参与进来,江西卫视收视率晋升省级卫视前三甲。国家广电总局、江西省委省政府、省委宣传部均给予高度肯定,广电总局宣传司相关领导在全国性业务会议上表扬"中国红歌会"是当年纪念长征胜利70周年中最有创意、效果最好的活动之一。"中国红歌会"入选了江西省2006年度宣传思想工作十大有影响的活动。

点评

在中国人民为民族独立和人民解放浴血奋战中诞生的歌曲,饱含着深厚的爱国热情,承载着特殊的历史意义。江西卫视力求将"红歌"作为品牌在全国唱响,其安排策划可谓精心周密,着力点就在于情感共鸣。"中国红歌会"的举办,不论从哪个角度而言,其意义都是重大的。"红歌总动员"作为传播信息、打造形象的"鸣金"之作,时间特意安排在国庆期间,地点特意选择在革命老区井冈山,使"红色"情怀得以俘获人心。而"红色"主题晚会,以情感故事铺渲整场,在重温经典"红歌"的同时,追思先烈感人事迹,使观众情绪与"红歌"融为一体。"红歌会"的成功运作,可谓以情感人策略的公关典范。

回味隽永

以上案例都成功地运用了以情动人的策略,收到了超乎预想的公关效果,成功地收获人心,凝聚力量,为最终实现组织使命提供了有利条件。通过对以上古今中外案例的解读,我们可以得到以下一些有益的启迪。

一、真情诉求而非做秀。以情动人铸成功,这里的情必须是真情,表达的发自内心的"实意",而不是博得公众眼泪的虚情假意,更不是为了提升组织社会影响力的一场作秀。《爱的奉献》——2008抗震救灾大型募捐活动将情感诉求演绎的淋漓尽致,文艺界演绎出的悲天悯人的真情赢得了观众的支持!

二、力求情感诉求与亮点事件的完美组合。真情要引起"共鸣",必须通过一定的事件来传达,这就需要将"情"与"事"结合起来,寓"情"于"事",以"事"衬"情"。在《爱的奉献》募捐活动中,四川幸存学生的出场让全场哭泣,残疾人代表《千手观音》演员邰丽华的话语让全场为之动容。晚会还向观众展示了很多感人至深的新闻影像资料,以最真实的画面给观众带来特别的感动。"情"与"事"的完美组合可以收到意想不到的公关效果。

三、细节刻画演绎真情。细节决定成败,在以情动人为主体策略的公关中,每一个细节都不容忽视。在阿拉善SEE生态协会社会影响力传播项目中,突出环保理念的鲜活绿色植物主题墙、企业家生态责任感言主题展板、体现环保的来宾邀请函、体现与会者参与的胸章、新颖而环保的礼品、别致的颁奖台以及催人泪下的音乐选择和震撼的现场表现,无处不透出公共关系注重细节的特性。细微处体现真情,感激、感受、感动,这些由公共关系人员创造的情感激发更多的企业和人士参与的环保事业中来。

四、"情"表达需使目标受众可以接受。公关是主体和客体双方进行的活动。在人与人之间的关系上,任何一种主动性的行为都只有在对方响应和配合的基础上才能产生积极的效果。因此以情动人要想取得预期效果,"情"的表达方式就至关重要了。李密以恳切的《陈情表》最终使晋武帝感动,很重要的原因就在于他抓住晋朝"以孝治天下"的治国纲领,考虑到了晋武帝的内心感受。

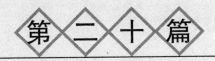

文化营销国家

——全球开花的孔子学院

　　文化是国家的软实力,对外代表着一个国家的精神风貌和价值理念。在国际关系和社会交往日益思想化的今天,文化交流已经成为政府间交往的重要途径。坚持"和而不同"的文化公关理念,提高对本民族文化的自信心和自觉性,同时以开放包容的胸襟尊重、理解外来文化,既可以展现出五千年文明古国的时代魅力,又能赢得我国经济社会发展的和平外部环境。

开篇导例

哈佛大学肯尼迪政治学院院长约瑟夫·奈在20世纪90年代提出了著名的"软实力"理论,他认为"软实力是通过吸引别人而不是强制他们来达到你想要达到的目的的能力。如果实力是指影响别人以达到你想要达到的目的的能力,那么有三种方式可以做到:通过威胁,通过利诱,或者通过吸引和相互选择——软实力"。在世界多极化和全球化的格局下,以文化、意识形态吸引力体现出来的"软实力"在政府外部公关中的作用愈来愈突出。

开篇之述:孔子学院走向全世界

随着经济实力、综合国力与国际地位的日益提高,中国政府对外经济、文化交流与合作日益广泛和深入,激发了世界人民了解中国文化和社会状况的兴趣。汉语的交际价值越发凸显,成为极具上升空间的国际性语言。为了满足海外"汉语热"、"中文热"持续升温的需求,中国教育部和国家对外汉语教学领导小组(现国家汉语国际推广领导小组)于2002年开始酝酿借鉴各国推广本民族语言的经验,在海外设立语言推广机构。2004年3月,时任中国国务委员陈至立提议采用中国儒家传统文化代表人物孔子之名,将中国设在海外的非营利性汉语推广机构正式定名为"孔子学院"。它提供下列服务:面向社会各界人士开展汉语教学;培训汉语教师,提供汉语教学资源;开展汉语考试和汉语教师资格认证;提供中国教育、文化等信息咨询;开展汉语语言文化交流活动。国家对外汉语领导小组于2003年制定的《对外汉语教学事业—2003年至2007年工作计划》即《"汉语桥"工程》五年行动计划获得国务院批准,该计划的宗旨是:向世界推广汉语,弘扬中华文化,增进世界各国对中国的了解和友谊,促进世界和平与发展。孔子学院项目是该计划的9大项目之一。

为什么选择以孔子的名字来命名海外汉语推广机构呢?时任中国全国人大常委会副委员长许嘉璐在首届孔子学院大会上解释说:"因为孔

子是中国人心目中永恒的导师,以孔子为代表的儒家学说,其核心理念是以人为本、和为贵、和而不同。中国人至今仍以这一学说为社会思想的基础,与世界各国人民友好相处。"孔子学院"这一名称体现了中国历史悠久、博大精深的语言文化底蕴,也体现了中国语言文化逐步融入世界多元文化的发展趋势。

孔子学院,是以教授汉语和传播中华民族文化为宗旨,推广汉语文化教育和文化交流的机构,是一个非营利性的社会公益机构。孔子学院最重要的一项工作就是给世界各地的汉语学习者提供规范、权威的现代汉语教材;提供最正规、最主要的汉语教学渠道。孔子学院总部设在北京,境外的孔子学院都是其分支机构,主要采用中外合作的形式推广汉语文化。2004年6月,乌兹别克斯坦塔什干孔子学院举行协议签字仪式。这是第一所签订合作协议的孔子学院(该院于2005年5月正式挂牌成立)。当时正在该国访问的中国国家主席胡锦涛亲自出席签字仪式,体现了中国领导人对孔子学院的高度重视和大力支持。2004年11月,全球第一所"孔子学院"在韩国首都首尔挂牌。

2005年7月,国家汉语国际推广领导小组办公室(简称国家汉办)在北京召开首届世界汉语大会,有中外代表600多人参加。会议主题是"多元文化架构下的汉语发展"。会后,孔子学院项目在世界各地得到快速发展。2006年7月,孔子学院总部在北京召开首届孔子学院大会,来自38个国家(地区)的近500名代表参加。与会者交流了各自的办学经验和体会,讨论了孔子学院章程等文件,共同探讨怎样使汉语教学更符合当地汉语学习者需要等问题。随后,《孔子学院章程(试行)》和《孔子学院中方资金管理办法(暂行)》正式发布实施。

截至2009年11月,全球已建立282所孔子学院和272个孔子课堂,分布在88个国家(地区)。各地孔子学院充分利用自身优势,开展丰富多彩的教学和文化活动,逐步形成了各具特色的办学模式,成为各国学习汉语言文化、了解当代中国发展实际的重要场所,受到当地社会各界的热烈欢迎。

开篇之论:文化促进国际和谐

孔子学院为政府开展对外活动提供了海外文化基地,以汉语教学为渠道推动中华文化走向世界,让世人更直接地接触中华文化,更有效地了解中华文化,将更好地促进和推动中国政府积极有效地与各国政府开展对外活动。同时,各孔子学院深入了解并尊重所在国的国情,包括习俗、礼节、信仰等传统文化内容,积极融入当地社会,根据所在国及地区的情况和民众的语言学习要求因地制宜,推出了一系列涵盖学历与非学历、从幼儿园到大学的汉语课程,开展了形式多样的服务于当地各阶层的活动,基本满足了当地民众多方面的要求,取得了阶段性的成果。

美国的《新闻周刊》曾评论到:"通过建设孔子学院向世界介绍中国是一个好主意。"在世界各地孔子学院的点滴学习熏陶中,中国悠久的历史文化和独特的民族精神展示出了独特的公关魅力,浸润了世界各地孔子学院学生的心田,拉近了中国和世界的距离。

史镜今鉴

回顾孔子学院的发展历程,我们不难发现,文化已经成为国家或政府开展外部公关时最活跃、最积极的因素之一,文化已经成为国家软实力的主要组成部分。文化的多样性与民族的多样性是并存的。尊重差异求共性,才能推动国家之间的和平共处和互惠互利关系的建立。中国是个民族元素多样化的国家,在古代,就出现过不尊重并试图消灭异族文化的惨痛教训。

清朝的"留头不留发,留发不留头"便是个典型的例子。自孔夫子发出"身体发肤,受之父母,不敢损伤"的圣训后,头顶上的青丝对于大多数汉族人而言,不仅仅只是一种审美的需求,而且具有伦理的意义。头发不可毁伤的祖训深入骨髓,一直得以遵循。于是,绾发结缨戴冠,郑重其事,丝毫也马虎不得。只有犯了不可饶恕的错误才会被削发示惩。如三国时的曹操,因为马踏麦田触犯了自己所定的军纪,于是剑削青丝以谢军中。

1644年当满洲的八旗兵势如破竹地越过山海关,开入关内,推翻业已腐朽的中原政局,确立清朝的统治以后,清朝统治者开始强力推行剃发蓄辫制度。满族是中国东北地区的少数民族,过着游牧民族的生活,因此满人也被称为马背上的民族。也许是由于骑马的缘故,很早就有了结辫的习惯。满族人的祖先金人,就是剃发蓄辫的民族,其发式是"半剃半留",于额角引一直线,线前面的头发全部剃光,线后面的头发结辫垂于脑后。长久以来,这种发式就成为民族特色。清军初入关,占领北京后不久,即发布剃发令。由于吴三桂等明朝降官劝说,加之北京及周围地区人民反抗连连,多尔衮不得不收回成命。但是,当北京的多尔衮得知南京已定,又有汉臣孙之獬紧劝,他即改变初衷,于六月十五日让礼部在全国范围内下达"剃发令",并提出"留头不留发,留发不留头"的口号,以死要挟。清朝统治者的这一行为,目的是为了消除汉族的民族意识,摧垮广大汉族人民尤其是上层人士的民族精神,保持满族不被汉族同化,巩固满族统治地位。

  清朝统治者建立政权后害怕重蹈蒙元统治时代统治者失去统治的覆辙,决意改变汉人的发式服饰。这一极其不尊重汉族文化传统的行为激起了汉人的激烈反抗,满族统治者的镇压也异常残酷。血雨腥风之下,演出了诸多惨不忍睹的历史悲剧。以"扬州十日"、"江阴三日"、"嘉定三屠"三役最为惨烈。

  清朝统治者不尊重满汉文化差异,无视民意,执意"满化"汉民,强迫剃发之举,不仅戕杀了无数人命,也严重阻碍了清王朝在中国的统一进程。以包容之心态来面对不同民族的文化,相互尊重,求同存异,才能和平共处,共谋发展。另一个经典的例子恰到好处地反映了这个道理,那就是北魏孝文帝推行汉化,实现了民族文化的融合。

  北魏孝文帝是一位卓越的少数民族政治家和改革家。北魏的前身为北方少数游牧民族鲜卑族,该民族自东汉以来,经常与汉人接触。北魏建立初期,还是一个文化水平较低,社会发展落后的部族。在进入中原过程中,虽因采纳了一些汉族地主的建议和受中原先进生产方式的影响而逐渐封建化,但孝文帝改革前,北魏尚处于奴隶社会向封建社会过渡时期。北魏本建都平城,不利于社会发展的需要。在政治上,平城是鲜卑贵族元老集中的地方,保守势力强大,民族隔阂相当深;在经济上,平城偏北地寒,恶劣的气候环境,难以适应经济的发展,而且又无水陆漕运;军事上,与北边的柔然相比邻,时受骚扰,很不安全。基于以上原因,孝文帝决定迁都洛阳。随着迁都的进行,大批鲜卑人源源不断地涌入内地,北魏政府又发现新的问题:鲜卑族的习俗与中原的习俗不符。如不及时解决这些问题,将会严重地阻碍各民族之间的交往和经济文化的发展,不利于北魏政权的巩固。于是孝文帝立即着手改革鲜卑旧俗,全面推行汉化,其主要的内容包括改革官制,禁止胡语、胡服,改鲜卑姓为汉姓,提倡鲜卑人与汉人通婚,推行礼乐刑法等。孝文帝的汉化运动掀起了民族大融合的高潮。

孝文帝是一个熟知汉文化并通晓汉族发展史的少数民族帝王,他对自己民族的落后有清醒的认识,不夜郎自大,不固步自封,虚心学习。通过对汉文化和汉族发展史的了解及与本民族现状的比较,孝文帝深刻意识到本民族及政权的落后性,因此萌发了仿效经济、文化高度发达的南朝的念头。可以说,对汉族儒家经典、诸子百家的了解和对本民族落后性的深切感悟,成为孝文帝推动改革的主观原因。有政治远见的孝文帝清楚地意识到顺应民族融合潮流,既能得到占人口绝大多数汉族(尤其是汉族地主)的支持,减轻改革的阻力,又能进一步学习汉族先进文化,加速封建化进程,从而更有效地巩固统治,所以他利用了黄河流域的民族大融合趋势,适时地进行了促进鲜卑族封建化、加快社会经济发展的改革。

北魏孝文帝的汉化改革,广泛吸收和采纳汉族文化中有价值的思想,弥补了鲜卑族传统文化所欠缺的内容,极大地促进了民族的融合,推动了北魏的发展,使自身国力发展到了一个新的高峰。

三刻拍案

拍案一 中朝交往 文化先行

中朝是山水相连的友好邻邦,1949 年 10 月 6 日中朝建交,朝鲜成为同新中国最早建交的国家之一。中朝两国一直保持着传统的友好合作关系,两国党和国家领导人经常往来。2009 年是中朝建交 60 周年和中朝友好年,两国关系正站在新的历史起点上。应朝鲜劳动党中央委员会和朝鲜政府邀请,中共中央政治局常委、国务院总理温家宝于 2009 年 10 月 4 日前往朝鲜民主主义人民共和国进行正式友好访问。温家宝此访是中国总理时隔 18 年再次访朝,受到朝方隆重、热烈欢迎。当天,温家宝在平壤大剧场和朝鲜劳动党总书记金正日一道观看了朝版歌剧《红楼梦》。朝鲜艺术家的精湛表演获得全场阵阵掌声。

作为中国的四大名著之一,《红楼梦》曾被评为中国最具文学成就的古典小说及章回小说的巅峰之作,是我国古代最伟大的长篇小说,也是世界文学经典巨著之一,是极具中国特色的文化遗产。《红楼梦》在朝鲜家喻户晓。1983年版的《红楼梦》电视剧,曾多次在朝鲜电视台播出,收视率极高。此次朝版《红楼梦》歌剧舞台布景极尽华美,中国味十足。演员无论是衣着打扮、举手投足,还是动作台步,都与1983版电视剧有八分相似,故事情节大体忠于原著,表演细腻且人性化,精致绝伦,感人至深。

朝版歌剧《红楼梦》是中朝传统友谊的象征之一。早在20世纪60年代,这出歌剧就在朝鲜轰动一时。它是在与中国有深厚渊源的朝鲜前领导人金日成的倡议并指导下,根据中国古典文学名著《红楼梦》排演的。邓小平等中国老一代领导人曾观看此剧。2008年,金正日指示对该剧进一步润色,作为中朝友好年一项重要活动,再次搬上舞台。金正日多次就该剧提出指导意见,并数次观看彩排和演出。该剧在编排过程中得到了中方的支持和协助,是中朝文化交流与合作的一个成功范例。如今,温家宝和金正日比肩共赏,象征着中朝友好的传承与延续。

中朝两国间的文化交流非常频繁。自1959年2月21日两国签定文化协定以来,两国间定期签署《中华人民共和国政府和朝鲜民主主义人民共和国政府文化交流执行计划》,依据该计划,两国间每年互派各种代表团、艺术团多达数十个。仅2008年,两国文教体卫互访团就达到68个。两国间文化部门高级官员更是互访频繁,保持着很好的合作关系,很好地推动了两国文化交流不断巩固发展。近些年来,两国文化交往内容更加丰富,交流更趋频繁,层次不断提高。两国遵循协定精神,积极开展文化领域的交流合作,为巩固和发展中朝友好合作关系做出了积极贡献。中朝两国相互尊重彼此文化,通过交流合作了解并吸收彼此文化,大大深化了两国人民之间的友谊。

点 评

相互尊重是国家或政府开展对外公共关系的重要前提,尊重对方的风俗习惯和文化传统是必须重点考量的两个方面。文化是指一个国家或民族的历史、地理、风土人情、传统习俗、生活方式、文学艺术、行为规范、思维方式、价值观念等。从本质上讲,文化是人类社会的共同遗产。自出现人类社会以来,文化就具有了一定的国别性、民族性和地域性的特征。不同国别、不同民族和不同地域必然会形成不同的文化,应当了解并尊重各种不同文化,积极开展文化交流,相互学习,相互沟通,相互促进。20世纪60年代,朝鲜就把《红楼梦》改编成歌剧表演,以象征中朝人民美好友谊。此次温家宝访朝,朝版《红楼梦》被润色并再次搬上大荧幕,以纪念中朝建交60周年,受到了中国政府和广大人民的热烈欢迎。温家宝和金正日观看朝版歌剧《红楼梦》,两国政府以文化交流为纽带,表现出朝鲜政府对中国文化的极度理解和尊重,同时着眼于中朝两国长远利益,成效显著,既深化了中朝传统友谊,又推动了中朝睦邻友好合作关系发展,归其原因,可以从以下两个方面分析。

一是继往开来,顺应时代发展的需求。自有国家以来,不同国家间以文化交流方式来推进政府外部公关的活动就从未间断过。在古代,中朝两国就有文化交流,如唐朝的儒学、佛教等对朝鲜半岛产生了巨大影响。在经济全球化的背景下,文化交流在国际关系中的作用和地位越来越突出,世界各国普遍重视利用文化手段来展示本国文化,宣传自己的价值观,提升和扩大国家的影响力,为世界的发展提供和谐、安定的国际环境。在这种环境下,中朝两国的文化交流日趋频繁,从文化部高官的互访到民间艺术团体的交流,文化已成为联系两国人民心灵的纽带,为两国关系的健康发展提供了有力支持。因此,基于历史和现实的基础,朝鲜政府此次再举文化外交的大旗,必然成效卓著。

二是亲仁善邻,秉持相互尊重的态度。基于国别、民族和地域的差异性,各种文化之间不可避免地存在不同之处,在开展政府外部公关活动时,既要努力保持自身的特色,又应当注重相互交流。朝鲜政府选择《红楼梦》作为演出节目,一方面体现了对中国传统文化的高度重视和尊重;同时也体现了公关活动中"把握对方心理,找准对方定位"这一要点。众所周知,《红楼梦》是中国四大名著之一,是中国文学之国粹,是中国文学的象征。朝鲜政府以自己独特的方式,表达了对中国文化的重视、了解和尊重,进一步拉近了两国的关系,深化了中朝之间的友谊。

在当代社会,知识经济迅速发展,互联网络日益膨胀,经济全球一体化呈蔓延之势,面对这样的形势,政府间的对外交流活动变得越来越频繁,所要处理的政府公共关系也日益复杂。正所谓"要想得到别人的尊重,首先要尊重别人"。因此,国家或政府开展对外公关活动必须以尊重彼此的文化为前提,通过文化的交流,重视并了解交往对象国的文化传统和风俗习惯,以此推动双方友好关系的深入发展。

拍案二　APEC(亚太经合组织)会议上领导人穿主办国服装

如同政治与经济一样,文化作为政府开展对外公关活动的一种方式、形式、手段和策略,也是服从和服务于国家和政府的利益。各个国家和政府在进行对外活动时不仅要尊重对方的文化传统,还应积极展示本国文化特色,以树立鲜明的国家和政府形象。

1993年亚太经合组织第一次领导人非正式会议在美国西雅图举行,为体现"非正式性",所有领导人都不着西服,而穿休闲装,以营造一种较为轻松的气氛。当时,时任美国总统克林顿就穿着牛仔裤,颇具特色。从1994年开始,每次APEC会议期间由东道主为参会领导人提供统一样式的休闲服装,这已成为一个不成文的规定并成为每次APEC会议中最亮丽的一道风景线。1994年茂物会议时,主办国精心设计,时任印尼总统苏哈托量体送衣,为出席会议的领导人提供了富有印尼特色的服装。当他们身着色彩鲜艳的印尼衬衫,一字排开出现在镜头前时,周围响起一片喝彩声,并引起全世界的瞩目。此后,在举行领导人非正式会议时,参加会议的各国领导人穿上主办国提供的特色服装来个家庭式大合影成为惯例和特色之一。东道主往往会准备多种颜色,由各位领导人按自己的喜好进行挑选。因此,领导人到底要穿什么样式的衣服都是主办国的"机密",成了会前世人所关注的热点问题之一。

1995年APEC在日本大阪举行,领导人穿着都比较随意。1996年APEC在菲律宾苏比克举行,时任菲律宾总统拉莫斯曾送每位领导人一件巴隆(菲国服)。1997年APEC在加拿大温哥华举行,时任加拿大总统克雷蒂安送给出席者每人一件特别的牛皮夹克。1998年APEC在马来西亚吉隆坡举行,东道主马来西亚给每位客人送了一件色彩艳丽、极富热带情调的马来衬衫。1999年APEC在新西兰奥克兰举行,领导人的"制服"是由新西兰享誉世界的优质羊毛制成,包括一件帆船茄克、一件长袖马球衬衣及一条黑裤。2000年APEC在文莱斯里巴加湾举行,各国领导人穿的是一种极具文莱特色的"MIB"衬衫。2001年APEC在中国上海举行,每位国家领导人都身着鲜艳的现代中式服装。2003年10月21日,APEC在泰国曼谷举行,各国领导人身着泰国民族服装。2002年APEC在墨西哥洛斯卡沃斯举行,各国领袖的服装是墨西哥东南沿海地区印第安人爱穿的一种当地叫"瓜亚贝拉"的白衬衫。2004年APEC峰会在智利举行,智利推出的民族服装是传统的套头披肩"查曼多"。2005

年APEC在韩国釜山举行,韩式大褂"图鲁马吉"是此届APEC会议的领袖服装。2006年APEC在越南河内举行,领导人身穿越式传统服装"奥黛"。2007年APEC在澳大利亚悉尼举行,主办方选择了深褐色的皮夹克领导服装。2008年APEC在秘鲁利马举行,与会成员的领导人身穿秘鲁安第斯山区印地安人的传统民族服装彭丘。服装民族化昭示了一个和谐尊重的新理念。

点 评

由主办国准备具有本国特色的服装,是本国和政府展示该国传统文化的表现。以最具国家、民族特色的服饰作为会议领导人的统一穿着,在世人面前宣传本国文化,树立鲜明的国家和政府形象。各国领导人身着主办国提供的服装参加会议这一入乡随俗的行为体现了对主办国传统文化的尊重。

拍案三 "福建与海上丝绸之路"文物展览在日本巡回展出

随着经济全球化和区域经济一体化的发展,地方政府以文化交流为策略开展外部公关活动也日益增多。"福建与海上丝绸之路"文物在日本的展出就是很好的一个例子。为了加强对外文化交流,把具有浓郁福建地方特色的海西文化推向世界,福建博物院从2008年10月起分别在日本爱知县陶瓷资料馆、山口县立萩美术馆·浦上纪念馆、东京学习院大学博物馆、明治大学博物馆、京都佛教大学博物馆举办为期一年的"福建与海上丝绸之路"文物巡回展览,并进行学术交流。不仅增进了中日两国人民的友谊,而且也加强了福建省政府与日本地方政府的交流合作,意义重大。

福建博物院曾多次在日本举办文物展览,有利地推动了中日文化交流,增进两国人民友谊。此次"福建与海上丝绸之路"文物展览,经过双方共同协商,确定以沉船考古、都市贸易、陶瓷器、茶文化为契合点,以海上丝绸之路为主线,以文物展示与学术交流为平台,凸显福建与日本交往的历史,反映中日文化交流的特色。为此,福建博物院精选文物珍品111件(套),涵盖陶器、瓷器、铜器、石器、银器等门类,还组织专家学者与日方开展学术交流,在日本当地引起了强烈的反响和广泛的关注。

其实,福建与的日本的交往历史源远流长,"海上丝绸之路"是古代中国与国外进行经贸和文化交流的重要通道,极大地促进了中国与交流各国的相互了解,增进了友谊。早在2000多年前的西汉时期,闽越王国先进的锻制铁器技术通过文化交流传入日本,见证了福建和日本交往历史;到了唐五代,福建已与海外有了频繁的交通、使节和贸易往来,日本博多地区考古发现了不少唐代福州怀安窑生产的青瓷器;宋代福建烧制的青瓷、黑釉瓷(天目)和白瓷都曾大量运往日本;元明清时期,福州泉州作为中国东南沿海进出口贸易大港,商贾云集,成为中国海上丝绸之路的重要始发港。

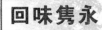
点 评

福建博物院注重对外文化交流,以文物展示与学术交流为平台的展览在日本多次成功举办,凸显了福建与日本交往的历史,反映中日文化交流的特色,为推动中日文化交流,增进两国人民友谊做出了积极贡献。同时,通过国际合作,学习国外的先进经验,提升自身的管理水平和服务水平,也推动了博物馆事业的科学发展。

回味隽永

以上几个公关案例,因为尊重和接受对方文化使得优势互补、资源共享,最终都达到了双方共同繁荣发展的目的。文化是沟通心灵的桥梁,文化交流增进了双方的感情,促进了双方的共同进步,是当代政府开展对外公关的重要手段之一。党的十六大报告指出:"要继续广泛地开展民间外交,以扩大对外文化交流、增进民间友谊、推动国家关系发展。"因此,近年来我国对外文化交流活动日益频繁,文化与政治、经济一起构成了我国政府主体对外公关的三大支柱。结合这些公关案例,回头再研究朝鲜演绎"红楼梦"这一公关手段策略,有以下几点值得我们注意。

首先,正视并尊重文化差异性的存在是政府进行外部文化公关活动的前提。文化兼容性的特点决定了它不可能存在统一的标准或模式。惨痛的历史教训告诉我们,文化多样性的存在是历史发展的必然趋势,违背这一规律进行公关活动必然受到惩罚。因此,在交往的过程中了解彼此文化,以尊重、理解的态度对待不同的文化差异,是进行公关活动的前提。

其次,维护本国文化主权和安全是政府进行外部文化公关活动的基础。一个民族的文化是这个国家和民族生存、发展的基础,为这个国家的政治稳定和经济发展提供持久的精神动力和智力支持,为人民大众提供深厚的道德基础。政府在进行外部公关活动中,必须维护本国文化传统,以保持自身文化特色和民族精神。

再次,增进双方主体的相互了解与友谊是政府进行外部文化公关活动的目的。不论以何种形式,政府对外公关活动的总体目标和任务都是增进双方主体的相互了解与友谊,文化交流亦是如此。在了解和尊重彼此文化的基础上,开展生动活泼的文化交流,可以推动政府公关活动的成功进行。

最后,要努力改革创新文化交流形式和内容,以创造政府外部文化公关活动新局面。文化外交是顺应历史和时代发展的潮流的,在新形势下,我们更应该与时俱进,注重将传统文化和现代传播方式相结合,古代文化与现代科技相结合,提高文化的感染力和影响力,以创造文化外交的新局面。

后　　记

当今社会,随着经济的发展和人们交流的日益广泛,从社区娱乐到国际艺术节,从小型展览到全球会议,各种活动无时不刻地在牵动着我们。活动逐渐呈规模化、大型化和现代化,也迫切需要调节和调配的关系日益多元化。如何达到大型活动的预期目的,激发社会公众的参与积极性,公关活动凸显重要。为此,我们结合大型活动的实践需要,编写了《大型活动公关》。通过形象的案例评述,以期能为大型活动的公关开展提供参考和帮助。

本书在编写过程中,精心搜集了大型活动的典型案例,尤其是兼顾中外,融汇古今,通过古今中外案例活动的对比、点评,力求理论与实践的完美结合。同时我们参考了大量的专著和论文,吸收和借鉴了相关作者的研究精华和学术成果,在此深表感谢和敬意。

本书由福建师范大学陈一收担任主编,陈菊香、苏素琼担任副主编,参编人员及其具体分工如下:陈一收制定全书写作大纲,并撰写(第三、四、六篇)、福建师范大学周群撰写(第一、十一篇)、福建师范大学曹婧(第二、十三篇)、福建师范大学苏素琼(第五、十八篇)、福建师范大学黄启韩(第七、十二篇)、福建师范大学苏礼和、康红蕾、杜生权、张晓静分别(第八、十、十九、二十篇)、福建师范大学陈菊香(第九、十四、十七)、福建师范大学陈美容(第十五、十六)。

全书由陈菊香、苏素琼、苏礼和统稿,最后由主编陈一收审阅定稿。福建师范大学黄婧、蓝越、曾宪平、史卫静、汪海军、李冬、芦红、沈梓欣等在资料收集、文字编校及其他方面作了大量的具体工作,在此一并表示衷心的感谢。特别感谢北京大学出版社责任编辑卢英华为本书的付梓付出辛勤劳动。

由于我们水平有限,编写过程中出现的疏漏和失误在所难免,诚恳地期待专家学者的指导,欢迎广大读者批评教正。

编者
2010 年 1 月

参考文献

[1] 中国国际公共关系协会.最佳公共关系案例[M]（第八届）.北京：中国市场出版社,2009.

[2] 连玉明.中国城市30年[M].北京：中国经济出版社,2009.

[3] 周景刚译.〔美〕巴里·李伯特,里克·福克.奥巴马制胜的营销密码[M].北京：人民大学出版社,2009.

[4] 丁乐飞,翟年祥.中国现代公共关系学[M].合肥：安徽大学出版社,2008.

[5] 范方舟,岳学友,孙志洁.实用公共关系[M].开封：河南大学出版社,2007.

[6] 邢颖.中国公共关系二十年：理论研究文集[M].北京：北京大学出版社,2007.

[7] 何兵.和谐社会与纠纷解决机制[M].北京：北京大学出版社,2007.

[8] 易超.和谐哲学原理著[M].重庆：重庆大学出版社,2007.

[9] 余明阳.中国公共关系史：1978—2007[M].上海：上海交通大学出版社,2007.

[10] 中国国际公共关系协会.最佳公共关系案例[M]（第七届）.北京：清华大学出版社,2007.

[11] 于宁.城市营销研究：城市品牌资产的开发、传播与维护：the development, dissemination and maintenance of city brand asset [M].大连：东北财经大学出版社,2007.

[12] 穆虹,李文龙.实践广告案例（第3辑）[M].北京：中国人民大学出版社,2007.

[13] 叶皓.政府新闻学案例：政府应对媒体的新方法[M].南京：江苏人民出版社,2007.

[14] 吴友富.中国公共关系二十年发展报告[M].上海：上海外语教育出版社,2007.

[15] 褚云茂,黄耀城.城市的生态形象 大都市形象文集（II）[M].上海：东华大学出版社,2006.

[16] 中国社会科学院应用伦理研究中心主编.中国应用伦理学[M].银川：宁夏人民出版社,2006.

[17] 丁乐飞,翟年祥.公共关系教程[M].合肥：安徽大学出版社,2006.

[18] 徐华.和谐社会和谐中国[M].成都：西南交通大学出版社,2006.

[19] 漆玲.和谐社会思想的由来[M].天津：天津人民出版社,2006.

[20] 本书编写组.和谐十题：构建社会主义和谐社会专题精解[M].北京：人民出版社,2006.

[21] 丁俊杰,董立津.和谐与冲突：广告传播中的社会问题与出路[M].北京：中国传媒大学出版社,2006.

[22] 熊卫平.公共关系学理论[M].北京:高等教育出版社,2006.

[23] 张小明.公共部门危机管理[M].北京:中国人民大学出版社,2006.

[24] 杨加陆.公共关系学教程[M].上海:复旦大学出版社,2005.

[25] 孙武.孙子兵法·三十六计[M].呼和浩特:内蒙古人民出版社.2005.

[26] 赵宁.故事中的管理学[M].北京:地震出版社,2005.

[27] 王伟强.和谐城市的塑造:关于城市空间形态演变的政治经济学实证分析[M].北京:中国建筑工业出版社,2005.

[28] 王钦敏.和谐福建[M].福州:海风出版社,2005.

[29] 中国国际公共关系协会.最佳公共关系案例[M](第六届).合肥:安徽人民出版社,2005.

[30] 穆虹,李文龙.实践广告案例[M].北京:中国人民大学出版社,2005.

[31] 子告.《智囊》现代释用[M].北京:中国华侨出版社,2005.

[32] 王力.古代汉语[M].北京:中华书局,2005.

[33] 杨俊.公关关系[M].合肥:合肥工业大学出版社,2005.

[34] 〔美〕T·赞恩·里夫斯.公共部门人力资源管理案例[M].北京:中国人民大学出版社,2004.

[35] 詹文都,段淳峰,林子英.政府公共关系[M].广州:华南理工大学出版社,2004.

[36] 张保华.现代体育经济学[M].广州:中山大学出版社,2004.

[37] 杨东雄.跟帝王学管人[M].北京:西苑出版社,2004.

[38] 纪宁,巫宁.体育赛事的经营与管理[M].北京:电子工业出版,2004.

[39] 威廉·曼彻斯特.光荣与梦想(上卷)[M].海口:海南出版社,2004.

[40] 席酉民,唐方成,郭士伊.和谐理论[M].西安:西安交通大学出版社,2004.

[41] 余明阳,姜炜.城市品牌[M].广州:广东经济出版社,2004.

[42] 边一民.公关关系案例评析[M].杭州:浙江大学出版社,2004.

[43] 刘家林.新编中外广告通史[M](第二版).广州:暨南大学出版社,2004.

[44] 黄志伟,黄莹.为世界代言——中国近代广告[M].上海:学林出版社,2004.

[45] 李兵.公共关系管理[M].昆明:云南大学出版社,2004.

[46] 谢玉华.公共关系教程[M].长沙:湖南大学出版社,2004.

[47] 袁世全.公共关系辞典[M].上海:汉语大词典出版社,2003.

[48] 周安华,苗晋平.公共关系:理论、实务与技巧[M].北京:中国人民大学出版社,2004.

[49] 张践.公共关系:从理论到实务[M].北京:人民出版社,2003.

[50] 席酉民,尚玉钒.和谐管理理论[M].北京:中国人民大学出版社,2002.

[51] 孟艾芳.中国古代著名决策案例[M].太原:山西人民出版社,2002.

[52] 刘淑珍,艾思彤.人事管理概论[M].济南:济南出版社,2002.

[53] 文钊,陈娟.将帅成败录[M].桂林:漓江出版社,1999.

[54] 孔祥军.知识经济时代的关系[M].北京:东方出版社,1999.

[55] 吴文涛,张善良.管子[M].北京:北京燕山出版社,1995.

[56] 翟向东.中国公共关系教程[M].北京:中国商业出版社,1994.

[57] 白巍.公关成功典范200例[M].北京:农村读物出版社,1994.

[58] 姜建山.走向成功:公关传播的策略与技巧[M].南昌:江西科学技术出版社,1993.

[59] 许昭晖.中国公共关系百科全书[M].北京:文化艺术出版社,1991.

[60] 张观发,佳玉.政府公共关系概论[M].北京:北京邮电学院出版社,1990.

[61] 张观发,佳玉.政府公共关系概论[M].北京:北京邮电学院出版社,1990.

[62] 熊培庚.岳阳天下楼[M].长沙:湖南人民出版社,1987.

[63] (唐)吴兢.贞观政要[M].上海:上海古籍出版社,1978.

[64] 岳阳市政协文史资料研究委员会.岳阳楼[M].长沙:湖南文艺出版,1986.

[65] 冯国超.白话《史记》[M].北京:光明日报出版社,2002.

[66] 中国人权发展基金会.哀悼日:中国第一个为民众所设哀悼日纪实[M].北京:中国对外翻译出版公司,2008.

[67] 毛经权.新世纪的公共关系——研讨与案例[M].上海:上海外语教育出版社,2002.

[68] 刘满贵等译.〔加拿大〕弗雷.软实力:美国电影、流行乐、电视和快餐的全球统治[M].北京:新华出版社,2005.

[69] 谢光云,房列曙.中外文明史[M].合肥:合肥工业大学出版社,2004.

[70] 〔美〕何塞·德莱玛.公共关系:历史经典与当代杰作[M].上海:复旦大学出版社,2007.

[71] 周国汉.张骞大传[M].宁夏:宁夏人民出版社,2007.

[72] 中国航海史研究会.郑和下西洋[M].北京:人民交通出版社,1985.

[73] 《上海年鉴》编纂委员会委员.上海年鉴(2002)[M],上海:上海年鉴,2002.

[74] 吴锦屏.公关共和国[M].武汉:武汉大学出版社,2007.

[75] 张俊杰.中国古代十大个性巨商[M].北京:中国经济出版社,2005.

[76] (春秋)计然.计然曰[M].北京:中国长安出版社,2003.

[77] 郝如一,池子华.红十字运动研究[M].合肥:安徽人民出版社,2008.

[78] 周策纵.五四运动:现代中国的思想革命[M].江苏:江苏人民出版社,2005.

[79] 杨洪樟,狄姚馨.中国传统公共关系初探[M].北京:中国物资出版社,1991.

[80] 朱曼华,戴卫平译.〔美〕Bernard Edmond.希腊神话故事[M].北京:航空工业出版社,2005.

[81] 孙武.孙子兵法·三十六计[M].呼和浩特:内蒙古人民出版社,2005.

[82] 王启凤,王志章.国外著名城市形象推广的做法与启示[N].联合早报,2009-8-28.

[83] 叶辛.世博会和国酒茅台[J].检察风云,2009(9):67—68.

[84] 张钦楠.百年功罪谁论说——评奥斯曼对巴黎的旧城改造[J].读书,2009(7):

129—138.

[85] CIOAge.案例解析：浅谈大型活动项目的新闻策划[J].中国 CIO 周刊,2009(9):18.
[86] 晏菁,严亚.一个包包的图腾史[J].商界:中国商业评论,2008(9):108—110.
[87] 程才实.仰视巴黎的城标[J].建筑,2008(24):74.
[88] 褚高华.代表大西洋城市文明的三大都市伦敦、巴黎、纽约的历史变迁[J].中国商界(上半月).2008(4):94—98.
[89] 郭欣.湖北黄石抢得电影首映 故事发生地陕西凤县反思[N].西安晚报,2008-04-19.
[90] 戚建国,张艳玲.公共关系提升城市形象[J].国际公关,2008(3):78—79.
[91] 欧东衢."华南虎事件"的新闻价值论——以〈广州日报〉为例[J].新闻知识.2008(3):53—55.
[92] 蒋红珍."华南虎事件"中政府信息行为瑕疵[J].法学.2008(3):18—24.
[93] 叶皓.从被动应付走向积极应付——试论当前政府和媒体关系的变化[J].南京大学学报(哲学人文社会科学版),2008(1):46—54.
[94] 内蒙古蒙牛乳业(集团)股份有限公司.全民健身 蒙牛激情——蒙牛"城市之间"体育营销活动解析[J].广告人,2008(2):38—41.
[95] 梁爽.新闻发布会的"特种战术"[J].国际公关,2008(3):68—69.
[96] 陈奇伟.可口可乐与奥运[J].中国政协,2008(2):76—78.
[97] 沈华.要做,就做足[J].市场观察,2007(12):37.
[98] 叶茂中.做自己行业的LV[J].医学美学美容(财智),2007(8):75.
[99] 陈胜乔.上海大众"领驭奥运关爱里程"整合营销案例[J].首席市场官,2007(3):23—26.
[100] 周慕云.非赞助商的奥运营销要素[J].国际公关,2007(6):53—54.
[101] 乃风.新产品传播的公关方法[J].国际公关,2007(6):32—34.
[102] 随时随地,无缝沟通——中国移动飞信正式商用新闻发布会[J].国际公关,2007(6):58—60.
[103] 英雄礼赞和平丰碑扬子江药业携手英雄母亲庆建军80周年活动案例[J].国际公关,2007(6):55—57.
[104] 杜国清.广告主奥运营销传播运作研究报告[J].市场观察,2007(6):50—57.
[105] 欧米茄情系中国110年[J].钟表,2005(6):28—31.
[106] 彭远福.国酒茅台发展史话[J].贵州省轻纺工业厅,2004(1):10—13.
[107] 生民.报告SARS:政府与媒体良性互动的范例[J].传媒观察.2003(5):1.
[108] 叶琦.政治仪式中的媒介权利——大众传媒对美国总统竞选的影响[J].现代传播.双月刊.2001(1):52—55.
[109] 徐明文,李德恩.中国古代广告发展述评[J].商业研究,2001(8):180.
[110] 徐明文.中国古代广告发展述评[J].商业研究,2001(8):179—181.

[111] 刘效东,冯晓品.城市形象与政府公关[J].青岛远洋船员学院学报,2001(1):86—88.

[112] 潘贤掌.罗斯福"新政"及其启示[J].发展研究,2000(3):31—43.

[113] 少华,明志.话说神秘茅台[J].中外企业家,1999(9):24—29.

[114] 陈丽华.略论中世纪泉州港的文化现象[J].东南文化,1999(4):49—52.

[115] 陈宝森.为现代美国奠基的罗斯福新政[J].中国财政,1998(5):56—58.

[116] 庄景辉.略论元代泉州的繁荣及其原因[J].福建学刊,1989(1):45—50.

[117] 章剑锋."地球一小时",NGO如何游说政府?[J].南风窗,2009(9):61—63.

[118] 解海龙.《大眼睛》[J].传媒,2001.

[119] 梁跃波,李洪,李恩临,王云生.爱德基金会与云南省艾滋病预防社区宣传教育项目工作经验[J].中国性病艾滋病防治 1999(2):77—78.

[120] 王豪才.罗斯福"新政"社会福利救济措施的背景及作用[J].湘潭大学社会科学学报,2002(3):13—15.

[121] 内蒙古蒙牛乳业(集团)股份有限公司.全民健身蒙牛激情——蒙牛"城市之间"体育营销活动解析[J].广告人,2008(2):46.

[122] 李安达.浅析北魏孝文帝改革的原因[J].历史学习,2001(2).

[123] "以人为本"理念的充分体现——著名专家陈志尚薛德震崔自铎张胜军王锐生邓伟志的精彩解答[N].理论导报 2008(6):10—13.

[124] 第五届全国特奥会筹委会办公室.《工作简报》第二期(总第4期)[N].2009.

[125] 莆台妈祖文化交流大事记[N].湄洲日报:2009-10-1.

[126] 高浩荣、张滨阳.温家宝和金正日一道观看朝版歌剧《红楼梦》[N].经济日报,2009-10-4.

[127] 孔子学院总部暨国家汉语国际推广领导小组办公室.孔子学院总部暨国家汉办2007年年度报告[R].2007.

[128] "爱心助飞梦想"北京青年报大型慈善晚宴公关案例[OL].http://www.chinapr.com.cn/Share/ShowArticle.asp?ArticleID=15422

[129] 天津城市规划征求市民意见彰显以人为本以民为先[OL].[2009-6-11]http://www.022net.com/2009/6-11/49433721273609.html

[130] 二千多名台湾妈祖信众福建祖庙祭祀[OL].中国新闻网,2009-05-16.

[131] 夏襄蓉.文化公关:欧莱雅"金字塔"的基座[OL].中国公关网.

[132] 闫治民.水井坊品牌运营的创新策略[OL].博锐管理在线.

[133] 北京青年报大型慈善晚宴公益活动[OL].http://www.17pr.com/html/51/t—282151.html.

[134] 无双.康复中心救助"三陪女"非盈利机构公关案例[OL].(http://www.chinapr.com.cn/Share/ShowArticle.asp?ArticleID=192792008-7-16.

[135] 国际公益组织志愿者路派安全套宣传防艾[OL].[2009-11-30].http://news.qq.com/a/20091130/001822.htm.

[136] 十运会专稿.首届全国航空运动会10月22日在南通正式拉开序幕[OL].人民网,2005(10):22.

[137] 巴西."避暑季"品牌彰显贵阳"清凉魅力"[OL].新浪博客,2009(10):22.

[138] 《产业经济》编辑.魅力赛事打造城市品牌[OL].心际网,2008(2):2.

[139] 全聚德135周年店庆大型活动公关案例[OL].http://www.chinapr.com.cn/Share/ShowArticle.asp?ArticleID=19262&Page=6.

[140] 留发不留头:明降臣一道奏章送掉百万条人命[OL].凤凰资讯,2007-12-29.

[141] 细数历届APEC峰会上的"服装秀"[OL].中国新闻网,2009-11-09.